AF130387

Anonymous

Die Protokolle der internationalen Arbeiterschutzkonferenz 1890

Anonymous

Die Protokolle der internationalen Arbeiterschutzkonferenz 1890

ISBN/EAN: 9783742895455

Hergestellt in Europa, USA, Kanada, Australien, Japan

Cover: Foto ©Suzi / pixelio.de

Manufactured and distributed by brebook publishing software
(www.brebook.com)

Anonymous

Die Protokolle der internationalen Arbeiterschutzkonferenz 1890

Die Protokolle

der

internationalen

Arbeiterschutzkonferenz.

Die Protokolle

der

internationalen

Arbeiterschutzkonferenz.

In amtlichem Auftrag.

Leipzig,
Verlag von Duncker & Humblot.
1890.

· Inhaltsverzeichniß.

Programm

der

Berathungen der Internationalen Konferenz zur Regelung der Arbeit

in den gewerblichen Anlagen und Bergwerken.

I.

Regelung der Arbeit in den Bergwerken.

1. Soll die unterirdische Arbeit verboten sein:
   a. Kindern unter einem gewissen Alter?
   b. Personen weiblichen Geschlechts?
2. Soll der Arbeitstag in besonders gesundheitsgefährlichen Bergwerken Beschränkungen unterliegen?
3. Kann man die Arbeit in den Bergwerken im öffentlichen Interesse einer internationalen Regelung unterwerfen, um eine ununterbrochene Kohlenförderung zu sichern?

II.

Regelung der Sonntagsarbeit.

1. Soll das Verbot der Sonntagsarbeit, unbeschadet der noth=
wendigen Ausnahmefälle, die Regel bilden?

2. Wenn über das Verbot der Sonntagsarbeit ein Einvernehmen
erzielt werden sollte, welches würden die zulässigen Ausnahmen
sein?

3. Auf welche Weise wäre über diese Ausnahmefälle zu entscheiden:
durch eine internationale Vereinbarung, durch Gesetze oder auf
dem Wege der Verwaltung?

III.

Regelung der Kinderarbeit.

1. Sollen die Kinder, welche ein bestimmtes Alter noch nicht
erreicht haben, von der Arbeit in gewerblichen Anlagen aus=
geschlossen werden?

2. Welches Alter soll die Grenze bilden für den Ausschluß der
Kinderarbeit?

Soll diese Altersgrenze für alle Betriebe dieselbe sein oder
sollen in dieser Hinsicht Unterschiede gemacht werden?

3. Welche Beschränkungen rücksichtlich der Dauer des Arbeitstages,
sowie in der Art der Beschäftigung sollen in Bezug auf die
zur Arbeit in gewerblichen Anlagen zugelassenen Kinder vor=
gesehen werden?

IV.

Regelung der Arbeit jugendlicher Arbeiter.

1. Soll die Arbeit jugendlicher Arbeiter, welche die Kinderjahre
(III 2) bereits überschritten haben, in gewerblichen Anlagen ge=
wissen Beschränkungen unterworfen sein?

2. Bis zu welcher Altersgrenze sollen diese Beschränkungen statt=
finden?

3. Welche Beschränkungen würden vorzuschreiben sein?

4. Sollen für gewisse Kategorien der Betriebe Ausnahmen von
der allgemeinen Regel vorgesehen werden?

V.

Regelung der Frauenarbeit.

1. Soll die Tag= oder Nachtarbeit der verheiratheten Frauen ge=
wissen Beschränkungen unterworfen werden?

2. Soll die Arbeit in Fabriken für alle Frauen und Mädchen
gewissen Beschränkungen unterworfen werden?

3. Welche Beschränkungen wären in diesem Falle zu empfehlen?

4. Sollen für gewisse Kategorien der Betriebe Ausnahmen von der
allgemeinen Regel vorgesehen werden, und welches wären im
vorliegenden Falle diese Kategorien?

VI.

Ausführung der von der Konferenz angenommenen
Bestimmungen.

1. Sollen Maßregeln hinsichtlich der Ausführung der von der
Konferenz anzunehmenden Bestimmungen — und hinsichtlich der
Ueberwachung dieser Maßregeln getroffen werden?

2. Empfiehlt es sich, Delegirte der betheiligten Regierungen von
Zeit zu Zeit zu einer Konferenz einzuberufen — und welche
Punkte sollen ihre Berathungen umfassen?

Verzeichniß
der Herren Mitglieder der Konferenz.

Namen der Delegirten	Beidelegirten	Titel	Adresse
		Deutschland.	
Se. Excellenz Freiherr von Berlepsch		Minister für Handel und Gewerbe	Berlin
Magdeburg		Unterstaatssekretär im Ministerium für Handel und Gewerbe	Berlin, Hohenzollernstraße 2
Se. Fürstliche Gnaden Herr Dr. Kopp		Fürstbischof von Breslau	Breslau
Reichardt		Direktor im Auswärtigen Amt	Berlin, Schöneberger Ufer 24
Lohmann		Geheimer Oberregierungsrath	Berlin, Lützowstraße 65
Dr. Hauchecorne		Erster Direktor der Bergakademie, Geheimer Bergrath	Berlin, Invalidenstraße 44

Namen der		Titel	Adresse
Delegirten	Beidelegirten		
Landmann		Oberregierungs= rath im Königl. Bayer. Ministerium des Innern	München, Ministerium des Innern
"			
Freiherr Heyl von Herrnsheim		Geh. Kommerzien= rath	Worms
Köchlin		Fabrikbesitzer und Staatsrath	Weiler bei Thann im Elsaß

Oesterreich-Ungarn.

Baron Béla Wei= gelsperg		K. K. Ministerial= rath im Handels= ministerium	Wien, Postgasse 8 (Handelsministe- rium)
Dr. F. Migerka		K. K. Ministerial= rath im Handels= ministerium, Central=Gewerbe= inspektor	Wien, Postgasse 8 (Handelsministe= rium)
Baron August von Plappart		K. K. Ministerial= rath im Ministerium des Innern	Wien, Judenplatz (Ministerium des Innern)
Dr. Ludwig Ha= berer		Sekretär im K. K. Ackerbauministe= rium	Wien, Liebiggasse 5 (Ministerium für Ackerbau)
Dr. Julius von Schnierer		Ministerialrath im Königl. Ungarischen Handelsministe= rium	Budapest, Handelsministe= rium
Béla von Graen= zenstein		Bergingenieur, Generaldirektor der Kgl. Tabacksregie, Ministerialrath	Budapest, Finanzministerium

Namen der Delegirten	Beidelegirten	Titel	Adresse
Joseph Szterényi		Königl. Ungarischer Gewerbeinspektor	Budapest, Handels= ministerium

Belgien.

Namen der Delegirten	Beidelegirten	Titel	Adresse
Baron Greindl		Außerordentlicher Gesandter und bevollmächtigter Minister	Berlin, Roonstraße 12
Victor Jacobs		Staatsminister, Mitglied des Ab= geordnetenhauses	Brüssel, Chaussée Charleroi 49
Emil Harzé		Direktor der Berg= abtheilung im Ministerium für Ackerbau, Industrie u. öffentl. Arbeiten	Brüssel, Place de l'Indu= strie 25
Baron A. t'Kint de Roodenbeke		Vicepräsident des Provinzialrathes von Ostflandern	Brüssel, Rue Ducale 9

Dänemark.

Namen der Delegirten	Beidelegirten	Titel	Adresse
C. F. Tietgen		Geh. Staatsrath	Kopenhagen K
H. Topsöe		Königl. Gewerbe= inspektor, Professor an der Militär= akademie	Kopenhagen V, Vesterbrogade 140
L. Bramsen		Versicherungsgesell= schafts=Direktor	Kopenhagen K, Stormgade 2

Namen der		Titel	Adresse
Delegirten	Beidelegirten		

Spanien.

Manuel, Fernandez de Castro		Senator, Generalinspektor der Bergwerke	Madrid, Sorge Juan 23
Vicente Santamaria de Paredes		Abgeordneter und Generaldirektor des öffentlichen Unterrichts	Madrid, Caballero de Gracia 8

Frankreich.

Jules Simon		Senator	Paris, Place de la Madeleine 10
Tolain		Senator	Paris, Rue Littré 1
Burdeau		Abgeordneter	Paris, Boulevard St. Germain 32
Linder		Vicepräsident des Oberbergraths	Paris, Rue du Luxemburg 38
Victor Delahaye		Maschinenbauer	Paris, Rue Championnet 231
	Jacquot	Französischer Generalkonsul in Leipzig	Leipzig, Poniatowskistraße 10
	Laporte	Kreisinspektor der Kinderarbeit in Fabriken	Paris, Rue Lamandé 12
	Pellé	Bergingenieur	Arras, (Pas de Calais)

Namen der		Titel	Adresse
Delegirten	Beidelegirten		

Großbritannien.

The Rt. Hon. Sir John Gorst		Mitglied des Parlaments, Unterstaatssekretär für Indien	London, India Office
Charles S. Scott, C. B.		Außerordentlicher Gesandter und bevollmächtigter Minister Ihrer Britischen Majestät in der Schweiz	Bern, Britische Gesandtschaft
Sir William H. Houldsworth, Baronet		Mitglied des Englischen Parlaments	London, Grosvenor Place 35
David Dale Esquire		Bergwerksbesitzer	Darlington, England
	T. Burt	Mitglied des Parlaments, Schriftführer des Bergarbeiterverbandes	Newcastle on Tyne, Lovaine Crescent 35
	T. Birtwistle	Schriftführer des Arbeiterverbandes der Textilindustrie	Accrington, Ewbank Chambers
	F. H. Whymper	Ober-Fabrikinspektor	London, Home office
	J. Burnett	Abtheilungsvorstand im Handelsamte	London, Board of Trade

Namen der Delegirten	Beidelegirten	Titel	Adresse

Italien.

Gerolamo Boccardo		Senator und Staatsrath	Rom, Senatsgebäude
Vittorio Ellena		Abgeordneter und Staatsrath	Rom, Abgeordnetenhaus
Luigi Bodio		Generaldirektor der Statistik des Königreichs Italien	Rom, Handelsministerium
	Bonaldo Stringher	Abtheilungsvorstand im Finanzministerium	Rom, Finanzministerium
	Giuseppe Majorana Calatabiano	Professor an der Königl. Universität Messina, Rechtsanwalt bei dem Königl. obersten Gerichtshof in Rom	Rom, Via bei Lucchesi 9
	Mario Mancini	Redakteur der Protokolle des Abgeordnetenhauses in Rom	Rom, Abgeordnetenhaus

Luxemburg.

| Dr. Alexis Brasseur | | Abgeordneter und Bergwerksbesitzer | Luxemburg |

Niederlande.

| Jonkheer F. P. van der Hoeven | | Außerordentlicher Gesandter und bevollmächtigter Minister | Berlin, Kronprinzen-Ufer 7 |

Namen der		Titel	Adresse
Delegirten	Beidelegirten		
Dr. Snyder van Wissenkerke		Direktor im Justiz= ministerium	Haag
h. W. E. Struve		Arbeitsinspektor	Amsterdam, Muidergracht=Platz 54 B

Portugal.

Marquis de Pe= nasiel		Außerordentlicher Gesandter und be= vollmächtigter Minister	Berlin, Alsenstraße 5
Ernesto Madeira Pinto		Rath und General= direktor des Han= delsamtes	Lissabon, Rua Formosa 152
J. P. de Oliveira Martins		Generaldirektor der Tabacksregie, ehe= maliger Abgeord= neter	Lissabon, Rua Serpa Pinto 11

Schweden und Norwegen.

W. von Cham		Mitglied der Ersten Kammer d. Schwe= dischen Landtages	Stockholm, Sturegaten 7
E. Christie		Generalsekretär im Norwegischen Mi= nisterium des Innern	Christiania, Parkvei 19

Namen der		Titel	Adreſſe
Delegirten	Beidelegirten		

Schweiz.

| E. Blumer | | Landammann des Kantons Glarus | Schwanden (Glarus) |
| Dr. F. Kaufmann | | Erſter Sekretär des Eidgenöſſiſchen Induſtrie-Departements | Bern |

Sekretäre der Konferenz.

Dr. Kayser, Geheimer Legationsrath im Auswärtigen Amt. Berlin, Corneliusſtraße 4 A.

Dr. Fürſt, Oberbergrath im Miniſterium der öffentlichen Arbeiten. Berlin, Kurfürſtenſtraße 112 A.

Dumaine, Erſter Sekretär der franzöſiſchen Botſchaft in Berlin. Berlin, Bismarckſtraße 2.

Graf von Arco-Valley, Sekretär bei der Kaiſerlich deutſchen Botſchaft in Paris. Paris, Rue de Lille 78.

Sekretäre der Delegationen.

Oeſterreich-Ungarn: Dr. Schulz, Attachés im Handelsminiſterium. Wien, Heßgaſſe 6.

Frankreich: A. Lebon, Chef des Kabinets des Senatspräſidenten. Paris.

Schweden: Graf von Wrangel, Legationsſekretär bei der Königl. Schwe-diſch-Norwegiſchen Geſandtſchaft in Berlin. „ Stockholm, Mi-niſterium der auswärtigen Angelegenheiten.

Schweiz: Bonjour, Oberſekretär im Ueberſetzungsbureau des Eidgenöſſiſchen Departements der auswärtigen Angelegenheiten.

Protokoll No. 1.

Sitzung vom 15. März 1890.

Nachdem die Regierungen von Deutschland, Oesterreich-Ungarn, Belgien, Dänemark, Spanien, Frankreich, Großbritannien, Italien, Luxemburg, Holland, Portugal, Schweden und Norwegen und der Schweiz übereingekommen sind, die Fragen gemeinschaftlich zu prüfen, welche sich auf die Arbeit in gewerblichen Betrieben und Bergwerken beziehen, deren in dem Einladungsschreiben ·der Regierung Seiner Majestät des Deutschen Kaisers an die verschiedenen Industriestaaten Europas Erwähnung gethan ist, sind die in Berlin bereits eingetroffenen Delegirten dieser Regierungen am Sonnabend, den 15. März, um 2 Uhr zu einer Konferenz zusammengetreten.

Es waren anwesend:

Für Deutschland:

Se. Excellenz Freiherr von Berlepsch, Minister für Handel und Gewerbe.

Magdeburg, Unterstaatssekretär im Ministerium für Handel und Gewerbe.

Se. Fürstliche Gnaden Dr. Kopp, Fürstbischof von Breslau.

Reichardt, Direktor im Auswärtigen Amt.

Lohmann, Geheimer Oberregierungsrath.

Dr. Hauchecorne, Erster Direktor der Bergakademie, Geheimer Bergrath.

Landmann, Oberregierungsrath im Königl. Bayer. Ministerium des Innern.

Freiherr Heyl von Herrnsheim, Geheimer Kommerzienrath von Worms.

Koechlin, Fabrikbesitzer und Staatsrath.

Für Oesterreich=Ungarn:

Baron Béla Weigelsperg, K. K. Ministerialrath im Handelsministerium.

Dr. F. Migerka, K. K. Ministerialrath im Handelsministerium, Central=Gewerbeinspektor.

Baron August von Plappart, K. K. Ministerialrath im Ministerium des Innern.

Dr. Ludwig Haberer, Sekretär im K. K. Ackerbauministerium.

Dr. Julius von Schnierer, Ministerialrath im Königl. Ungarischen Handelsministerium.

Béla von Graenzenstein, Bergingenieur, Generaldirektor der Königl. Tabacksregie, Ministerialrath.

Josef Szterényi, Kgl. Ungarischer Gewerbeinspektor.

Für Belgien:

Baron Greindl, Außerordentlicher Gesandter und bevollmächtigter Minister.

Emil Harzé, Direktor der Bergabtheilung im Ministerium für Acker= bau, Industrie und öffentliche Arbeiten.

Baron A. t'Kint de Roodenbeke, Vicepräsident des Provinzialraths von Ostflandern.

Für Dänemark:

C. F. Tietgen, Geh. Staatsrath.

H. Topsöe, Kgl. Gewerbeinspektor, Professor an der Militärakademie.

L. Bramsen, Versicherungsgesellschafts=Direktor.

Für Frankreich:

Jules Simon, Senator.

Tolain, Senator.

Burdeau, Abgeordneter.

Linder, Vicepräsident des Oberbergraths.

Victor Delahaye, Maschinenbauer.

Für Großbritannien:

The Rt. Hon. Sir John Gorst, Mitglied des Parlaments, Unterstaats= sekretär für Indien.

Charles S. Scott, C. B., Außerordentlicher Gesandter und bevollmäch= tigter Minister Ihrer Britischen Majestät in der Schweiz.

Sir William H. Houldsworth, Baronet, Mitglied des Englischen Parlaments.

David Dale, Bergwerksbesitzer.

Für Italien:

Gerolamo Boccardo, Senator und Staatsrath.

Vittorio Ellena, Abgeordneter und Staatsrath.

Luigi Bodio, Generaldirektor der Statistik des Königreichs Italien.

Bonaldo Stringher, Abtheilungsvorstand im Finanzministerium.

Giuseppe Majorana Calatabiano, Professor an der Kgl. Universität Messina, Rechtsanwalt bei dem Kgl. obersten Gerichtshof in Rom.

Mario Mancini, Redakteur der Protokolle des Abgeordnetenhauses in Rom.

Für Luxemburg:

Dr. Alexis Brasseur, Abgeordneter und Bergwerksbesitzer.

Für die Niederlande:

Jonkheer F. P. van der Hoeven, Außerordentlicher Gesandter und be= vollmächtigter Minister.

Dr. Snyder van Wissenkerke, Direktor im Justizministerium.

H. W. E. Struve, Arbeitsinspektor.

Für Portugal:

Marquis de Penafiel, Außerordentlicher Gesandter und bevollmäch= tigter Minister.

Für Schweden und Norwegen:

W. von Tham, Mitglied der Ersten Kammer des Schwedischen Landtags.

E. Christie, Generalsekretär im Norwegischen Ministerium des Innern.

Für die Schweiz:

E. Blumer, Landammann des Kantons Glarus.

Dr. F. Kaufmann, Erster Sekretär des Eidgenössischen Industrie= Departements.

Bonjour, Sekretär der Eidgenössischen Delegation.

Se. Excellenz Freiherr von Berlepsch, Minister für Handel und Gewerbe, eröffnet die Konferenz mit folgender Ansprache:

„Meine Herren!

„Im Namen Sr. Majestät, meines Allergnädigsten Herrn, habe ich die Ehre, Sie willkommen zu heißen und Ihnen den Dank Sr. Ma= jestät für die Bereitwilligkeit auszusprechen, mit welcher die von Ihnen vertretenen Regierungen der Anregung einer internationalen Konferenz zu dem Zwecke einer besseren Regelung der Arbeit in gewerblichen Betrieben oder Bergwerken entgegengekommen sind. Ich bitte Sie, meine Herren, den Ausdruck dieses Dankes Ihren Regierungen geneigtest übermitteln zu wollen.

„Ich erkläre die Konferenz für eröffnet und bitte Sie, meine Herren, sich zu konstituiren, zunächst durch die Wahl eines Vorsitzenden."

Der Delegirte für Oesterreich-Ungarn Herr Dr. Migerka schlägt vor, Sr. Excellenz dem Freiherrn von Berlepsch das Präsidium zu übertragen. Der Antrag wird einstimmig angenommen, worauf Se. Excellenz den Mitgliedern der Konferenz seinen Dank ausspricht.

Alsdann schlägt der Herr Vorsitzende vor: zum stellvertretenden Vorsitzenden den Unterstaatssekretär im Ministerium für Handel und Gewerbe Magdeburg; für die Funktionen der Sekretäre: den Geheimen Legationsrath Kayser, dem die Leitung des Sekretariats obliegen soll, und den Oberbergrath Fürst; als Hülfssekretäre: den ersten Sekretär bei der französischen Botschaft in Berlin Dumaine, und den zweiten Sekretär bei der deutschen Botschaft in Paris Grafen von Arco-Valley. Diese Ernennungen werden von der Versammlung sofort genehmigt.

Es folgen dann einige Mittheilungen über die Anweisung der Plätze, worauf der Vorsitzende folgende Ansprache hält:

„Meine Herren!

„Se. Majestät der Kaiser, mein Allergnädigster Herr, hat mich beauftragt, Ihnen die Gefühle der hohen Befriedigung auszusprechen, welche Allerhöchstderselbe darüber empfindet, diese erleuchtete Versammlung, welche im Begriffe ist, in die Berathung der wichtigen, die europäischen Industriestaaten in diesem Augenblick beschäftigenden Fragen einzutreten, in Seiner Residenz vereinigt zu sehen.

„Die Einladung Sr. Majestät, welcher Sie entsprochen haben, ist nicht die erste dieser Art, welche an die europäischen Regierungen ergangen ist. Schon im Jahre 1881 hatte die Schweiz eine ähnliche Einladung an dieselben gerichtet, und sie ist auf diese im vorigen Jahre und dann wieder vor wenigen Wochen zurückgekommen. Der Kaiser ist erfreut, darauf hinweisen zu können, daß Dank der entgegenkommen= den Haltung der Schweizerischen Regierung die Absichten Sr. Majestät gleichzeitig mit denen der Eidgenossenschaft den Gegenstand der Kon= ferenzberathungen bilden werden.

„Nach der Ansicht des Kaisers verlangt die Arbeiterfrage die Auf= merksamkeit aller civilisirten Nationen, sobald der Friede der ver= schiedenen Bevölkerungsklassen durch den in Folge der industriellen Konkurrenz auftretenden Kampf bedroht erscheint. Der Versuch einer Lösung dieser Frage wird dadurch nicht allein eine Pflicht der Menschen= liebe, sondern auch der Staatsklugheit, welcher es obliegt, für das Wohl aller Bürger zu sorgen und zugleich das unschätzbare Gut einer Jahrhunderte alten Civilisation zu erhalten.

„Alle europäischen Staaten befinden sich gegenüber dieser Frage in derselben oder in ähnlicher Lage; diese Uebereinstimmung allein dürfte den Versuch rechtfertigen, unter den Regierungen eine Verstän= digung herbeizuführen, um den gemeinschaftlichen Gefahren durch allgemeine vorbeugende Maßnahmen zu begegnen. Meine Herren! Das Programm, welches sich in Ihren Händen befindet, giebt die Umrisse des Gebiets, auf welchem sich die technischen Berathungen, mit denen wir uns zu beschäftigen haben, bewegen werden. Die Entscheidungen, welche in Folge der Verhandlungen demnächst getroffen werden können, bleiben den hohen Theilen vorbehalten, die Sie hier vertreten.

„Meine Herren! Ich wage zu hoffen, daß die Berathungen, welche wir beginnen, nicht ohne Erfolg sein werden. Diejenigen, welche an ihnen Theil nehmen, sind Männer, gleich ausgezeichnet durch ihr Wissen und ihre Erfahrung und im höchsten Grade befähigt, sich über die Fragen zu äußern, welche die Industrie und die Lage der Arbeiter in ihrem Lande berühren. So darf ich wohl die Ueber= zeugung aussprechen, daß Ihre Arbeiten nicht ermangeln werden, einen wohlthätigen Einfluß in Europa auszuüben".

Hierauf unterbreitet der Vorsitzende der Versammlung einen Ent= wurf zur Geschäftsordnung, dessen einzelne Artikel von Herrn Kayser verlesen und der Reihe nach in folgender Fassung angenommen werden:

Artikel 1.

Die Verhandlungen sollen in französischer Sprache geführt, die Aktenstücke der Konferenz in derselben Sprache redigirt werden.

Artikel 2.

Es wird eine allgemeine Diskussion über die im Programm der Konferenz aufgeführten Fragen eröffnet werden. Sodann sollen die Fragen in Kommissionen durchberathen werden, insofern dies von der Konferenz für zweckmäßig erachtet wird. Die Konferenz wird vorkommendenfalls über die Zusammensetzung der Kommissionen beschließen.

Die von der Kommission gemachten Vorschläge werden gedruckt, bevor sie zum Gegenstand der Berathung gemacht werden. Dasselbe wird in der Regel mit jedem persönlichen Antrage geschehen, welcher im Laufe der Verhandlungen gestellt und von der Konferenz in Erwägung gezogen wird.

Artikel 3.

In der Regel muß jeder Antrag dem Vorsitzenden schriftlich mitgetheilt werden.

Artikel 4.

Bevor über einen Antrag oder eine Gruppe von Anträgen abgestimmt wird, kann die Konferenz dieselben einer Kommission zur nachträglichen Berathung überweisen.

Artikel 5.

Die Konferenz behält sich die Ernennung einer Redaktionskommission, für den Fall die Verhandlungen die Nothwendigkeit einer solchen darthun sollten, vor.

Artikel 6.

Die Abstimmung erfolgt durch namentlichen Aufruf der Staaten nach alphabetischer Ordnung.

Jede Delegation zählt als eine Stimme.

Artikel 7.

Das Protokoll soll eine kurze Darstellung der Verhand=
lungen geben. Es enthält alle im Laufe der Berathung ge=
stellten Anträge mit dem Ergebnisse der Abstimmung, sowie eine
kurze Zusammenfassung der vorgebrachten Argumente.

Jedes Mitglied ist berechtigt, eine wörtliche Wiedergabe
seiner Rede zu verlangen; in diesem Falle muß jedoch der
Text derselben am Abend nach der Sitzung dem Sekretariat
schriftlich übermittelt werden.

Die Sitzungsprotokolle sollen in Probeabzügen den Ver=
tretern der einzelnen Staaten vorgelegt werden.

Artikel 8.

Für die Dauer der Konferenz sollen die Verhandlungen
streng geheim gehalten werden.

Artikel 9.

Das Ergebniß der Berathungen wird einer Schluß=Redak=
tion unterworfen. Nöthigenfalls soll sodann zur Unterzeichnung
eines das Resultat der Verhandlungen feststellenden Protokolles
geschritten werden, welches im Uebrigen der Prüfung der be=
theiligten Regierungen unterworfen bleibt.

Nachdem der Vorsitzende die Herren Mitglieder der Konferenz ein=
geladen hat, ihre Vollmachten im Bureau des Sekretariats nieder=
zulegen, und den Vorschlag, die übliche Verlesung des Protokolls bei
Beginn einer jeden Sitzung durch vorgängige Mittheilung des ge=
druckten Protokolls zu ersetzen, zur Annahme gebracht hat, setzt er
mit Zustimmung der Versammlung die nächste Sitzung auf Montag,
den 17. März, Vormittags 11 Uhr, fest.

Schluß der Sitzung 3 Uhr.

Freiherr von Berlepsch. Magdeburg. Kopp. Reichardt.
Lohmann. Hauchecorne. Landmann. Freiherr Heyl von
Herrnsheim. E. Koechlin.
Weigelsperg. Dr. Migerka. Plappart. Dr. Haberer.
Schnierer. Graenzenstein. Joseph Szterényi.

Greindl. Emil Harzé. Baron A. t'Kint de Roodenbeke.

C. F. Tietgen. Haldor Topsöe. Ludwig Bramsen.

Jules Simon. H. Tolain. A. Burdeau. Linder.

V. Delahaye.

John E. Gorst. Charles S. Scott. W. H. Houldsworth.

David Dale.

Boccardo. V. Ellena. L. Bodio.

A. Brasseur.

F. P. van der Hoeven. Snyder van Wissenkerke.

H. W. E. Struve.

Marquis de Penafiel.

W. von Tham. E. Christie.

E. Blumer. Dr. Kaufmann.

Zur Beglaubigung:

Dr. Kayser.

Dr. Fürst.

Alfred Dumaine.

Graf von Arco-Valley.

2*

Protokoll No. 2.

Sitzung vom 17. März 1890.

Es waren anwesend:

Für Deutschland:

Se. Excellenz Freiherr von Berlepsch, Minister für Handel und Ge=
werbe.

Magdeburg, Unterstaatssekretär im Ministerium für Handel und Ge=
werbe.

Se. Fürstliche Gnaden Dr. Kopp, Fürstbischof von Breslau.

Reichardt, Direktor im Auswärtigen Amt.

Lohmann, Geheimer Oberregierungsrath.

Dr. Hauchecorne, Erster Direktor der Bergakademie, Geheimer Bergrath.

Landmann, Oberregierungsrath im Königl. Bayer. Ministerium des
Innern.

Freiherr Heyl von Herrnsheim, Geh. Kommerzienrath.

Koechlin, Fabrikbesitzer und Staatsrath.

Für Oesterreich=Ungarn:

Baron Béla Weigelsperg, K. K. Ministerialrath im Handels=
ministerium.

Dr. F. Migerka, K. K. Ministerialrath im Handelsministerium, Cen=
tral=Gewerbeinspektor.

Baron August von Plappart, K. K. Ministerialrath im Ministerium
des Innern.

Dr. Ludwig Haberer, Sekretär im K. K. Ackerbauministerium.

Dr. Julius von Schnierer, Ministerialrath im Königl. Ungarischen
Handelsministerium.

Béla von Graenzenstein, Bergingenieur, Generaldirektor der Königl.
Tabaksregie, Ministerialrath.

Joseph Szterényi, Königl. Ungarischer Gewerbeinspektor.

Für Belgien:

Baron Greindl, Außerordentlicher Gesandter und bevollmächtigter
Minister.

Emil Harzé, Direktor der Bergabtheilung im Ministerium für Acker=
bau, Industrie und öffentliche Arbeiten.

Baron A. t'Kint de Roodenbeke, Vicepräsident des Provinzialrathes
von Ostflandern.

Für Dänemark:

C. F. Tietgen, Geh. Staatsrath.

H. Topsöe, Königl. Gewerbeinspektor, Professor an der Militär=
akademie.

L. Bramsen, Versicherungsgesellschafts=Direktor.

Für Frankreich:

Jules Simon, Senator.

Tolain, Senator.

Burdeau, Abgeordneter.

Linder, Vicepräsident des Oberbergraths.

Victor Delahaye, Maschinenbauer.

Jacquot, Französischer Generalkonsul in Leipzig.

Laporte, Kreisinspektor der Kinderarbeit in Fabriken.

Pellé, Bergingenieur.

Für Großbritannien:

The Rt. Hon. Sir John Gorst, Mitglied des Parlaments, Unter=
staatssekretär für Indien.

Charles S. Scott, C. B., Außerordentlicher Gesandter und bevoll=
mächtigter Minister Ihrer Britischen Majestät in der Schweiz.

Sir William H. Houldsworth, Baronet, Mitglied des Englischen
Parlaments.

David Dale, Bergwerksbesitzer.

T. Burt, Mitglied des Parlaments, Schriftführer des Bergarbeiter=
verbandes.

T. Birtwistle, Schriftführer des Arbeiterverbandes der Textilindustrie.

J. Burnett, Abtheilungsvorstand im Handelsamte.

Für Italien:

Gerolamo Boccardo, Senator und Staatsrath.

Vittorio Ellena, Abgeordneter und Staatsrath.

Luigi Bodio, Generaldirektor der Statistik des Königreichs Italien.

Bonaldo Stringher, Abtheilungsvorstand im Finanzministerium.

Giuseppe Majorana Calatabiano, Professor an der Königl. Uni=
versität Messina, Rechtsanwalt bei dem Königl. obersten Gerichts=
hofe in Rom.

Mario Mancini, Redakteur der Protokolle des Abgeordnetenhauses
in Rom.

Für Luxemburg:

Dr. Alexis Brasseur, Abgeordneter und Bergwerksbesitzer.

Für die Niederlande:

Jonkheer F. P. van der Hoeven, Außerordentlicher Gesandter und
bevollmächtigter Minister.

Dr. Snyder van Wissenkerke, Direktor im Justizministerium.

H. W. E. Struve, Arbeitsinspektor.

Für Portugal:

Marquis de Penafiel, Außerordentlicher Gesandter und bevollmäch=
tigter Minister.

Für Schweden und Norwegen:

W. von Tham, Mitglied der Ersten Kammer des Schwedischen Land=
tages.

E. Christie, Generalsekretär im Ministerium des Innern in Christiania.

Für die Schweiz:

E. Blumer, Landammann des Kantons Glarus.

Dr. F. Kaufmann, Erster Sekretär des Eidgenössischen Industrie=
Departements.

Bonjour, Sekretär der Eidgenössischen Delegation.

Der Vorsitzende, Se. Excellenz Freiherr von Berlepsch, ersucht gleich nach Eröffnung der Sitzung die Konferenz, den technischen Delegirten und den Sekretären der verschiedenen Delegationen in der Eigenschaft als Zuhörer Zutritt zu den Berathungen zu gewähren. Dieselben werden nach günstiger Aufnahme dieses Vorschlages sofort eingeführt. Der Herr Vorsitzende kündigte die Vertheilung einer Ar=
beit an, welche Herr Lohmann zum Gebrauch der Mitglieder der Konferenz zusammenzustellen die Freundlichkeit hatte, und welche auf die vergleichende Gesetzgebung der bedeutendsten europäischen Staaten hinsichtlich der Regelung der Sonntags= sowie der Kinder= und Frauen=Arbeit Bezug hat.

Es wird beschlossen, daß in dem Falle einer allgemeinen Er=
örterung der Fragen, welche in dem dem Einladungsschreiben bei=
gefügten Programm erwähnt sind, sich nur ein Mitglied einer jeden Delegation an derselben betheiligen kann.

Da kein Mitglied das Wort verlangt, entwickelt Herr Magde=
burg seine Gesichtspunkte über das Verfahren, welches einzuschlagen sei, um die Berathungen zu beschleunigen und das Ergebniß der=
selben zu sichern. Im Uebrigen beschränkt er sich darauf, der Konfe=
renz einen Weg anzugeben, welchen diese seines Erachtens mit Vor=
theil einschlagen könne, und welcher in der Bildung von Special=
kommissionen bestehen würde. Diese Kommissionen würden die Fragen, welche dem Plenum unterbreitet werden sollen, in technischer Hinsicht erörtern. Die Kommissionen dürften nicht zu zahlreich sein, damit ein jeder Staat in jeder derselben vertreten sein könne: der deutsche Dele=
girte glaubt daher, daß es genügen würde, drei Kommissionen zu bilden: eine für die Arbeit in Bergwerken, eine für die Sonntagsruhe und eine dritte, welcher die Untersuchung der Bedingungen der Arbeit der Kinder, der jugendlichen Arbeiter und Frauen obliegen würde.

Die der Reihe nach befragten Delegationen erklären sich mit den von Herrn Magdeburg angeregten Gedanken einverstanden und pflichten der Bildung von drei Kommissionen bei, welche sich in der vorerwähnten Weise in die Untersuchung der verschiedenen Fragen theilen sollen.

Auf Antrag des Herrn Vorsitzenden wird den Beidelegirten das Recht zu Kommissionsmitgliedern ernannt zu werden, zuerkannt.

Sir John Gorst und Herr Boccardo fragen, ob die in die Kommissionen gewählten Beidelegirten gleiche Rechte genießen sollen wie die Delegirten selbst. Die Konferenz entscheidet, daß die Beidelegirten nur berathende Stimme in den Kommissionen haben sollen.

Herr Reichardt ist der Ansicht, daß die Delegirten die Berechtigung haben sollten, sich in den Kommissionen des Rathes so vieler Beidelegirter zu bedienen, als sie für nöthig erachten.

Herr Jules Simon wünscht, indem er die bereits gestellten Anträge präcisirt, zu erfahren, ob die Delegirten auch in den Kommissionen, denen sie nicht angehören, das Wort zu nehmen berechtigt sein werden. Redner erinnert daran, daß die Rolle der Kommissionen einzig und allein darin besteht, dem Plenum der Konferenz Vorschläge zu unterbreiten, und bezeichnet es als wünschenswerth, daß die Gesammtdelegation eines Staates nicht durch das Votum der einzelnen aus ihrer Mitte in die Kommissionen gewählten Mitglieder gebunden werde.

Herr Magdeburg faßt die Antwort auf diese verschiedenen Fragen kurz zusammen. Sein Vorschlag geht dahin, daß eine jede Delegation für eine und dieselbe Kommission eine oder zwei Delegirte und einen oder zwei Beidelegirte ernennen könne, ohne indeß bei den Abstimmungen über mehr als eine Stimme zu verfügen, welches auch die Zahl ihrer Vertreter sei. Hinsichtlich der Zulassung von Delegirten zu einer Kommission, welcher sie nicht angehören, meint Redner, daß ihre Anwesenheit mit dem Vorbehalt gestattet werden könne, daß sie das Wort nicht ergreifen dürfen. Die auf solche Weise zugelassenen Delegirten hätten ja immer die Gelegenheit, ihre persönliche Ansicht durch diejenigen ihrer Mitdelegirten, welche in der Eigenschaft als erwählte Kommissäre an der Sitzung theilnehmen, zum Ausdruck zu bringen.

Die Konferenz ertheilt den von Herrn Magdeburg vorgetragenen Gesichtspunkten ihre volle Zustimmung.

Herr Scott faßt die Möglichkeit der Ernennung eines und desselben Delegirten als Mitglied mehrerer Kommissionen in's Auge und beantragt, daß es vermieden werde, dieselben zu gleicher Zeit tagen zu lassen.

Der Vorsitzende erklärt, daß er sich bemühen werde, diesem Wunsche nach Möglichkeit zu entsprechen.

Auf eine Anfrage des Herrn van der Hoeven und auf Ersuchen des Herrn Brasseur wird beschlossen, daß nicht nur die Staaten, welche Kohlenbergwerke besitzen, sondern auch diejenigen, in welchen die Gewinnung von Erzen, gleichviel von welcher Art, betrieben wird, berechtigt sein sollen, an der Bildung der Kommission für die Arbeit in den Bergwerken theilzunehmen.

Die Sitzung wird unterbrochen behufs Ernennung der Mitglieder der Kommissionen.

Nach halbstündiger Unterbrechung giebt Herr Kayser bekannt, daß die Kommissionen in folgender Weise zusammengesetzt sind:

Erste Kommission.
Arbeit in Bergwerken.

Deutschland:
 Dr. Hauchecorne.
Oesterreich:
 Haberer.
Ungarn:.
 Béla von Graenzenstein.
Belgien:
 Baron Greindl.
 Harzé.
Spanien:
 Vorbehalten.
Frankreich:
 Burdeau,⎫ Delegirte.
 Linder, ⎭
 Jacquot,⎫ Beidelegirte.
 Pellé, ⎭

Großbritannien:
 David Dale,⎫ Delegirte.
 Sir John Gorst,⎭
 Burt, ⎫ Beidelegirte.
 Burnett,⎭
Italien:
 Bodio, Delegirter.
 Majorana Calatabiano, Beidelegirter.
Luxemburg:
 Brasseur.
Niederlande:
 Dr. Snyder van Wissenkerke.
 Struve.
Norwegen:
 Christie.

Zweite Kommission.

Sonntagsruhe.

Deutschland:

Fürstbischof Dr. Kopp.

Freiherr Heyl von Herrnsheim.

Oesterreich:

Baron Weigelsperg.

Ungarn:

Szterényi.

Belgien:

Baron Greindl.

Jacobs.

Dänemark:

Tietgen.

Frankreich:

Jules Simon, } Delegirte.
Tolain,

Lebon, Beidelegirter.

Großbritannien:

Sir John Gorst, } Deleg.
Sir W. Houldsworth,

Großbritannien:

Burnett, } Beidelegirte.
Whymper,

Italien:

Ellena, Delegirter.

Mancini, Beidelegirter.

Luxemburg:

Brasseur.

Niederlande:

Jonkheer van der Hoeven.

Struve.

Portugal:

Vorbehalten.

Schweden:

W. von Tham.

Schweiz:

Blumer.

Kaufmann.

Dritte Kommission.

Arbeit der Kinder, jugendlichen Arbeiter und Frauen.

Deutschland:

Landmann.

Koechlin.

Oesterreich:

Dr. Migerka.

Baron von Plappart.

Ungarn:

Dr. von Schnierer.

Belgien:

Baron t'Kind de Roodenbeke.

Dänemark:

Topsöe.

Bramsen.

Spanien:

Vorbehalten.

Frankreich:

Jules Simon, } Delegirte.
Delahaye,

Jacquot, } Beidelegirte.
Laporte,

Großbritannien:

W. Houldsworth, ⎱ Delegirte.
Scott, ⎰

Birtwistle, ⎱ Beidelegirte.
Whymper, ⎰

Italien:

Boccardo, Delegirter.
Stringher, Beidelegirter.

Luxemburg:

Dr. Brasseur.

Niederlande:

Jonkheer van der Hoeven.
Dr. Snyder van Wissenkerke.

Portugal:

Vorbehalten.

Schweden:

W. von Tham.

Norwegen:

Christie.

Schweiz:

Blumer.

Kaufmann.

Herr Reichardt macht den Vorschlag, daß jede Kommission ihren Vorsitzenden wählen, einen Berichterstatter ernennen, sowie daß der schriftliche oder mündliche Bericht als Protokoll gelten soll. Er verlangt für die Mitglieder des Sekretariats Zulassung zu allen Kommissionen und fordert, unter allgemeiner Zustimmung, die Kommissionen auf, sich unverzüglich zu konstituiren.

Die erste Zusammenkunft wird für jede Kommission für denselben Tag und zu verschiedenen Stunden anberaumt.

Herr Jules Simon richtet an den Vorstand der Konferenz das Ersuchen, sich mit allen Kommissionen in beständigen Beziehungen zu halten. Der Vorsitzende erwidert, daß er selbst und Herr Magdeburg sich in keine Kommissärliste haben eintragen lassen, um so besser in der Lage zu sein, diesem Wunsche entsprechen zu können.

Schluß der Sitzung 1 Uhr.

Freiherr von Berlepsch. Magdeburg. G. Kopp. Reichardt. Lohmann. Hauchecorne. Landmann. Freiherr Heyl von Herrnsheim. Ed. Köchlin. Weigelsperg. Dr. Migerka. Plappart. Dr. Haberer. Schnierer. Béla von Graenzenstein. Joseph Szterenyi. Greindl. Emil Harzé. Baron A. t'Kint de Roodenbeke. C. F. Tietgen. Haldor Topsöe. Ludwig Bramsen.

Jules Simon.   H. Tolain.   A. Burdeau.   Linder.
V. Delahaye.

John E. Gorst.   Charles Scott.   W. H. Houlds=
worth.   David Dale.

Boccardo.   V. Ellena.   L. Bodio.

A. Brasseur.

F. P. van der Hoeven.   Snyder v. Wissenkerke.
H. W. E. Struve.

Marquis de Penafiel.

W. von Tham.   E. Christie.

E. Blumer.   Dr. Kaufmann.

Zur Beglaubigung:

Dr. Kayser.
Dr. Fürst.
Alfred Dumaine.
Graf von Arco=Valley.

Protokoll No. 3.

Sitzung vom 22. März 1890.

Es waren anwesend:

Für Deutschland:

Magdeburg, Unterstaatssekretär im Ministerium für Handel und Gewerbe.

Se. Fürstliche Gnaden Dr. Kopp, Fürstbischof von Breslau.

Reichardt, Direktor im Auswärtigen Amt.

Lohmann, Geheimer Oberregierungsrath.

Dr. Hauchecorne, Erster Direktor der Bergakademie, Geheimer Bergrath.

Landmann, Oberregierungsrath im Königl. Bayer. Ministerium des Innern.

Freiherr Heyl von Herrnsheim, Geheimer Kommerzienrath von Worms.

Koechlin, Fabrikbesitzer und Staatsrath.

Für Oesterreich-Ungarn:

Baron Béla Weigelsperg, K. K. Rath im Handelsministerium.

Dr. F. Migerka, K. K. Ministerialrath im Handelsministerium, Central-Gewerbe-Inspektor.

Baron August von Plappart, K. K. Ministerialrath im Ministerium des Innern.

Dr. Ludwig Haberer, Sekretär im K. K. Ackerbauministerium.

Dr. Julius von Schnierer, Ministerialrath im Königl. Ungarischen Handelsministerium.

Béla von Graenzenstein, Bergingenieur, Generaldirektor der Königl. Tabaksregie, Ministerialrath.

Josef Szterényi, Königl. Ungarischer Gewerbeinspektor.

Dr. Schulz, Sekretär der Oesterreichisch-Ungarischen Delegation.

Für Belgien:

Baron Greindl, Außerordentlicher Gesandter und bevollmächtigter Minister.

Victor Jacobs, Staatsminister, Mitglied des Abgeordnetenhauses.

Emil Harzé, Direktor der Bergabtheilung im Ministerium für Acker-bau, Industrie und öffentliche Arbeiten.

Baron A. t'Kint de Roodenbeke, Vicepräsident des Provinzialraths von Ostflandern.

Für Dänemark:

C. F. Tietgen, Geh. Staatsrath.

H. Topsöe, Kgl. Gewerbeinspektor, Professor an der Militärakademie.

L. Bramsen, Versicherungsgesellschafts-Direktor.

Für Spanien:

Manuel Fernandez de Castro, Senator, Generalinspektor des Berg-wesens.

Vicente Santamaria de Paredes, Abgeordneter und Generaldirektor des öffentlichen Unterrichts.

Für Frankreich:

Jules Simon, Senator.

Tolain, Senator.

Burdeau, Abgeordneter.

Linder, Vicepräsident des Oberbergraths.

Victor Delahaye, Maschinenbauer.

Jacquot, Französischer Generalkonsul in Leipzig.

Laporte, Kreisinspektor der Kinderarbeit in Fabriken.

Pellé, Bergingenieur.

A. Lebon, Sekretär der Französischen Delegation.

Für Großbritannien:

The Rt. Hon. Sir John Gorst, Mitglied des Parlaments, Unter-staatssekretär für Indien.

Charles S. Scott, C. B., Außerordentlicher Gesandter und bevoll-mächtigter Minister Ihrer Britischen Majestät in der Schweiz.

Sir William h. houldsworth, Baronet, Mitglied des Englischen Parlaments.

David Dale, Bergwerksbesitzer.

T. Birtwistle, Schriftführer des Arbeiterverbandes der Textilindustrie.

F. h. Whymper, Ober-Gewerbeinspektor.

J. Burnett, Abtheilungsvorstand im Handelsamte.

Für Italien:

Gerolamo Boccardo, Senator und Staatsrath.

Vittorio Ellena, Abgeordneter und Staatsrath.

Luigi Bodio, Generaldirektor der Statistik des Königreichs Italien.

Bonaldo Stringher, Abtheilungsvorstand im Finanzministerium.

Mario Mancini, Redakteur der Protokolle des Abgeordnetenhauses in Rom.

Für Luxemburg:

Dr. Alexis Brasseur, Abgeordneter und Bergwerksbesitzer.

Für die Niederlande:

Jonkheer F. P. van der hoeven, Außerordentlicher Gesandter und bevollmächtigter Minister.

Dr. Snyder van Wissenkerke, Direktor im Justizministerium.

h. W. E. Struve, Arbeitsinspektor.

Für Portugal:

Ernesto Madeira Pinto, Rath und Generaldirektor des Handelsamtes.

J. P. de Oliveira Martins, Administrator der Tabacksregie, ehemaliger Abgeordneter.

Für Schweden und Norwegen:

W. von Tham, Mitglied der Ersten Kammer des Schwedischen Landtages.

E. Christie, Generalsekretär im Ministerium des Innern in Christiania.

Graf von Wrangel, Legationssekretär bei der Königl. Schwedischen Gesandtschaft in Berlin.

Für die Schweiz:

E. Blumer, Landammann des Kantons Glarus.

Dr. F. Kaufmann, Erster Sekretär des Eidgenössischen Industrie-Departements.

Bonjour, Sekretär der Eidgenössischen Delegation.

Die Sitzung wird um 10 Uhr Vormittags eröffnet.

Herr Magdeburg übernimmt den Vorsitz in Abwesenheit Sr. Excellenz des Herrn Freiherrn von Berlepsch, welcher durch dienstliche Geschäfte verhindert ist, der Versammlung beizuwohnen. Er giebt bekannt, daß seit der letzten Plenarsitzung neue Delegirte in Berlin eingetroffen sind und bereits an den Arbeiten der Kommissionen theil= nehmen konnten; es sind dies: für Belgien Herr Jacobs, Staatsminister, Mitglied des Abgeordnetenhauses; für Spanien die Herren de Castro, Senator, Generalinspektor des Bergwesens, und Santamaria de Pa= redes, Abgeordneter, Generaldirektor des öffentlichen Unterrichts und Professor des öffentlichen Rechts an der Universität Madrid; für Portugal die Herren Madeira Pinto, Rath und Generaldirektor des Handelsamts, und Oliveira Martins, Administrator der Tabacksregie, ehemaliger Abgeordneter.

Herr Kayser theilt mit, daß an die Konferenz gerichtete Broschüren und Zuschriften täglich in so großer Anzahl einlaufen, daß es unmög= lich ist, der Versammlung alle diese Mittheilungen vorzulesen. Er glaubt daher, sich darauf beschränken zu sollen, solche Eingänge im Bureau des Sekretariats niederzulegen, wo sie zur Verfügung der Herren Delegirten stehen.

Der Herr Vorsitzende erklärt, daß der Zweck der heutigen Sitzung der ist, die Bedingungen festzustellen, unter welchen die Prüfung der unter Nr. VI des Programms bezeichneten Fragen unternommen werden soll. Es ist bisher eine Kommission mit der Untersuchung der Frage, in welcher Weise die von der Konferenz gefaßten Beschlüsse in Ausführung gesetzt werden sollen, nicht betraut worden; diese Zurückhaltung, welche geboten war, als man noch nicht wußte, ob die Berathungen die Grundlage einer Verständigung ergeben würden, könne nun aufhören, da man ein günstiges Ergebniß erhoffen darf. Herr Magdeburg schlägt daher vor, der zweiten Kommission, welche im Begriffe ist, ihre Berathungen über die Sonntagsruhe abzuschließen, die Vorbereitung eines Berichts über die in Rede stehenden Fragen als nachträgliche Aufgabe zu überweisen.

Nachdem die K o n f e r e n z sich mit diesem Antrag einverstanden erklärt hat, hebt der Präsident die Sitzung um 10¹∕₂ Uhr auf.

Magdeburg. G. Kopp. Reichardt. Lohmann. Hauche=
corne. Landmann. Freiherr Heyl von Herrnsheim.
Ed. Koechlin.

Weigelsperg. Dr. Migerka. Plappart. Dr. Haberer.
Schnierer. Béla von Graenzenstein. Josef Szterényi.
Greindl. V. Jacobs. Emil Harzé. Baron A. t'Kint
de Roodenbeke.

C. F. Tietgen. Haldor Topsöe. Ludwig Bramsen.

Manuel Fern. de Castro. Vte Santamaria de Paredes.

Jules Simon. H. Tolain. A. Burdeau. Linder.
V. Delahaye.

John E. Gorst. Charles S. Scott. W. H. Houlds=
worth. David Dale.

G. Boccardo. V. Ellena. L. Bodio.

A. Brasseur.

F. P. van der Hoeven. Snyder van Wissenkerke.
H. W. E. Struve.

E. Madeira Pinto. J. P. de Oliveira Martins.

W. de Tham. E. Christie.

E. Blumer. Dr. Kaufmann.

Zur Beglaubigung:

Dr. Kayser.
Dr. Fürst.
Alfred Dumaine.
Graf von Arco-Valley.

Protokoll No. 4.

Sitzung vom 26. März 1890.

Es waren anwesend:

Für Deutschland:

Se. Excellenz Freiherr von Berlepsch, Minister für Handel und Gewerbe.

Magdeburg, Unterstaatssekretär im Ministerium für Handel und Gewerbe.

Se. Fürstliche Gnaden Dr. Kopp, Fürstbischof von Breslau.

Reichardt, Direktor im Auswärtigen Amt.

Lohmann, Geheimer Oberregierungsrath.

Dr. Hauchecorne, Erster Direktor der Bergakademie, Geheimer Bergrath.

Landmann, Oberregierungsrath im Königl. Bayerischen Ministerium des Innern.

Freiherr Heyl von Herrnsheim, Geh. Kommerzienrath.

Koechlin, Fabrikbesitzer und Staatsrath.

Für Oesterreich = Ungarn:

Baron Béla Weigelsperg, K. K. Ministerialrath im Handelsministerium.

Dr. F. Migerka, K. K. Ministerialrath im Handelsministerium, Central=Gewerbeinspektor.

Baron August von Plappart, K. K. Ministerialrath im Ministerium des Innern.

Dr. Ludwig Haberer, Sekretär im K. K. Ackerbauministerium.

Dr. Julius von Schnierer, Ministerialrath im Königl. Ungarischen Handelsministerium.

Béla von Graenzenstein, Bergingenieur, Generaldirektor der Königl. Tabacksregie, Ministerialrath.

Joseph Szterényi, Königl. Ungarischer Gewerbeinspektor.

Dr. Schulz, Sekretär der Oesterreichisch=Ungarischen Delegation.

Für Belgien:

Baron Greindl, Außerordentlicher Gesandter und bevollmächtiger Minister.

Victor Jacobs, Staatsminister und Mitglied des Abgeordnetenhauses.

Emil Harzé, Direktor der Bergabtheilung im Ministerium für Acker= bau, Industrie und öffentliche Arbeiten.

Baron A. t'Kint de Roodenbeke, Vicepräsident des Provinzialrathes von Ostflandern.

Für Dänemark:

C. F. Tietgen, Geheimer Staatsrath.

H. Topsöe, Königl. Gewerbeinspektor, Professor an der Militärakademie.

L. Bramsen, Versicherungsgesellschafts=Direktor.

Für Spanien:

Manuel Fernandez de Castro, Senator, Generalinspektor des Berg= wesens.

Vicente Santamaria de Paredes, Abgeordneter und Generaldirektor des öffentlichen Unterrichts.

Für Frankreich:

Jules Simon, Senator.

Tolain, Senator.

Burdeau, Abgeordneter.

Linder, Vicepräsident des Oberbergraths.

Victor Delahaye, Maschinenbauer.

Jacquot, Französischer Generalkonsul in Leipzig.

Laporte, Kreisinspektor der Kinderarbeit in Fabriken.

Pellé, Bergingenieur.

A. Lebon, Sekretär der Französischen Delegation.

Für Großbritannien:

The Rt. Hon. Sir John Gorst, Mitglied des Parlaments, Unter= staatssekretär für Indien.

3*

Charles S. Scott, C. B., Außerordentlicher Gesandter und bevoll=
mächtigter Minister Ihrer Britischen Majestät in der Schweiz.

Sir William H. Houldsworth, Baronet, Mitglied des Englischen
Parlaments.

David Dale, Bergwerksbesitzer.

T. Burt, Mitglied des Parlaments, Sekretär des Bergarbeiterverbandes.

T. Birtwistle, Schriftführer des Arbeiterverbandes der Textilindustrie.

F. H. Whymper, Obergewerbeinspektor.

J. Burnett, Abtheilungsvorstand im Handelsamte.

Für Italien:

Gerolamo Boccardo, Senator und Staatsrath.

Vittorio Ellena, Abgeordneter und Staatsrath.

Luigi Bodio, Generaldirektor der Statistik des Königreichs Italien.

Bonaldo Stringher, Abtheilungsvorstand im Finanzministerium.

Giuseppe Majorana Calatabiano, Professor an der Königl. Univer=
sität Messina, Rechtsanwalt bei dem Königl. obersten Gerichtshof
in Rom.

Mario Mancini, Redakteur der Protokolle des Abgeordnetenhauses
in Rom.

Für Luxemburg:

Dr. Alexis Brasseur, Abgeordneter und Bergwerksbesitzer.

Für die Niederlande:

Jonkheer F. P. van der Hoeven, Außerordentlicher Gesandter und
bevollmächtigter Minister.

Dr. Snyder van Wissenkerke, Direktor im Justizministerium.

H. W. E. Struve, Arbeitsinspektor.

Für Portugal:

Ernesto Madeira Pinto, Rath und Generaldirektor des Handelsamtes.

J. P. de Oliveira Martins, Administrator der Tabacksregie, ehe=
maliger Abgeordneter.

Für Schweden und Norwegen:

W. von Tham, Mitglied der Ersten Kammer des Schwedischen Landtages.

E. Christie, Generalsekretär im Norwegischen Ministerium des Innern.

Graf von Wrangel, Sekretär der Schwedisch-Norwegischen Delegation.

Für die Schweiz:

E. Blumer, Landammann des Kantons Glarus.

Dr. F. Kaufmann, Erster Sekretär des Eidgenössischen Industrie-Departements.

Bonjour, Sekretär der Eidgenössischen Delegation.

Se. Excellenz Herr Freiherr von Berlepsch eröffnet die Sitzung um 2½ Uhr und theilt der Versammlung mit, daß er durch Unpäßlichkeit verhindert sei, die heutigen Verhandlungen zu leiten; er ersucht Herrn Magdeburg, das Präsidium zu übernehmen.

Herr Magdeburg giebt bekannt, daß Se. Majestät der Kaiser Se. Heiligkeit Papst Leo XIII. von dem Plane der Einberufung einer Internationalen Konferenz nach Berlin, sowie von dem den Berathungen dieser Versammlung zu unterbreitenden Programm in Kenntniß gesetzt und zugleich von der Ernennung Sr. Fürstl. Gnaden des Fürstbischofs von Breslau Dr. Kopp zum Mitglied der deutschen Delegation benachrichtigt habe. Der Papst hat diese Mittheilung mit einem Briefe beantwortet, dessen Wortlaut der Präsident, dem von Sr. Heiligkeit ausgesprochenen Wunsche zufolge und auf Befehl Sr. Majestät des Kaisers, zur Kenntniß der Konferenz bringt:

„Majestät!

„Wir sprechen Ew. Majestät Unsern Dank für das Schreiben aus, welches Ew. Majestät die Güte hatten an Uns zu richten, um Unsere Theilnahme für die internationale Konferenz anzuregen, welche demnächst in Berlin zu dem Zwecke zusammentritt, die zur Verbesserung der Lage der arbeitenden Klassen geeigneten Mittel aufzusuchen.

„Es ist Uns angenehm, vor Allem Ew. Majestät zu beglückwünschen, daß Ew. Majestät Sich eine so edle, ernster Aufmerksamkeit würdige und die ganze Welt angehende Sache in so hohem Maße angelegen sein lassen. Uebrigens hat diese Angelegenheit nicht aufgehört Uns selbst zu beschäftigen, und das von Ew. Majestät in

Angriff genommene Werk entspricht einem Unserer Lieblingswünsche. Schon in der Vergangenheit haben Wir, wie Ew. Majestät erinnern, Unsere Gedanken über diesen Gegenstand kundgegeben und mit Unserem Ausspruche haben Wir zu seinen Gunsten die Lehre der katholischen Kirche geltend gemacht, als deren Oberhaupt Wir unter einem neueren Umstande diese Lehre von neuem in Erinnerung gebracht haben, und damit dieses schwierige und wichtige Problem nach allen Vorschriften der Gerechtigkeit gelöst werde, sowie die rechtmäßigen Interessen der arbeitenden Klassen gehörig gewahrt werden, haben Wir Allen und einem Jeden, mit Einschluß der Regierungen, die ihnen obliegenden besonderen Pflichten dargelegt.

„Sicherlich wird das vereinigte Handeln der Regierungen mächtig zur Erreichung des so sehr erwünschten Zieles beitragen. Die Ueber= einstimmung der Gesichtspunkte und der Gesetzgebungen, soweit die verschiedenen Verhältnisse der Orte und Länder sie zulassen, wird ge= eignet sein, die Frage auf dem Wege einer gerechten Lösung erheblich zu fördern. Daher können Wir alle Beschlüsse der Konferenz, welche eine Hebung der Lage der Arbeiter bezwecken, nur nachdrücklich unter= stützen; z. B. eine den Kräften, dem Alter und Geschlecht eines Jeden besser angemessene Vertheilung der Arbeit, die Ruhe am Tage des Herrn, überhaupt Alles, was verhindert, daß der Arbeiter als ein gemeines Werkzeug ausgebeutet wird, ohne Rücksicht auf seine Menschen= würde, seine Sittlichkeit und seinen häuslichen Heerd.

„Es ist indeß Ew. Majestät nicht entgangen, daß die glückliche Lösung einer so ernsten Frage außer dem weisen Eingreifen der bürger= lichen Gewalt auch die mächtige Mitwirkung der Religion und die wohlthuende Thätigkeit der Kirche erfordert. Das religiöse Gefühl ist thatsächlich allein im Stande, den Gesetzen ihre volle Wirksamkeit zu sichern, und das Evangelium ist der einzige Kodex, in welchem die Grundsätze der wahren Gerechtigkeit, die Lehren der gegenseitigen Liebe, welche alle Menschen wie Kinder eines Vaters und Glieder einer Familie verbinden soll, enthalten sind. Die Religion lehrt also den Arbeitgeber, in dem Arbeiter die Menschenwürde zu achten und ihn gerecht und billig zu behandeln; sie schärft dem Gewissen des

Arbeiters das Gefühl der Pflicht und Treue ein und macht ihn sittlich, mäßig und ehrenhaft. Eben deshalb, weil sie die religiösen Grundsätze aus den Augen gelassen, vernachlässigt und verkannt hat, sieht sich die Gesellschaft bis in ihre Grundvesten erschüttert; dieselben in Erinnerung zu bringen und wieder in Kraft zu setzen ist das einzige Mittel, die Gesellschaft auf ihren Grundlagen wiederherzustellen und ihr den Frieden, Ordnung und Wohlstand zu sichern. — Es ist ja der Beruf der Kirche, diese Grundsätze und Lehren zu verkünden und in der ganzen Welt zu verbreiten. Ihr gebührt daher ein großer und fruchtbarer Einfluß auf die Lösung des socialen Problems. Diesen Einfluß haben Wir geübt und werden ihn besonders zu Nutz und Frommen der arbeitenden Klasse auch ferner üben. Die Bischöfe und Oberhirten ihrerseits werden mit Hülfe der ihnen unterstellten Geistlich= keit in ihren Sprengeln ein Gleiches thun, und hoffen Wir, daß diese heilsame Thätigkeit der Kirche, weit entfernt sich von der bürgerlichen Gewalt beeinträchtigt zu sehen, fortan Hülfe und Schutz bei derselben finden wird. Dafür bürgt Uns schon einerseits das Interesse, welches die Regierungen dieser ernsten Frage zuwenden, andererseits der wohl= wollende Ruf, welchen Ew. Majestät haben an Uns ergehen lassen.

„Inzwischen wünschen wir auf das Innigste, daß die Arbeiten der Konferenz reich an wohlthätigen Ergebnissen sein und der all= gemeinen Erwartung vollkommen entsprechen mögen. Und bevor Wir dieses Schreiben schließen, wollen Wir an dieser Stelle der Genug= thuung·Ausdruck geben, welche Wir empfanden, als Wir erfuhren, daß Ew. Majestät den Fürstbischof von Breslau, Dr. Kopp, eingeladen hätten, in der Eigenschaft Ihres Delegirten an der Konferenz theil= zunehmen; derselbe wird sich sicherlich durch den Beweis des Hohen Vertrauens, das Ew. Majestät ihm bei diesem Anlasse erzeigten, sehr geehrt fühlen.

„Mit der lebhaftesten Genugthuung drücken Wir schließlich Ew. Majestät die aufrichtigsten Wünsche für Ihr Wohlergehen und für dasjenige Ihrer Kaiserlichen Familie aus.

„Aus dem Vatikan, den 14. März 1890.

(gez.) LEO P. P. XIII."

Zur Tagesordnung übergehend, macht der Vorsitzende der Kon=
ferenz den Vorschlag, die Berichte der Kommissionen anzuhören, und
bemerkt, daß die allgemeine Berathung vereinfacht wird, wenn die
Herren Delegirten auf solche Weise in die Lage gesetzt werden, ihre
Bemerkungen zu allgemeinen Fragen, welche in den Abschnitten II,
III und IV zusammentreffen, vorzubringen.

Das Wort erhält der Delegirte der Schweiz, Herr Landammann
Blumer, welcher einen Bericht über die Berathungen der Kommission
für die Sonntagsarbeit verliest.

S. Anlage No. 1.

Der belgische Delegirte, Herr Baron t'Kint de Roodenbeke,
verliest seinen Bericht über die von der Kommission für die Arbeit
der Kinder und jugendlichen Arbeiter in gewerblichen Anlagen an=
genommenen Beschlüsse.

S. Anlage No. 2.

Der Delegirte der Schweiz, Herr Dr. Kaufmann, verliest seinen
Bericht über die besonderen Verhandlungen, welche über die Frage
der Frauenarbeit in derselben Kommission stattgefunden haben.

S. Anlage No. 3.

Der belgische Delegirte, Herr Harzé, theilt seinen Bericht über
die Arbeiten der Bergwerkskommission mit.

S. Anlage No. 4.

Der Vorsitzende giebt bekannt, daß die belgische Delegation
folgende Aenderung in der Fassung des im Paragraphen d, Seite 2
des vorgenannten Berichts ausgesprochenen Wunsches beantragt: „daß
die Institutionen der Vorsorge u n d d e r H ü l f e, welche i m E i n =
k l a n g m i t d e n T r a d i t i o n e n u n d G e w o h n h e i t e n e i n e s
j e d e n L a n d e s organisirt und dazu bestimmt sind, den Berg=
arbeiter und seine Familie gegen die Folgen von Krankheit, Unfällen,
frühzeitiger Arbeitsunfähigkeit, Alter und Tod sicher zu stellen, geeignet
sind, den Bergarbeiter an seinen Beruf anhänglich zu machen und
daß dieselben mehr und mehr entwickelt werden sollen."

Der Vorsitzende bittet demgemäß die Bergwerkskommission, die
Zeit der Sitzung, welche sie für diese neue Berathung abzuhalten
hätte, geneigtest bestimmen zu wollen.

Sir John Gorst erklärt, daß es ihm unregelmäßig erscheine,
einen Bericht an eine Kommission zurückzuverweisen, ehe noch eine
vorhergehende Berathung im Plenum stattgefunden hätte. Herr

Hauchecorne wundert sich seinerseits darüber, daß die belgische Delegation schon jetzt einen Text abgeändert sehen möchte, den sie wenige Stunden vorher gutgeheißen habe. Nach den Erklärungen des Herrn Baron Greindl indessen, welcher mittheilt, daß neuere Instruktionen seiner Regierung ihm erst nach Beendigung der vorbereitenden Arbeiten über die Frage der Bergwerke zugekommen seien, und auf Ersuchen des Vorsitzenden sowie Sr. Excellenz des Herrn Freiherrn von Berlepsch erklärt sich die Konferenz mit der Zurückverweisung an die Kommission einverstanden.

In gleicher Weise schlägt der Vorsitzende im Namen der deutschen Delegation vor, einen Antrag über die Sonntagsruhe an die zweite Kommission zurückzuverweisen. Der Antrag geht dahin, der zweiten Frage auf Seite 14 des Berichts folgenden Paragraphen zuzusetzen: „hinsichtlich der Ausführung von Reparaturen und Reinigungsarbeiten, welche dazu bestimmt sind, die übliche Continuität des Betriebes zu sichern."

Mit Zustimmung der Konferenz bezeichnet er die Stunden, in welchen die in Betracht kommenden Kommissionen zusammentreten sollen, und kündigt an, daß die in der Sitzung verlesenen Berichte im Laufe des Abends zur Vertheilung gelangen werden.

Der italienische Delegirte, Herr Ellena, verliest den Bericht der Kommission für die Ausführung der von der Konferenz angenommenen Bestimmungen.

Herr Jacobs bittet um Auskunft über die Reihenfolge, welche für die Berathung dieser verschiedenen Berichte gewählt werden wird, sowie über die Art und Weise, in welcher die Motivirung der darauf folgenden Abstimmungen geschehen soll.

Der Vorsitzende beantragt, zunächst eine allgemeine Berathung über sämmtliche Berichte zu eröffnen, und sodann zur Spezialdiskussion in folgender Ordnung zu schreiten:

1. Bericht der zweiten Kommission (Sonntagsarbeit);

2. die Berichte der dritten Kommission (Arbeit der Kinder, der jugendlichen Arbeiter und Frauen);

3. Bericht der ersten Kommiſſion (Arbeit in den Bergwerken);

4. Bericht der vierten Kommiſſion (Ausführung der von der Kon=
ferenz angenommenen Beſtimmungen).

In Betreff der Abſtimmung hält er dafür, daß jede Delegation
bei der Stimmabgabe die für ſie beſtimmenden Gründe entwickeln
oder etwaige Vorbehalte erheben kann.

Die vom Vorſitzenden für die nächſte Sitzung vorgeſchlagene
Tagesordnung erhält die Zuſtimmung der Konferenz.

In Beantwortung einer Anfrage des Herrn de Caſtro erklärt
der Vorſitzende, daß die Herren Delegirten volle Freiheit haben werden,
ihre Vorbehalte nicht nur im Augenblick der Abſtimmung, ſondern
auch im Laufe der Verhandlungen zu formuliren.

Freiherr von Berlepſch. Magdeburg. G. Kopp. Reichardt.
Lohmann. Hauchecorne. Landmann. Freiherr Heyl
von Herrnsheim. Ed. Koechlin.

Weigelsperg. Dr. Migerka. Plappart. Dr. Haberer.
Schmierer. Béla von Graenzenſtein. Joſeph Szterényi.

Greindl. V. Jacobs. Emil Harzé. Baron A. t'Kint
de Roodenbeke.

C. F. Tietgen. Haldor Topſöe. Ludwig Bramſen.

Manuel Fern. de Caſtro. D^{te} Santamaria de Paredes.

Jules Simon. H. Tolain. A. Burdeau. Linder.
V. Delahaye.

John E. Gorſt. Charles S. Scott. W. H. Houldsworth.
David Dale.

G. Boccardo. V. Ellena. L. Bodio.

A. Braſſeur.

F. P. van der Hoeven. Snyder van Wiſſenkerke.
H. W. E. Struve.

E. Madeira Pinto.   J. P. Oliveira Martins.

W. von Tham.   E. Christie.

E. Blumer.   Dr. Kaufmann.

Zur Beglaubigung:

Dr. Kayser.
Dr. Fürst.
Alfred Dumaine.
Graf von Arco-Valley.

Anlage No. 1 zu Protokoll No. 4.

Bericht der Kommission

über

die Sonntagsruhe.

Herr Vorsitzender! Meine Herren!

Die Kommission, welcher vom Plenum der Konferenz in der Sitzung vom 17. März die Prüfung der auf die Sonntagsarbeit bezüglichen Fragen überwiesen wurde, hat die Ehre, Ihnen ihren Bericht vorzulegen.

Die aus den Vertretern von Deutschland, Oesterreich, Ungarn, Belgien, Dänemark, Frankreich, Großbritannien, Italien, Luxemburg, der Niederlande, von Portugal, Schweden und der Schweiz zusammen= gesetzte Kommission hat sich am 17., 18., 19., 20. und 22. März versammelt. In der ersten Sitzung hat sie ihren Vorstand gewählt, und zwar den deutschen Delegirten Se. Gnaden Herrn Fürstbischof von Breslau Dr. Kopp zum Vorsitzenden, den Staatsrath und dänischen Delegirten Herrn Tietgen zum Stellvertreter und den Delegirten der Schweiz Herrn Landammann Blumer zum Berichterstatter.

Wir erinnern daran, daß die von der Kommission zu prüfenden Fragen im Programm der Konferenz folgendermaßen lauten:

1. Soll das Verbot der Sonntagsarbeit, unbeschadet der noth= wendigen Ausnahmefälle, die Regel bilden?

2. Wenn über das Verbot der Sonntagsarbeit ein Einvernehmen erzielt werden sollte, welches würden die zulässigen Ausnahmen sein?

3. Auf welche Weise wäre über diese Ausnahmefälle zu ent= scheiden: durch eine internationale Vereinbarung, durch Gesetze oder auf dem Wege der Verwaltung?

Bei Uebernahme des Vorsitzes der Kommission hielt Se. Gnaden der Herr Fürstbischof Dr. Kopp folgende Ansprache:

„Das Problem, mit welchem wir uns beschäftigen sollen, ist die Sonntagsruhe. Es ist wahr, daß die menschliche Gesellschaft sich seit beinahe 4000 Jahren dieser Wohlthat erfreut, es sind aber immer Verhältnisse eingetreten, welche diese Anordnung störten.

„In neuerer Zeit hat die Entwickelung des Gewerbefleißes einen solchen Aufschwung erreicht, daß es nöthig wurde, der unbedingten Sonntagsruhe Abbruch zu thun. In der That darf es nicht verkannt werden, einerseits daß es unvermeidlich ist, den Veränderungen, welche die Zeit mit sich brachte, einige Zugeständnisse zu machen; andererseits soll man aber nicht übersehen, daß diese Zugeständnisse nur Aus= nahmen von der allgemeinen Ordnung sind und daß es nothwendig ist, sie auf die engsten Grenzen zu beschränken zum Vortheil der unschätz= baren Güter, welche die Sonntagsruhe der Menschheit verschafft.

„Es ist daher unsere Pflicht, eine Lösung anzustreben, durch welche die Interessen der gewerblichen Oekonomie mit den Forderungen der vom göttlichen und natürlichen Gesetz sanktionirten Sonntags= Ordnung ausgeglichen werden.

„Die Arbeit, welche uns in dieser Kommission zusammenführt, wird gut von Statten gehen, wenn wir die in unserm Programm bestimmten Grenzen nicht überschreiten. Dieses Programm enthält nicht etwa die Feier und Heiligung des Sonntags, sondern die Frage der Sonntagsruhe, und diese Frage ist auf die gewerblichen Anlagen beschränkt und berührt daher weder den Handel noch die Werkstätten.

„Meine Herren, lassen Sie uns an die Arbeit gehen."

Nach dieser Ansprache eröffnete der Herr Präsident eine allgemeine Verhandlung über das Ganze der Frage.

Wir halten es nicht für nöthig, diese allgemeine Berathung, welche sehr lang und anstrengend war, an dieser Stelle in allen ihren Einzelnheiten wiederzugeben; wir glauben vielmehr, daß es genügt, die von den einzelnen Delegationen aufgestellten oder bekämpften Grundsätze in großen Umrissen auszuführen, den Wortlaut der ver= schiedenen Anträge, welche damals oder in der Folge sich gegenüber= standen, wiederzugeben, die über jeden derselben vor der Abstimmung in erster Lesung geäußerten Meinungen kurz anzudeuten, sodann den Wortlaut der von der Kommission in zweiter Lesung gefaßten Beschlüsse zu geben.

Allgemeine Berathung.

Der dänische Delegirte, stellvertretender Vorsitzender Herr Tietgen, führte aus, daß das englische Gesetz vom Jahre 1878 (Factory and Workshop Act) alle nothwendigen Bestimmungen enthält, um den beschützten Klassen, d. h. den Kindern, den jugendlichen Arbeitern und den Frauen, die Sonntagsruhe zu sichern und daß es genüge, diesen Bestimmungen einige Regeln über die zu Gunsten gewisser Betriebe und Handwerke zu bestimmenden Ausnahmen hinzuzufügen. Redner ist der Ansicht, diese Ausnahmen seien derart zu beschränken, daß die Berechtigung, dem Gottesdienst beizuwohnen, vorbehalten sei im Sinne des ungarischen Gesetzes, welches bestimmt, daß „der Arbeitgeber ver= pflichtet ist, seinen Lehrlingen, Gehülfen und Gesellen die nöthige Zeit zu gewähren, daß sie an den Festtagen ihrer Religion den Gottesdienst besuchen können". Die deutsche Gewerbeordnung enthält eine ähnliche Bestimmung.

Der großbritannische Delegirte, Sir John Gorst, setzte ausein= ander, daß in seiner Heimath die Sonntagsarbeit unbedingt unter= sagt ist, ausgenommen in den Fällen der Nothwendigkeit und der

Barmherzigkeit; obgleich dieses Gesetz alt ist, wünscht das Volk
seine Abschaffung nicht, sondern billigt im Gegentheil die Sonn=
tagsruhe. In Anbetracht dieser Umstände kann die großbritannische
Delegation für jeden Antrag stimmen, welchem eine Beschränkung
der Sonntagsarbeit zu Grunde liegt.

Der belgische Delegirte, Staatsminister Herr Victor Jacobs, legte
dar, daß die belgische Regierung nach dem Maße ihrer Gewalten keine
Gelegenheit verabsäumt, den Arbeitern einen Ruhetag in der Woche
zu sichern und denselben auf den Sonntag zu verlegen. Das Depar=
tement der Eisenbahnen hat den Dienst so eingerichtet, daß am Sonntag
eine möglichst große Zahl von Arbeitern und Beamten dienstfrei ist;
diejenigen, welche nicht den ganzen Tag abkommen können, haben am
Sonntag wenigstens zwei Stunden frei. Die von diesem Departement
ebenso wie die von dem der Brücken= und Wegebauten erlassenen Con=
cessionsbedingungen untersagen den Unternehmern, an Sonn= und
Festtagen arbeiten zu lassen. Was der Staat thut, können auch die
Provinzen und Gemeinden thun; etwas Anders ist es aber, mit
Beispiel voranzugehen, die Sonntagsruhe jure gestionis zu begün=
stigen, als dieselbe jure imperii aufzunöthigen. Artikel 15 der bel=
gischen Verfassung lautet: „Niemand kann gezwungen wer=
den.... die Ruhetage irgend eines Kultus zu feiern."
Diese Fassung verwehrt es zwar dem Gesetzgeber nicht, einen wöchent=
lichen Ruhetag vorzuschreiben; aber die Freiheit des Gesetzgebers
stößt noch auf andere Hindernisse als konstitutionelle Texte. Die
Achtung vor der Arbeitsfreiheit der Erwachsenen ist ein Grundsatz
der belgischen Gesetzgebung. Obgleich er in keinem Gesetz geschrieben
steht, beherrscht er sie doch alle, und die einzige Ausnahme, welche zu=
gelassen worden sei, ist das Verbot, Wöchnerinnen vor Ablauf von
vier Wochen nach ihrer Entbindung zu beschäftigen. Unter diesen
Umständen könne die belgische Regierung keine Verpflichtung über=
nehmen, das jus imperii zu gebrauchen, um den erwachsenen Arbeitern
die Sonntags= oder wöchentliche Ruhe zu sichern. Artikel 7 des
Gesetzes vom Dezember 1889, welches mehr als sechs Arbeitstage
in der Woche für Kinder und jugendliche Arbeiter unter sechzehn

Jahren, sowie für Mädchen und Frauen unter einundzwanzig Jahren verbietet, trägt mittelbar zu diesem Resultat bei. Es ist bekannt, daß in vielen gewerblichen Anlagen die Ruhe dieser Arbeiterklassen die Unthätigkeit der Anlage zur Folge hat. Diese indirekte Ein= wirkung der Gesetzgebung, die direkte Wirkung des jus gestionis, endlich die Thätigkeit der Aufmunterung sind die einzigen Mittel, welche die belgische Regierung zur Erreichung des höchst wünschens= werthen Zieles anwenden kann, den Arbeitern zu einem Ruhetag in der Woche zu verhelfen, welcher möglichst mit den Festtagen der= jenigen Religion zusammenfallen soll, welcher sie angehören. Die Gewohnheiten des Landes thun das Uebrige; man kann also behaupten, daß, von den nothwendigen Ausnahmen abgesehen, die Sonntagsruhe in den gewerblichen Anlagen Belgiens die Regel bildet.

Es ergiebt sich daraus, daß, wenn die im Programm der Kon= ferenz also lautende Frage:

> Soll das Verbot der Sonntagsarbeit, unbeschadet der noth= wendigen Ausnahmefälle, die Regel bilden?

dahin aufzufassen sei, ob die Sonntagsruhe durch oder kraft des Gesetzes aufgenöthigt werden soll, der Vertreter der belgischen Re= gierung nicht in der Lage sein würde, diese Frage zu bejahen. Er kann das Eingreifen der Gesetzgebung zur Sicherung eines wöchentlichen Ruhetags für die minderjährigen Arbeiter gelten lassen; sollte aber die Kommission die erwachsenen Arbeiter in ihrer Antwort miteinbeziehen zu müssen glauben, so verlangt Redner, daß ein Vorbehalt für die Länder gemacht werde, deren Gesetzgebung auf Grundsätzen be= ruht, welche keine Regelung der Arbeit der Erwachsenen zulassen. Demgemäß schlug Herr Jacobs, nach Wahl der Kommission, die beiden folgenden Redaktionen vor:

1. Redaktion.

„In gewerblichen Anlagen soll den minderjährigen Arbeitern wöchentlich ein Ruhetag gesichert werden."

2. Redaktion.

„Es ist wichtig, den Arbeitern in gewerblichen Anlagen, soweit die Art der Arbeit und das öffentliche Recht des Landes dieß zulassen, einen Ruhetag wöchentlich zu sichern."

Der Herr belgische Delegirte hat nachträglich diese Fassung ergänzt, indem er vorschlug, zu sagen: „..... soweit die Art der Arbeit und die Grundsätze des öffentlichen Rechts, welche die Gesetzgebung des Landes beherrschen, dieß zulassen, einen Ruhetag wöchentlich, mit Bevorzugung des Sonntags."

Der italienische Delegirte, Herr Ellena, giebt die Erklärung ab, daß die italienische Delegation von ihrer Regierung angewiesen sei, die von Sr. Majestät dem Kaiser und König ergriffene edle Initiative zu unterstützen.

Italien hat, sowohl in Anbetracht seiner gewerblichen Organisation, wie hinsichtlich der Ziele der gesetzgebenden Gewalt, spät erst angefangen, die Kinderarbeit in gewerblichen Betrieben zu schützen, und es ist bei der Ausführung des Gesetzes vom Jahre 1886 auf ernste Schwierigkeiten gestoßen, welche zur Zeit noch nicht völlig überwunden sind. Italien befindet sich also in einer Lage, welche grundverschieden ist von der= jenigen solcher Länder, welche im Stande gewesen sind, die Interessen der Produktion mit einem weisen Schutz des Arbeiters auszugleichen.

Damit die Fabrikgesetzgebung die hohen hygienischen und sittlichen Ziele, welche sie sich vorgesteckt hat, erreichen kann, ohne die Entwick= lung des Gewerbefleißes zu hemmen, muß die Ausbildung dieser Gesetz= gebung in einer Weise geregelt werden, durch welche die Grundlage der Arbeit nicht erschüttert, den verschiedenen Zweigen der Produktion Zeit gelassen wird, sich den gesetzlichen Maßregeln anzupassen und der Familie des Arbeiters die Möglichkeit gegeben wird, den Verdienst der jüngsten Kinder zu entbehren.

Die in der Konferenz vertretenen Staaten zerfallen in zwei Kategorien: In erster Linie stehen diejenigen, welche, da sie die Märkte des Konsums beherrschen, nicht nur die physische und moralische Hebung des Arbeiters, sondern auch die Gleichmäßigkeit der Konkurrenz=

bedingungen im internationalen Verkehr zu berücksichtigen haben. Auf der andern Seite stehen die Industrie-Staaten zweiten Ranges, für welche nur die moralische Seite der Frage in Betracht kommt. Diese letzteren Staaten — zu welchen Italien gezählt werden muß — haben für den Augenblick für die Zugeständnisse, zu welchen sie entschlossen sind, keinen andern Ersatz zu erwarten als die Genugthuung, zu einem Werke der Civilisation beigetragen zu haben.

Es muß noch bemerkt werden, daß die Staaten mit nahezu voll= ständiger Arbeiterschutz=Gesetzgebung kaum ein Zugeständniß machen, wenn sie einwilligen, daß dieser Gesetzgebung ein internationaler Charakter gegeben werde. Dagegen machen die Staaten, welche sich verpflichten, neue Maßregeln zu beschließen, um mit der Zeit zu einem wirksameren Schutz zu gelangen, wirkliche Zugeständnisse.

Welches auch die Tragweite des angebahnten internationalen Einvernehmens sein mag, — eine gleichförmige Gesetzgebung für die Arbeit der Fabriken in allen bei der Konferenz vertretenen Staaten kann man unmöglich ersinnen, und dieß aus folgenden Erwägungen:

1. Die physische und geistige Entwickelung der Arbeiterbevölkerung hängt ab von dem Klima, der Rasse u. s. w. Die Fabrik= Gesetzgebung muß dieser wichtigen Thatsache Rechnung tragen.

2. Nach den Grundsätzen, welche das öffentliche Recht der ver= schiedenen Länder beherrschen, muß die in Frage stehende Gesetz= gebung sich auf den Schutz der Kinder beschränken, oder sie kann auch auf die Arbeit der volljährigen Frauen und der erwachsenen Arbeiter ausgedehnt werden.

3. Einige Industrien, namentlich diejenige der Seidenspinnerei, welche mit Ländern in Konkurrenz stehen, die in der Konferenz nicht vertreten und in welchen die Arbeitsverhältnisse von sehr primitiver Art sind, können nicht ohne umfassende Vorbehalte einer internationalen Vereinbarung unterworfen werden.

Aus allen diesen Erwägungen tritt Herr Ellena dem Prinzip bei, welches in dem von dem Herrn belgischen Delegirten gestellten Antrage enthalten ist; er schlägt indeß vor, dem letzteren folgende Fassung zu geben:

„So lange die Grundsätze des öffentlichen Rechts, welche die Ge=
setzgebung gewisser Länder bestimmen, denselben nicht gestatten, allen
in gewerblichen Anlagen beschäftigten Arbeitern wöchentlich einen
Ruhetag und mit Bevorzugung des Sonntags zu sichern, erklärt die
Konferenz, daß der fragliche Ruhetag den unter dem Schutz der Ge=
setze stehenden Kindern, jugendlichen Arbeitern und Frauen gesichert
sein soll."

Der Delegirte der Schweiz, Herr Landammann Blumer, führte
aus, daß die schweizerische Fabrikgesetzgebung, welche seit dem Jahre
1878 in Kraft ist, die allgemeine Regel aufstellt, daß die Sonntags=
arbeit untersagt ist. Ausnahmen von dieser Regel werden, unter
gewissen Bedingungen, nur in Fällen unumgänglicher Nothwendigkeit
zugelassen, und die Anlagen, welche ihrer Natur nach eine ununter=
brochene Arbeit erfordern, sind in gleicher Weise zu der Wohlthat
dieser Ausnahmen zugelassen, wenn sie beim Bundesrath den Nach=
weis führen, daß ihre Industrie diese Art des Betriebes erfordere.

Das Verbot der Sonntagsarbeit findet Anwendung sowohl auf
erwachsene Arbeiter männlichen Geschlechts als auf Minderjährige
und Frauen. Diese Einrichtung hat in jeder Richtung eine vorzügliche
Wirkung gehabt und wird nicht nur von der Arbeiter=Bevölkerung,
sondern auch von den Arbeitgebern sehr gewürdigt. Die in der Schweiz
in dieser Beziehung gemachten Erfahrungen verpflichten daher die
Delegation dieses Landes, der Kommission den Vorschlag zu machen,
die unter Nr. II des Konferenzprogramms aufgeworfenen drei Fragen
wie folgt zu beantworten:

„1. Das Verbot der Sonntagsarbeit soll, unbeschadet der noth=
wendigen Ausnahmen, die Regel bilden.

„2. Ausnahmen müssen zugestanden werden für diejenigen Anlagen,
welche ihrer Natur nach einen ununterbrochenen Betrieb erfor=
dern, sowie für solche Arbeiten, die ihrer Natur nach nicht
aufgeschoben werden können.

„Auch in Anlagen dieser Kategorie soll jeder Arbeiter auf
zwei Sonntage einen frei haben.

4*

„3. Die Ausnahmen sollen nicht näher bezeichnet werden; die all=
gemeinen Bedingungen aber, unter welchen die Ausnahmen
statthaft sind, sollen im Prinzip in der internationalen Verein=
barung enthalten sein, deren Ausführung durch Maßregeln
der Gesetzgebung und Verwaltung stattfinden wird."

Der Delegirte der Niederlande, Herr Minister van der Hoeven,
verlangte, daß ein Unterschied zwischen der Frauen= und Kinderarbeit
und der Arbeit Erwachsener gemacht werde, um den Arbeitern letzterer
Gattung unbedingte Freiheit zu lassen.

Herr van der Hoeven begründete seinen Antrag damit, daß die
niederländische Regierung ein Gesetz über die Regelung der Arbeit
der Kinder, Frauen und jugendlichen Arbeiter entworfen und durch
die Generalstaaten habe genehmigen lassen; sie habe jedoch nicht ge=
glaubt, auch die Frage der Arbeit der Erwachsenen mit einbeziehen
zu sollen, da sie sich überzeugen mußte, daß sie weder die Natur der
Arbeit noch den Zustand der Industrie noch die Lage der Arbeiter in
den Niederlanden genügend kenne. Es wird eine Kommission eingesetzt
werden, welche eine Enquête über die Arbeit der Erwachsenen ein=
leiten soll; bevor das Ergebniß dieser Enquête nicht bekannt ist, muß
die niederländische Delegation über diesen Punkt Zurückhaltung be=
wahren, um nicht den Maßregeln zu präjudiciren, welche zu ergreifen
ihre Regierung später für gut befinden könnte.

Der deutsche Delegirte, Herr Freiherr Heyl von Herrnsheim, stellte
folgenden Antrag:

„1. Die Sonntagsarbeit ist in der Regel für alle Arbeiter ver=
boten, ausgenommen die Fälle der Nothwendigkeit.

„2. Ausnahmen können zugelassen werden:

„a) aus technischen Rücksichten in den Betrieben, deren Natur
keine Unterbrechung der Arbeit gestattet;

„b) aus Rücksichten der allgemeinen Nothwendigkeit hinsichtlich
der Ernährung;

„c) im Interesse einzelner Betriebe, welche ihrer Natur nach
nur in gewissen Jahreszeiten thätig sein können oder von
einer elementaren Triebkraft abhängig sind."

Herr Freiherr von Heyl begründete diesen Antrag der deutschen Delegation wie folgt:

Seit Tausenden von Jahren ist der siebente Tag ein Ruhetag. Zu allen Zeiten wurde es als nothwendig erkannt, daß der Mensch seine Arbeit von Zeit zu Zeit unterbrechen müsse, um seine Kräfte wiederherzustellen; thut er dies nicht, so nützt sich sein Körper rasch ab, seine Kräfte und seine Arbeitsfähigkeit nehmen allmählich ab und werden schließlich vor der Zeit vernichtet. Es liegt also im Interesse der Menschlichkeit, daß ein obligatorischer wöchentlicher Ruhetag für alle Arbeiter, sie seien minderjährig oder volljährig, sie seien männlichen oder weiblichen Geschlechts, vorgeschrieben werde. Was die Wahl dieses Tages betrifft, so ist Deutschland der Meinung, daß er für Jeden auf den Sonntag fallen müsse, welcher übrigens schon durch das Herkommen der Ruhe geweiht ist. Dem Beispiele von England, Oesterreich und der Schweiz folgend, beabsichtigt die deutsche Regierung, die für Minderjährige bereits bestehende Verpflichtung, am Sonntag jede industrielle Arbeit, ausgenommen im Falle der Noth, ruhen zu lassen, auf dem Wege der Gesetzgebung auf die Erwachsenen auszudehnen.

Eine derartige Maßregel, deren moralische und humanitäre Seite nicht hervorgehoben zu werden braucht, wird dem allgemeinen Wunsche der gesammten Bevölkerung des Reichs entsprechen, und es wäre lebhaft zu wünschen, daß alle europäischen Staaten denselben Weg betreten möchten. Dies ist das Ziel der ersten Bestimmung des Antrags der deutschen Delegirten.

Die in diesem Antrage vorgesehenen Ausnahmen erklären sich von selbst, jedoch wünschte Herr von Heyl, daß sie noch mehr beschränkt würden. Er persönlich schließt sich dem zweiten Absatz des Antrages 2 der schweizerischen Delegation an, welcher besagt: „Auch in den Anlagen dieser Kategorie (denjenigen, welchen die Vergünstigung der Ausnahmen gewährt werden soll) soll jeder Arbeiter auf zwei Sonntage einen frei haben."

Der österreichische Delegirte, Herr Baron Béla Weigelsperg, machte darauf aufmerksam, daß in der Gesetzgebung seines Landes die

Sonntagsruhe in der vollkommensten Weise vorgeschrieben ist; diese Gesetzgebung untersagt thatsächlich die Sonntagsarbeit nicht allein den Fabrikarbeitern, sondern auch den in Werkstätten, Hüttenwerken, kleingewerblichen Werkstellen, sowie den im Handel beschäftigten Per= sonen. Die nöthigen Ausnahmen sind jedoch vorbehalten.

Nach dem österreichischen Gesetze können diese Ausnahmen auf dem Verwaltungswege in folgenden Fällen bestimmt werden:

1. wenn die Natur des Betriebes eine Unterbrechung der Arbeit nicht zuläßt;

2. wenn die Bedürfnisse der Konsumenten es erfordern, daß in einzelnen Handwerken auch am Sonntag gearbeitet werde;

3. wenn die Bedürfnisse des öffentlichen Verkehrs den Stillstand der Arbeit am Sonntage nicht zulassen (Beförderungswesen, Dienstmänner u. s. w.).

Ferner ist die Sonntagsarbeit in Oesterreich gestattet für Ope= rationen, welche bestimmt sind, Anlagen und Werkzeuge in gutem Zustande zu erhalten und zu reinigen.

Unter diesen Umständen erklärte der Herr österreichische Delegirte, für die deutschen Vorschläge, vervollständigt durch den 2. Absatz der von der eidgenössischen Delegation vorgeschlagenen Resolution, stimmen zu können.

Der ungarische Vertreter, Herr Szterényi, giebt die Erklärung ab, daß in dieser Materie die Zustände in Ungarn dieselben sind wie in Oesterreich, und daß in Ungarn ein Specialgesetz in Vorbereitung ist, welches dem Reichstage vorgelegt werden soll. In Folge dessen ist der Delegirte in der Lage, für den Antrag des deutschen Delegirten, mit dem aus dem Antrage der Schweiz entnommenen Zusatz, zu stimmen.

Der französische Delegirte, Herr Senator Tolain, unterbreitete folgenden Antrag:

„1. Es ist wünschenswerth, daß allen Arbeitern ein wöchentlicher Ruhetag gesichert werde;

„2. für Kinder und Frauen, welche unter dem Schutze des Gesetzes stehen, wird der Ruhetag auf den Sonntag festgesetzt."

Herr Tolain erörtert auch die Bedürfnisse der Industrie und den anzustrebenden moralischen Erfolg. In seiner Eröffnungsrede habe Monseigneur Kopp sehr richtig bemerkt, daß es sich nicht darum handle, den Sonntag zu feiern; es ergiebt sich daraus, daß es besser ist, sich auf den Boden des wöchentlichen Ruhetages zu stellen, welcher that= sächlich auf den Sonntag hinauslaufen wird. Herr Tolain giebt der Kommission eine Darlegung der französischen Gesetzgebung und des Standes der Gewohnheiten, durch welche seine Ansicht unterstützt wird, und erklärt, daß es in Frankreich eine moralische und sachliche Unmöglichkeit wäre, einen einheitlichen Ruhetag zu bestimmen.

Alle Anhänger der Sonntagsruhe sehen Ausnahmen der all= gemeinen Regel vor; diese Ausnahmen werden sicherlich die Wirkung haben, eine Verschiedenheit in der Anwendung des Grundsatzes herbei= zuführen, und daraus wird des Weiteren folgen, daß die zur Aus= führung desselben erlassenen Gesetze bald außer Gebrauch kommen, was ein schlechtes Vorbild für die Bevölkerung sein würde. Deshalb ist Herr Tolain der Meinung, daß die erste Frage einen Wochentag, aber nicht Sonntagsruhe vorsehen müsse.

Der schwedische Delegirte, Herr W. von Tham, gab die Erklärung ab, daß die Lage der Arbeitergesetzgebung seines Landes es ihm gestatte, sich den von der schweizerischen Delegation formulirten Anträgen anzuschließen.

Der Delegirte für das Großherzogthum Luxemburg, Herr Dr. Brasseur, macht folgende Bemerkungen:

„Alle Delegirten seien von dem gleichen Gefühle beseelt, Den= jenigen, welche sich der täglichen Arbeit hingeben, einen wöchentlichen Ruhetag zu bewilligen. Indem sie diesen Wunsch offenbaren, folgen sie nur einer der ältesten Ueberlieferungen der Menschheit.

„Welches soll nun dieser Tag sein? Er ist durch die Gesetz= gebung der verschiedenen Länder nicht in gleichförmiger Weise geregelt.

„In Deutschland, England und der Schweiz schreibt das Gesetz

das Feiern des Sonntags vor; andere Länder, z. B. Frankreich, ver=
bieten jugendlichen Arbeitern unter 16 Jahren und minderjährigen,
d. h. noch nicht 21 Jahre alten Mädchen die Sonntagsarbeit.

„Gewisse Gesetzgebungen sprechen nicht vom Sonntag; sie ver=
bieten aber, jugendliche Arbeiter unter 16 Jahren und Mädchen unter
21 Jahren einer Arbeitsdauer von mehr als sechs Tagen in der Woche
zu unterwerfen. Diese Bestimmung findet sich auch in dem belgischen
Gesetze vom Jahre 1889.

„Im Großherzogthum Luxemburg besteht kein Gesetz über die
Sonntagsruhe. Die Verfassung des Landes verhindert eine Regelung
dieses Punktes. Jedoch beobachten, von seltenen Ausnahmen im Falle
unbedingter Nothwendigkeit abgesehen, die Arbeitgeber und Arbeiter
im Großherzogthum thatsächlich die Ruhe des Sonntags und der
gesetzlichen Feiertage.“

Herr Brasseur schließt sich der zweiten, vom Herrn belgischen
Delegirten vorgeschlagenen Fassung an.

Der portugiesische Delegirte, Herr Pinto, gab ebenfalls die Er=
klärung ab, daß er diese Fassung annehme, weil die portugiesische
Regierung kein Recht hat, die Arbeit der erwachsenen Arbeiter zu regeln;
sie ist nur dazu berechtigt, Bestimmungen zum Schutze der Kinder
und minderjährigen Frauen zu erlassen.

Dies sind in großen Umrissen die bei der allgemeinen Berathung
von den Herren Kommissions=Mitgliedern gegebenen Darlegungen.

Wir bemerken noch, daß der Grundsatz, es sei den Arbeitern
ein wöchentlicher Ruhetag zu bewilligen, einstimmig als eine Noth=
wendigkeit anerkannt wurde, und daß die Kommission der einhelligen
Meinung war, es sei, um den Resolutionen, welche die Konferenz
annehmen wird, ein größeres Ansehen zu verleihen, höchst wünschens=
werth, einen Boden zu suchen, auf welchem die Vertreter beider sich
gegenüberstehenden Systeme, der Sonntagsruhe und des wöchentlichen
Ruhetages, zusammentreffen und sich vereinigen können.

Spezialberathung in erster Lesung.

Erste Frage.

„Soll das Verbot der Sonntagsarbeit, vorbehaltlich der Fälle nothwendiger Ausnahmen, die Regel bilden?"

Im Hinblick auf den Geist der Versöhnung, welcher sich in der allgemeinen Berathung auf allen Seiten kundgegeben hat, hat der Vorsitzende der Kommission, Se. Fürstliche Gnaden Herr Dr. Kopp, nach passenden Ausdrücken für eine Resolution gesucht, welcher alle Meinungen zustimmen könnten. Die von den Herren belgischen und italienischen Delegirten beantragten Fassungen haben den Vortheil, recht ausgedehnt zu sein; man darf aber nicht verkennen, daß es bei den Verschiedenheiten, die zwischen den nationalen Gesetzgebungen bestehen, nicht möglich ist, alle Wünsche und alle Gesichtspunkte in Uebereinstimmung zu bringen und sie in eine einzige Formel zusammenzufassen.

Wenn sich also die Kommission darauf beschränken würde, eine unbestimmte und platonische, sachlich nahezu werthlose Resolution anzunehmen, so würden die allenthalben auf die Arbeiten der Konferenz gesetzten Hoffnungen enttäuscht werden, und diese letztere wäre in diesem Falle die Zielscheibe von Vorwürfen, welche sie vermeiden muß sich zuzuziehen. Sie wird diesen Vorwürfen nur dann entgehen, wenn sie in ihren Resolutionen den Meinungen Rechnung trägt, welche den Schutz der Arbeiter über die von einzelnen noch wenig vorgeschrittenen Gesetzgebungen gesteckten Grenzen hinaus erweitern wollen. In dieser Absicht beantragte Se. Fürstliche Gnaden Herr Dr. Kopp im Einvernehmen mit seinem deutschen Kollegen, Herrn Freiherrn von Heyl, folgenden Beschluß als Antwort auf die Frage No. 1:

„1. Es ist wünschenswerth, daß ein wöchentlicher Ruhetag den geschützten Personen durch das Gesetz gesichert werde.

„2. Es ist wünschenswerth, daß allen Industrie-Arbeitern ein Ruhetag gesichert werde.

„3. Es ist wünschenswerth, daß der Ruhetag für die geschützten
Personen auf den Sonntag festgesetzt werde.

„4. Es ist wünschenswerth, daß der Ruhetag für alle Industrie=
Arbeiter auf den Sonntag festgesetzt werde."

Dieser Antrag beseitigte alle andern Resolutionsentwürfe über
denselben Gegenstand, welche im Laufe der allgemeinen Berathung
vorgelegt worden waren, und wurde einer eingehenden Berathung
unterzogen.

Er ging aus der Berathung mit folgenden besonders auf Wunsch
der Delegationen Italiens, der Niederlande und Portugals ein=
gefügten Abänderungen und Ergänzungen hervor:

„Es ist wünschenswerth, vorbehaltlich der in jedem
Lande nothwendigen Ausnahmen und Fristen:

„1. daß den geschützten Personen ein wöchentlicher Ruhetag ge=
sichert werde;

„2. daß der Ruhetag allen Industrie=Arbeitern gesichert werde;

„3. daß der Ruhetag für die geschützten Personen auf den Sonntag
festgesetzt werde;

„4. daß der Ruhetag für alle Industrie=Arbeiter auf den Sonntag
festgesetzt werde."

Die in dem ursprünglichen Texte enthaltenen Worte durch das
Gesetz wurden in versöhnlicher Absicht unterdrückt, um einen jeden
Staat Richter sein zu lassen über die Mittel, welche er zur Verwirk=
lichung dieser Wünsche anzuwenden für zweckmäßig hält.

Die Einleitung und die drei ersten Punkte dieser Resolution
wurden von den im Augenblick der Abstimmung anwesenden Dele=
girten von Deutschland, Oesterreich, Ungarn, Belgien, Dänemark,
Frankreich, Großbritannien, Italien, Luxemburg, der Niederlande,
von Portugal, Schweden und der Schweiz einstimmig angenommen.

Bei der Abstimmung über den 4. Punkt enthielt sich der fran=
zösische Delegirte der Abstimmung; die Vertreter aller andern
Länder haben mit Ja gestimmt.

Zweite Frage.

„Wenn über das Verbot der Sonntagsarbeit ein Einvernehmen erzielt werden sollte, welches sind die zulässigen Ausnahmen?

Der deutsche Delegirte, Herr Freiherr Heyl von Herrnsheim, erklärt, daß er den von ihm in der allgemeinen Berathung gestellten Antrag über diesen Punkt, welcher den Weg bezeichnet, den seine Regierung wegen der zuzulassenden Ausnahmen hinsichtlich der Sonntagsarbeit einzuschlagen beabsichtige, zurückziehe.

Zum Zwecke der Verständigung ersetzte er seinen ersten Antrag durch den folgenden:

„Ausnahmen sind zulässig:

„a) hinsichtlich der Betriebe, welche aus technischen Gründen oder weil sie das Publikum mit unentbehrlichen Lebens= bedürfnissen versorgen, eine ununterbrochene Produktion erfordern;

„b) hinsichtlich der Betriebe, welche ihrer Natur nach nur in bestimmten Jahreszeiten arbeiten können, oder solcher, welche von der unregelmäßigen Thätigkeit elementarer Betriebskräfte abhängig sind."

Außerdem beantragte Herr von Heyl, diese Resolution durch folgende in dem Antrage der Delegation der Schweiz enthaltene Be= stimmung zu vervollständigen:

„Selbst in den Anlagen dieser Kategorie soll jeder Arbeiter auf zwei Sonntage einen frei haben."

Dieser Antrag wurde von den Delegirten Deutschlands, Oester= reichs, Belgiens, Dänemarks, Frankreichs, Italiens, Luxemburgs, der Niederlande, Portugals, Schwedens und der Schweiz im Ganzen angenommen, jedoch mit der Maßgabe, daß der letzte Paragraph mit den Worten:

„Es ist wünschenswerth, daß, selbst in den An= lagen . . . . . u. s. w."

beginnen soll.

Die großbritannische Delegation enthielt sich der Abstimmung

aus dem Grunde, weil nach ihrem Dafürhalten die Ausnahmen durch
die Gesetzgebung eines jeden Landes bestimmt werden sollen, je nach
dem Rechtsgefühle und den socialen Verhältnissen des Volkes, auf
welches dieselbe Anwendung findet.

Dritte Frage.

Auf welche Weise würde nun über diese Ausnahmefälle Be=
stimmung zu treffen sein: durch ein internationales Einvernehmen,
durch Gesetze oder auf dem Wege der Verwaltung?

Die Delegation der Schweiz zog den Resolutions=Entwurf, welchen
sie zu dieser Frage gestellt hatte, zurück, weil die Fassung desselben,
welche dem Texte der von derselben Delegation hinsichtlich der beiden
ersten Punkte unterbreiteten Vorschläge entsprach, mit dem Geiste der
von der Kommission angenommenen Beschlüsse nicht mehr in Ein=
klang stand.

Der belgische Delegirte, Herr Minister Jacobs, formulirte fol=
genden Antrag:

„Die Mittel zur Bestimmung der Ausnahmen, ebenso wie die=
jenigen zur Verwirklichung der von der Konferenz ausgesprochenen
Wünsche, bleiben dem Ermessen eines jeden Landes überlassen.“

Dagegen formulirte der luxemburgische Delegirte, Herr Dr. Bras=
seur, folgenden Antrag:

„Es ist wünschenswerth, daß die in jedem Lande einzuführenden
Ausnahmen gleichartig seien.

„Es ist wünschenswerth, daß die Bestimmung der Mittel zur
Erreichung dieses Zieles einer Verständigung zwischen den verschie=
denen Regierungen überlassen bleibe.“

Der Herr belgische Delegirte führte zur Begründung seines An=
trages an, daß ihm derselbe mit den von der Kommission auf den
ersten Punkt ertheilten Antworten übereinzustimmen scheine. Indem
die Kommission in der Antwort auf diese erste Frage die Worte
„durch das Gesetz“, welche in den ursprünglichen Anträgen gestanden
hätten, beseitigt habe, hat sie die Bestimmung der Mittel, durch

welche die Verwirklichung der auf die Sonntagsruhe bezüglichen Wünsche erreicht werden soll, dem Ermessen eines jeden Staates über= lassen. Es ist natürlich, daß der Spielraum, welcher der Verwirk= lichung der Wünsche gelassen ist, auch gewährt werden muß für die Bestimmung der Ausnahmen von den Regeln, welche Gegenstand dieser Wünsche sind.

Da dieser Vorschlag besonders von den Delegationen Deutschlands, Luxemburgs, der Niederlande und der Schweiz bekämpft wurde, so ersetzte ihn der Herr belgische Delegirte durch eine neue Fassung, welche folgendermaßen lautete: „Es ist gegenwärtig nicht möglich, das Verfahren zu bestimmen, nach welchem über die Ausnahmefälle entschieden werden soll."

Die Kommission sprach sich gegen diesen Antrag aus mit den 10 Stimmen Deutschlands, Oesterreichs, Ungarns, Dänemarks, Luxem= burgs, der Niederlande, Portugals, Schwedens, der Schweiz, welche dagegen dem zweiten Absatze des Antrages des Herrn Dr. Brasseur, welcher dem belgischen Antrage gegenüberstand, zustimmten. Belgien, Frankreich und Großbritannien stimmten für den belgischen Antrag. Die italienische Delegation enthielt sich der Abstimmung.

Es wurde darauf über den ersten Absatz des luxemburgischen Antrags abgestimmt, welcher mit 10 gegen die 4 Stimmen Belgiens, Frankreichs, Großbritanniens und Italiens angenommen wurde. Vor= her war auf Verlangen der deutschen Delegation dieser Absatz durch folgende Worte: „daß die in jedem Lande einzuführenden Ausnahmen nach gleichartigen Gesichtspunkten festgesetzt werden", ergänzt und als zweiter Absatz der Resolution geordnet worden. Die= selbe lautet demnach:

„Es ist wünschenswerth, daß die Bestimmung der Mittel zur Erreichung dieses Zieles einer Verständigung zwischen den verschie= denen Regierungen überlassen bleibe.

„Es ist wünschenswerth, daß die in jedem Lande einzuführenden Ausnahmen nach gleichartigen Gesichtspunkten festgesetzt werden."

Zweite Lesung über die drei Spezialfragen.

Es wurde zunächst festgestellt, daß etwaige Abänderungen der bereits durch Abstimmung angenommenen Anträge sich nur auf die Form derselben, nicht aber auf den Inhalt erstrecken könnten, welcher als endgültig festgestellt zu betrachten sei.

Die drei Resolutionen, welche die Kommission dem Plenum der Konferenz zur Annahme unterbreitet, wurden darauf wie folgt festgesetzt:

Erste Frage.

„Es ist wünschenswerth, vorbehaltlich der in jedem Lande nothwendigen Ausnahmen und Fristen:

1. daß den geschützten Personen ein Ruhetag wöchentlich gesichert werde;

2. daß allen Industrie-Arbeitern ein Ruhetag gesichert werde;

3. daß dieser Ruhetag für die geschützten Personen auf den Sonntag festgesetzt werde;

4. daß dieser Ruhetag für alle Industrie-Arbeiter auf den Sonntag festgesetzt werde."

Die Einleitung und die Paragraphen 1, 2 und 3 wurden einstimmig angenommen. Paragraph 4 wurde ebenfalls einstimmig angenommen, mit Ausnahme Frankreichs, welches sich der Abstimmung enthielt.

Zweite Frage.

„Ausnahmen sind zulässig:

a) hinsichtlich der Betriebe, welche aus technischen Gründen eine ununterbrochene Produktion erheischen oder welche das Publikum mit unentbehrlichen Lebensbedürfnissen, deren Fabrikation eine tägliche sein muß, versorgen;

b) hinsichtlich der Betriebe, welche ihrer Natur nach nur in bestimmten Jahreszeiten arbeiten können oder von der unregelmäßigen Thätigkeit elementarer Betriebskräfte abhängig sind."

„Es ist wünschenswerth, daß selbst in den Anlagen dieser Kategorie jeder Arbeiter auf zwei Sonntage einen frei hat."
Dieser so der Form nach abgeänderte Antrag wurde einstimmig zum Beschlusse erhoben. Der großbritannische Delegirte war bei der Abstimmung nicht zugegen.

Dritte Frage.

„Zu dem Zwecke, die Ausnahmen nach¦ gleichartigen Gesichts= punkten festzusetzen, ist es wünschenswerth, daß ihre Bestimmung auf Grund einer Verständigung zwischen den verschiedenen Regierungen erfolge."

Es stimmten für diese Resolution: Deutschland, Oesterreich, Ungarn, Dänemark, Luxemburg, die Niederlande, Portugal, Schweden und die Schweiz, im Ganzen neun Staaten.

Es stimmten dagegen: Belgien, Frankreich und Großbritannien, mithin drei Staaten.

Italien enthielt sich der Abstimmung.

———

Mit diesen Abstimmungen ist die Aufgabe der Kommission für die Sonntagsarbeit beendet; Sache des Plenums der Konferenz ist es nunmehr, die Beschlüsse, zu welchen die Prüfung der an die Kom= mission verwiesenen Fragen geführt hat, zu würdigen. Wir wollen hoffen, daß die vorstehenden Anträge nach Form und Inhalt, wie solche von uns nach einer sehr gründlichen und ausführlichen Prüfung beschlossen wurden, von der Konferenz genehmigt werden, und daß sie, in Ausführung gesetzt, uns zu dem Ziele führen werden, welches wir Alle zu erreichen strebten.

Bevor wir den gegenwärtigen Bericht schließen, empfinden wir den Wunsch, dem Vorsitzenden der internationalen Konferenz, Seiner Excellenz Herrn Freiherrn von Berlepsch, unseren lebhaftesten Dank dafür auszudrücken, daß er die Güte gehabt hat, dem größten Theile der Arbeiten unserer Kommission beizuwohnen und durch seine Au= torität, seine Beredsamkeit und seine Einsicht zu einer Lösung der uns gestellten Aufgaben beizutragen.

Möge auch seine Fürstliche Gnaden Herr Dr. Kopp, der verehrte

Vorsitzende unserer Kommission, den wiederholten Ausdruck unserer Dankbarkeit empfangen für die ausgezeichnete, taktvolle und zuvorkommende Weise, mit welcher er nicht nur unsere Berathungen geleitet, sondern auch thätig und erfolgreich an unseren Arbeiten theilgenommen hat.

Berlin, den 24. März 1890.

Der Berichterstatter der Kommission.

Blumer.

Anlage No. 2 zu Protokoll No. 4.

Bericht der Kommission

über

die Arbeit der Kinder und jugendlichen Arbeiter in gewerblichen Anlagen.

Meine Herren!

Die Regelung der Arbeit der Kinder und jugendlichen Arbeiter ist eine der Fragen, welche gegenwärtig die öffentliche Meinung der Industriestaaten Europas am meisten beschäftigen. Sie berührt gleichzeitig die wirthschaftlichen Bedingungen der Produktion und die materielle, intellektuelle und sittliche Lage der arbeitenden Klassen. Eben darum bildet sie einen der wichtigsten Gegenstände des Programms der Konferenz, welche die edle Initiative Sr. Majestät des deutschen Kaisers nach Berlin zusammenberufen hat und an welcher Theil zu nehmen sich die meisten Staaten entschlossen haben. Wie unser Vorsitzender, Herr Jules Simon, einer der ältesten und berühmtesten Beschützer der arbeitenden Jugend, in einer unserer ersten Sitzungen mit beredten Worten erinnerte: der Schutz des Kindes ist eine Fürsorge für das Wohl der kommenden Generationen und heißt eine humanitäre Schuld Denjenigen gegenüber abtragen, welche sich nicht immer selbst schützen können, oder welchen die natürlichen Beschützer fehlen. Kann man nicht auch sagen, daß, in= dem man den wohlwollenden Schutz des Gesetzgebers in einem gewissen Maße auf die jugendlichen Arbeiter ausdehnt, ein Werk der socialen Wohlfahrt geschaffen und die Zukunft der Familie, diese erste Keim= zelle der Nationalität geschirmt wird? Auf solche Weise werden Die= jenigen, welche noch nicht zum Mannesalter gediehen sind, in die Lage gesetzt werden, ihre physische und intellektuelle Entwickelung vollkom= mener zu erreichen und für ihre spätere Laufbahn den Vorrath der Kräfte und Energie, welche ihnen unentbehrlich sind, zu erwerben. Andererseits aber muß auf die Zwangslage der Industrie und auf die Bedürfnisse des Haushalts der Arbeiter=Familien, deren wichtigste Erwerbsquelle sie ist, Rücksicht genommen und es darf nur mit Vorsicht auf einer Bahn vorgeschritten werden, wo so wichtige Interessen im Spiele sind.

Die dritte Kommission der Konferenz, welche mit der Prüfung dieser ernsten Fragen und mit der Ausgleichung dieser beiden, bisweilen im Widerstreit stehenden Richtungen beauftragt worden war, hat sich die Schwierigkeit ihrer Aufgabe nicht verhehlt. Während sie ent= schlossen war, den wohlbegründeten Wünschen der arbeitenden Klasse innerhalb der Grenzen des Möglichen Genüge zu leisten, vor allen Dingen aber bereit war, die Rechte Aller, Staaten wie Personen, zu achten, sah sie ein, daß es nicht leicht sein würde, die Resolutionen, welche zu fassen sie berufen war, sofort und überall in Anwendung zu bringen. Sie hat sich darauf beschränkt, ein System reglementärer Grundsätze über die Arbeit der Kinder und jugendlichen Arbeiter anzunehmen, von welchem es wünschenswerth wäre, daß sie im all= mählichen Fortschritte in die verschiedenen Gewerbegesetzgebungen auf= genommen würden, soweit es die nationalen Gewohnheiten und die örtlichen Verhältnisse zulassen.

Diese Grundsätze, über welche die verschiedenen Länder sich zu einigen gesucht haben, will ich in Kürze darlegen, indem ich gleichzeitig die wichtigsten Bemerkungen mittheile, welche hinsichtlich derselben in der Kommission gemacht wurden.

Abschnitt I.

Regelung der Arbeit 12—14jähriger Kinder.

I. Hinsichtlich der Regelung der Kinderarbeit in gewerblichen Anlagen entschied die dritte Kommission von vornherein einstimmig, „daß es wünschenswerth sei, Kinder beiderlei Geschlechts, die ein bestimmtes Alter noch nicht erreicht haben, von der Arbeit in gewerb= lichen Anlagen auszuschließen".

II. Diese Altersgrenze gelangte demnächst zur Berathung. Der Delegirte der Schweiz, Dr. Kaufmann, beantragte das Alter von 14 Jahren, was mit 13 gegen 2 Stimmen (Oesterreich und Schweiz) abgelehnt wurde. Ein französischer Delegirter, Herr Delahaye, trat für seine Person diesem Antrage bei. Das Minimum von 13 Jahren wurde mit einer Majorität von 12 Stimmen gegen zwei (Oesterreich und Schweiz) und einer Stimmenthaltung (Dänemark) verworfen.

Der deutsche Delegirte, Herr Landmann, gab die Erklärung ab, daß er nicht für das Alter von 13 Jahren gestimmt habe, weil für ihn die Frage gegenstandslos sei, da die Bestimmungen des Schul= gesetzes in Deutschland nicht gestatten, den obligatorischen Elementar= unterricht vor diesem Alter zu beschließen. Er behalte sich vor, einen Zusatzantrag zu stellen, über die Nothwendigkeit, der Schulpflicht zu genügen, bevor die Aufnahme in eine Fabrik zulässig sei.

Der französische Beidelegirte, Herr Laporte, hofft, daß die fran= zösische Gesetzgebung sich demnächst für das Alter von 13 Jahren entscheiden werde, indem eine dahingehende Gesetzesvorlage die Depu= tirtenkammer gegenwärtig beschäftige; da aber der Senat noch nicht darüber befunden habe, so könne zu Gunsten dieses Minimums die Stimme Frankreichs noch nicht abgegeben werden.

Der Vorsitzende, Herr Jules Simon, beantragt, das Minimum des Alters für die Beschäftigung in gewerblichen Anlagen auf das vollendete zwölfte Jahr festzusetzen, da diese Altersgrenze Aussicht habe, fast alle Stimmen auf sich zu vereinigen.

Der englische Delegirte, Herr Scott, glaubt, daß die öffentliche Meinung seines Landes dieser Altersgrenze im Allgemeinen nicht ungünstig sein würde. Er konstatirt, daß die Verwendung von Kindern unter 12 Jahren in England fortschreitend abnehme, besonders in der Textilindustrie. Aber nach dem gegenwärtigen Stande der englischen Gesetzgebung, welche unter bestimmten Vorbehalten die Arbeit der Kinder von 10—12 Jahren zulasse, ertheile er sein zu= stimmendes Votum ad referendum.

Der italienische Delegirte, Herr Boccardo, verlangt, daß das Alter für die Zulassung der Kinder in gewerblichen Anlagen nicht für alle Länder dasselbe sein solle. Das italienische Gesetz vom 11. Februar 1886 über die Regelung der Arbeit muß als ein erster Versuch angesehen werden, welcher nicht frei war von ernsten Schwierig= keiten. Mit Rücksicht auf die besondere Lage der Seidenspinnereien und Zwirnereien konnte dasselbe nur theilweise Anwendung finden, als es im nächsten Jahre in Ausführung gesetzt wurde. Angesichts eines ebenso neuen wie unvollkommenen Versuches könnte Italien innerhalb einer kurzen Frist den bereits in seiner Fabrikgesetzgebung enthaltenen Beschränkungen keine neuen hinzufügen. Er müsse übrigens bemerken, daß die Lage Italiens namentlich im Hinblick auf das Minimum des Alters der Zulassung der Kinder in gewerblichen Anlagen durchaus verschieden ist von der Lage der andern in der Konferenz vertretenen Staaten, nicht nur in Folge der rationellen Entwicklung der Gesetze über die Arbeit, sondern auch vermöge der geographischen, demographischen und wirthschaftlichen Verhältnisse der verschiedenen Länder. In dieser Beziehung könne man die italienische Bevölkerung augenscheinlich nicht denselben Regeln unterwerfen wie die nordeuropäischen Völker. An erster Stelle müsse man der Früh= reise der südländischen Rassen, welche den klimatischen Einflüssen, der geographischen Lage wie der Rasse selbst zuzuschreiben sind, Rechnung tragen. Wenn man nun für alle Länder eine und dieselbe Grenze des Alters der Zulassung in Fabriken festsetzen und überall die Art der schützenden Thätigkeit des Staates hinsichtlich der Kinder und jungen Leute in derselben Weise bestimmen wollte, so hieße dieß hinsichtlich der Gewerbegesetzgebung den Grundsatz der Gleichheit verletzen, für dessen Aufrechterhaltung die Konferenz zu sorgen hat, und den südlichen Ländern härtere Beschränkungen auferlegen als den nördlichen. Ueber= dies befindet sich die italienische Großindustrie in ihren Anfängen: sie hat den hohen Grad der Entwickelung der Industrien der großen europäischen Produktionsländer noch lange nicht erreicht. Unter solchen Umständen könne davon keine Rede sein, von Italien eine ähnliche Gesetzgebung zu verlangen, wie sie anderwärts zum Schutze der Interessen der Kinder und jungen Leute besteht. Eine Industrie zu Grunde richten heißt nicht die arbeitende Klasse schützen: und gerade dieses Schicksal würde der Seiden=Spinnerei und Zwirnerei drohen, wenn sie nicht gegen die außereuropäische Konkurrenz Chinas und Japans in Schutz genommen würde, welche Länder über außer= gewöhnlich billige Arbeitskräfte verfügen. Unter dem doppelten Ge= sichtspunkte der geographischen und industriellen Lage sei also Italien berechtigt, eine besondere Berücksichtigung zu verlangen und, außer den für seine Industrien unerläßlichen Durchführungsfristen, ein Minimum des Alters der Zulassung in Fabriken zu erlangen, welches mindestens zwei Jahre niedriger ist als dasjenige anderer Staaten.

Der spanische Delegirte, Herr Santamaria, bemerkt, daß das Gesetz vom 24. Juli 1873 die Zulassung von Kindern unter zehn Jahren zur Arbeit in Fabriken, Werkstätten, Hüttenwerken und Bergwerken unbedingt verbietet und daß ein Gesetzentwurf, welchen die Regierung den Cortes vorgelegt hat, dieses Minimum sogar, nach den von der Kommission für Socialreformen angenommenen Beschlüssen, auf neun Jahre herabsetzt. Er erklärt, daß er zwar mit dem Grundsatz des unbedingten oder bedingten Verbots je nach dem Alter der Kinder und Jünglinge einverstanden sei, sich jedoch der Abstimmung werde enthalten müssen, falls keine niedrigere Altersgrenze für die südlichen Länder oder Unterscheidungen hinsichtlich der Natur der Arbeit zu= gelassen werden sollten.

Der dänische Delegirte, Herr Bramsen, läßt einen Altersunter= schied für die südlichen Länder zu, er legt aber Namens des der Kindheit schuldigen Schutzes Verwahrung ein gegen jedwede auf die besondere Lage dieser oder jener Industrie begründete Herabsetzung des Alters.

Schließlich wird das Alter von 12 Jahren als Minimum des Alters der Zulassung in gewerblichen Anlagen allseitig angenommen. Die Ausnahme, welche dieses Minimum für südliche Länder auf 10 Jahre herabsetzt, begegnet zwei Enthaltungen (Schweiz und Groß= britannien).

III. Ein Zusatzantrag des deutschen Delegirten, Herrn Landmann, ist des Inhalts, daß es wünschenswerth sei, „daß die in gewerblichen Anlagen zugelassenen Kinder den Vorschriften über den Elementar= unterricht vorher Genüge geleistet haben".

Der schwedische Delegirte, Herr von Tham, unterstützt diesen Antrag, da die schwedische Gesetzgebung die Verwendung von Kindern in Fabriken verbietet, wofern sie nicht das beim Abgang von der Elementarschule geforderte Minimum der Bildung besitzen.

Der italienische Delegirte, Herr Boccardo, äußert sich in dem= selben Sinne: er erblickt in diesem Antrage eine wirksame Stütze der Bestimmungen des italienischen Gesetzes hinsichtlich des obligatorischen Unterrichts.

Der belgische Delegirte, Herr Baron t'Kint de Roodenbeke, kann nicht für den Antrag stimmen. Da diese Frage im Programm der Konferenz nicht enthalten ist, so konnten ihm hierüber von seiner Regierung Instruktionen nicht ertheilt werden. Ueberdies hat Belgien kein Gesetz über den Schulzwang, wodurch die Bestimmung für sein Land gegenstandslos sei. Er wird sich um so mehr der Abstimmung enthalten, als diese Frage in seiner Heimath zu lebhaften Kontro= versen Anlaß gebe.

Der niederländische Delegirte, Herr Snyder van Wissenkerke, enthält sich aus ähnlichen Gründen der Abstimmung.

Der großbritannische Delegirte ist zwar nicht gegen das Prinzip des Antrages er kann aber für denselben nicht stimmen, da er der Meinung ist, daß eine derartige Bestimmung in einem Schulgesetz (Education Act) besser am Platze ist als in einem Fabrikgesetz (Factory Act).

Der dänische Delegirte, Herr Topsöe, würde sich dem Antrage in verbesserter Form angeschlossen haben. Die vorliegende Fassung des

Antrages wäre mit der jüngst erlassenen Verordnung, welche das Alter der Zulassung in dänischen Fabriken auf 12 Jahre festsetzt, unvereinbar. In Dänemark ist der Elementarunterricht bis zum 13. Jahre obligatorisch und selbst bis zum 14., wenn das Kind die vorgeschriebene Prüfung nicht bestanden hat. Die Annahme des deutschen Antrages würde also die Wirkung haben, das Minimum des Alters der Zulassung in Fabriken auf 13 bis 14 Jahre zu erhöhen, während der Unterricht in Elementarschulen so geregelt ist, daß den Kindern für die Dauer eines halben Tages der Besuch der gewerblichen Anlagen gestattet ist, ohne die Erfüllung der Schulpflicht zu hemmen.

Der deutsche Antrag wurde mit 11 gegen 2 Stimmen (Dänemark und Großbritannien) und zwei Enthaltungen (Belgien und Niederlande) angenommen.

IV. Auf den Antrag der Schweiz und unter Vorbehalt der zu Gunsten südlicher Länder zugelassenen Ausnahme sprach sich die dritte Kommission dahin aus, es sei wünschenswerth, daß die für den Eintritt von Kindern in gewerbliche Anlagen beschlossene Altersgrenze für alle diese Anlagen die nämliche sei und daß in dieser Beziehung eine Unterscheidung nicht zugelassen werde.

V. Die dritte Kommission hatte endlich darüber zu befinden: „Welche Beschränkungen sollen rücksichtlich der Dauer des Arbeitstages und der Art der Beschäftigung der zur Arbeit in gewerblichen Anlagen zugelassenen Kinder vorgesehen werden?"

Ein Antrag des deutschen Delegirten, Herrn Landmann, lautet:

„1. Es ist wünschenswerth, daß Kinder, welche das 14. Jahr noch nicht vollendet haben, weder Nachts noch am Sonntag arbeiten dürfen."

Dieser erste Theil wird von der dritten Kommission unter folgenden Vorbehalten der Niederlande, Belgiens und Luxemburgs angenommen:

Der niederländische Delegirte verlangt, daß es den Kindern, die einem Cultus angehören, welcher nicht den Sonntag als Ruhetag feiert (z. B. der jüdische Cultus), gestattet sein möge, als wöchentlichen Ruhetag einen andern von ihrem Cultus anerkannten Tag zu wählen.

Der belgische und der luxemburgische Delegirte beziehen sich hin=
sichtlich der obligatorischen Wahl des Sonntags als des wöchentlichen
Ruhetages auf die Erklärungen, welche sie Namens ihrer Länder in
der zweiten Kommission abgegeben haben.

„2. Es ist wünschenswerth, daß die effektive Arbeit der Kinder
dieses Alters die Dauer von täglich sechs Stunden nicht über=
schreitet und durch eine Pause von mindestens einer halben
Stunde unterbrochen wird."

Die großbritannische Delegation acceptirt diesen Antrag, erklärt
jedoch, daß sie unter den Worten „sechs Stunden täglich nicht über=
schreite" eine durchschnittliche Zeitdauer der täglichen Arbeit von sechs
Stunden versteht. England behält sich außerdem vor, mit der An=
wendung seines jetzigen Systems fortzufahren, dessen große Nützlichkeit
die Erfahrung bewiesen hat und welches darin besteht, Kinder in einem
Alter von 13 vollen Jahren und darüber, welche die durch das englische
Gesetz vorgeschriebene Schulprüfung bestanden haben, zu den Vorrechten
zuzulassen, welche der Kategorie der jugendlichen Arbeiter zuerkannt sind.

Der österreichische Delegirte, Baron von Plappart, schließt sich
dem Antrage ebenfalls an, weil in Oesterreich das Gesetz allen Kindern
unter vollen 14 Jahren jede Arbeit in gewerblichen Anlagen verbietet
und es ihm nunmehr vortheilhaft erscheine, daß die Arbeit der
Kinder dieses Alters, da wo sie noch gestattet ist, so sehr wie möglich
eingeschränkt werde.

Der ungarische und der italienische Delegirte erklären sich für
den achtstündigen Arbeitstag, welcher der Gesetzgebung ihrer Heimath
gemäß ist.

Der belgische Delegirte kann zur Zeit die Festsetzung eines Maxi=
mal=Arbeitstages unter 12 Stunden mit Pausen in einer Dauer von
mindestens anderthalb Stunden für die Kinder von 12—16 Jahren
nicht annehmen. Zwar sieht das belgische Gesetz vom 13. Dezember
1889 die Bestimmung einer kürzeren Arbeitszeit für Kinder dieses
Alters durch königliche Verordnung vor; aber der König wird sich
erst innerhalb einer Frist von drei Jahren über diesen Punkt zu ent=
schließen haben; er wird überdies das Gutachten der Gewerbe= und

Arbeitsräthe, der ständigen Deputationen der Provinzialräthe und des Obergesundheitsamts zuvor einholen müssen. Endlich werden die Grenzen des Maximal-Arbeitstages für Kinder von 12—16 Jahren nach der Art der Beschäftigung oder nach den Bedürfnissen der Industrien, Professionen und Gewerbe verschieden sein können. Unter diesen Umständen ist der belgische Delegirte nicht in der Lage durch Annahme eines bestimmten Maximums von Arbeitsstunden unter 12 Stunden der freien Entschließung der Krone vorzugreifen.

Der Delegirte der Niederlande, wo der Maximal-Arbeitstag für Kinder von 12—16 Jahren gegenwärtig 11 Stunden beträgt, und die sich in einer ähnlichen gesetzlichen Lage wie Belgien befinden, stimmte aus denselben Gründen gegen den Antrag.

Derselbe wurde mit 11 gegen 4 Stimmen (Belgien, Ungarn, Italien, Niederlande) angenommen.

Der italienische Delegirte giebt die Erklärung ab, daß er obige Beschlüsse nur unter der Bedingung annehmen könne, daß die unter No. 1 und 2 festgesetzte Altersgrenze von 14 Jahren um zwei Jahre herabgesetzt werde in Gemäßheit dessen, was hinsichtlich der Festsetzung des Minimalalters der Zulassung zu gewerblichen Anlagen beschlossen wurde. Diese Erklärung findet in gleicher Weise auf alle Beschlüsse der Kommission Anwendung, welche auf Altersfragen Bezug haben.

„3. Es ist wünschenswerth, daß Kinder unter 14 Jahren von ungesunden oder gefährlichen Beschäftigungen ausgeschlossen oder mindestens nur unter gewissen schützenden Bedingungen dabei zugelassen werden."

No. 3 wird einstimmig angenommen.

Der portugiesische Delegirte, Herr de Oliveira Martins, macht Vorbehalte hinsichtlich der Gesammtheit der soeben angenommenen Beschlüsse. Da Portugal zur Zeit kein Gesetz über Regelung der Kinderarbeit besitzt, jedoch die Absicht hegt, demnächst Gesetze über diesen Gegenstand zu erlassen, so wird es eintretenden Falles die Lage der Kinder welche zur Zeit der Verkündigung der Regulative in sogenannten gewerblichen Anlagen beschäftigt sind, zu schützen wissen.

Auf eine Anfrage des französischen Beidelegirten, Herrn Laporte, ob die reglementären Bestimmungen zu Gunsten der Kinder auf be= sondere Gewerbe, wie z. B. die Parfumerie=Industrie, Konservirung von Sardinen, Anwendung finden würden, erfolgte die Antwort, daß man sich hier nur mit gewerblichen Anlagen im engeren Sinne befasse.

Abschnitt II.

Regelung der Arbeit der jugendlichen Arbeiter von 14—18 Jahren.

Die dritte Kommission war ferner der Meinung, daß Grund vor= handen sei, jugendliche Arbeiter, welche das Mannesalter noch nicht erreicht haben, in gewissem Maße zu schützen; jedoch unterschied sie hierbei zwei Grade des Schutzes, je nachdem es sich um jugendliche Arbeiter beiderlei Geschlechts von 14—16 Jahren, oder um junge Männer von 16—18 Jahren handelt. Was Mädchen und Frauen in einem Alter von mehr als 16 Jahren anbelangt, so wurden die= selben einer besonderen Regelung unterworfen, über welche der Dele= girte der Schweiz, Herr Dr. Kaufmann, Bericht erstatten wird.

I. In Betreff der jugendlichen Arbeiter beiderlei Geschlechts in einem Alter von 14—16 Jahren beantragte der deutsche Delegirte, Herr Landmann, folgende Schutzmaßregeln:

„1. Es ist wünschenswerth, daß die jugendlichen Arbeiter beiderlei Geschlechts in einem Alter von 14—16 Jahren weder Nachts noch am Sonntag arbeiten."

Der Antrag wurde einstimmig angenommen mit Vorbehalt der weiter unten vorgesehenen Ausnahmen sowie der im vorigen Abschnitt von Luxemburg und Belgien gemachten Bemerkungen wegen der Fest= setzung des wöchentlichen Ruhetags auf den Sonntag, endlich der Er= klärung Italiens wegen des Altersunterschieds von zwei Jahren für die südlichen Länder.

„2. Es ist wünschenswerth, daß ihre effektive Arbeitsleistung die Dauer von täglich zehn Stunden nicht überschreite und durch

Ruhepausen in einer Gesammtdauer von mindestens zwei Stunden unterbrochen werde."

Was den Arbeitstag betrifft, so erinnert der großbritannische Delegirte, Herr Scott, daß er die Worte „10 Stunden täglich nicht überschreite" in dem Sinne auffaße, es sei eine durchschnittliche Zeitdauer der Arbeit von 10 Stunden täglich, mithin 60 Stunden wöchentlich, gemeint.

Der österreichische Delegirte, Freiherr von Plappart, wird aus folgenden Gründen sich der Abstimmung enthalten: „In Oesterreich verbietet das Gesetz jedem minderjährigen oder erwachsenen Arbeiter, länger als elf Stunden in gewerblichen Anlagen zu arbeiten. Es scheint ihm nicht zulässig, daß der jugendliche Arbeiter verpflichtet werde, kürzere Zeit als der erwachsene zu arbeiten, weil seiner Ansicht nach eine so enge Verbindung zwischen der Arbeit des jugendlichen Arbeiters und der des erwachsenen besteht, daß der eine wie der andere nothwendigerweise in der nämlichen Stunde anfangen und aufhören müssen zu arbeiten. Die österreichische Delegation könne daher hinsichtlich der Dauer der Arbeit keinen Unterschied zwischen jugendlichen und erwachsenen Arbeitern zulassen."

Spanien und Italien erneuern ihre Vorbehalte und erklären, daß sie sich der Abstimmung enthalten.

Der belgische und der niederländische Delegirte wollen aus den im ersten Abschnitte dargelegten Gründen gegen die Festsetzung eines Maximalarbeitstags für jugendliche Arbeiter von 14—16 Jahren stimmen, wenn derselbe nicht zwölf bezw. elf Stunden erreichen sollte.

Was die Ruhepausen von mindestens zwei Stunden betrifft, so wurden dieselben mit sieben Stimmen (Oesterreich, Ungarn, Belgien, Frankreich, Großbritannien, Norwegen, Portugal) gegen fünf (Deutschland, Dänemark, Spanien, Luxemburg, Schweden) auf anderthalb Stunden herabgesetzt. Italien und die Niederlande stimmten für eine Stunde. Die Schweiz enthielt sich der Abstimmung.

Die Bestimmung wird im Ganzen mit zehn gegen zwei Stimmen (Belgien und Niederlande) und drei Stimmenenthaltungen (Oesterreich, Spanien und Italien) angenommen.

„3. Es ist wünschenswerth, daß für einzelne Industrien, in welchen das Verbot der Nachtarbeit der jugendlichen Arbeiter ihre gänz= liche Ausschließung aus solchen Industrien (Hüttenwerke mit ununterbrochenem Feuer, Hammerwerke, Glashütten, u. s. w.) zur Folge haben würde, Ausnahmen zulässig seien."

Der luxemburgische Delegirte, Herr Dr. Brasseur, beantragt die Festsetzung der Ausnahmen durch eine internationale Vereinbarung.

Nach einer langen Berathung ließ es die Kommission bei der Entscheidung bewenden, daß es nicht Sache der Konferenz sei, die Merkmale dieser Ausnahmen zu bestimmen, welche vielmehr der Gesetzgebung der einzelnen Länder überlassen bleiben sollen.

Ein Antrag des Schweizerischen Delegirten, welcher alle Ausnahmen zurückweist, wurde abgelehnt und hierauf Nr. 3 von der Kommission einstimmig angenommen; die Schweiz enthielt sich der Abstimmung.

„4. Es ist wünschenswerth, daß Beschränkungen für besonders ungesunde oder gefährliche Beschäftigungen vorgesehen werden."

Dieser Punkt wurde einstimmig angenommen.

II. Hinsichtlich der reglementären Bestimmungen, welche zu Gunsten der jungen Männer von 16—18 Jahren zu treffen sind, erklärt sich der italienische Delegirte, Herr Boccardo, gegen einen so weit= gehenden Schutz des Gesetzes. Er glaubt, daß eine strenge Anwendung der einschränkenden Maßregeln betreffend die Arbeit der jugendlichen Arbeiter eine Beschränkung der Arbeit des erwachsenen Arbeiters, vielleicht sogar eine Lohnverminderung für letzteren herbeiführen würde. Folglich würden solche Einschränkungen, anstatt der arbeitenden Klasse Nutzen zu bringen, derselben schließlich nur schaden.

Der spanische Delegirte wird ebenfalls nicht für den Antrag stimmen aus den von ihm bei der Abstimmung über das Altersminimum von 12 Jahren näher bezeichneten Gründen. Er pflichtet indessen dem Grundsatze abgestufter Beschränkungen zwischen dem unbedingten Ver= bot und der Arbeitsfreiheit bei, so lange der jugendliche Arbeiter seine körperliche Entwickelung noch nicht beendet hat.

Der Grundsatz des Schutzes des jugendlichen Arbeiters bis zu seinem 18. Jahre wurde hierauf zur Abstimmung gebracht und von 8 Staaten

(Deutschland, Dänemark, Frankreich, Großbritannien, Portugal, Schweden, Norwegen, Schweiz) gegen 6 (Oesterreich, Ungarn, Belgien, Luxemburg, Italien, Niederlande) und eine Enthaltung (Spanien) angenommen.

Die deutschen Delegirten, Herren Landmann und Köchlin, sind der Meinung, daß die Anwendung des von der Kommission anzuneh= menden Grundsatzes auf das unbedingt Erforderliche zu beschränken sei: z. B. das Verbot der Nacht= und Sonntagsarbeit und die Be= schränkung der Arbeit in besonders gesundheitsschädlichen oder gefähr= lichen Industrien.

Der Delegirte der Schweiz, Herr Dr. Kaufmann, wünscht dieser Beschränkung auch die Festsetzung eines Maximalarbeitstages hinzu= gefügt zu sehen, ohne jedoch eine nähere Angabe darüber zu machen.

Der belgische Delegirte, Baron t'Kint de Roodenbeke, fürchtet wie der italienische Delegirte, daß eine solche Ausdehnung des gesetz= lichen Schutzes der Arbeiterfamilie durch Schmälerung ihrer Löhne sich schädlich erweisen werde: sie scheint ihm überdies nutzlos zu sein, und er glaubt, daß es in dieser Beziehung genügen würde, eine allge= meine Erklärung abzugeben, welche hauptsächlich die gefährlichen oder gesundheitsschädlichen Beschäftigungen ins Auge zu fassen hätte.

Der Vorsitzende, Herr Jules Simon, hält ebenfalls dafür, das beste Mittel sich in Einklang zu setzen wäre das, eine prinzipielle Er= klärung abzugeben und es jedem Lande zu überlassen, dieselbe nach Belieben anzuwenden.

Auf Ansuchen Deutschlands und der Schweiz entscheidet die Kommission, von den Vorbehalten Italiens und Spaniens Act nehmend, daß es wünschenswerth sei, den jungen Männern von 16—18 Jahren einen Schutz zu sichern in Betreff:

1. eines Maximalarbeitstages — mit neun Stimmen (Oesterreich, Ungarn, Dänemark, Spanien, Frankreich, Großbritannien, Schweden, Norwegen, Schweiz) gegen sechs (Deutschland, Belgien, Italien, Luxemburg, Niederlande, Portugal) angenommen;

2. der Nachtarbeit — mit zehn Stimmen (Deutschland, Däne= mark, Spanien, Frankreich, Großbritannien, Luxemburg, Por=

tugal, Schweden, Norwegen, Schweiz) gegen fünf (Oesterreich, Ungarn, Belgien, Italien, Niederlande) angenommen;

3. der Sonntagsarbeit — mit elf gegen vier Stimmen (Belgien, Italien, Luxemburg, Niederlande) angenommen;

4. ihrer Verwendung bei besonders gesundheitsschädlichen oder gefährlichen Beschäftigungen — mit vierzehn gegen eine Stimme (Niederlande) angenommen.

Abschnitt III.

Definition einiger in den beiden ersten Abschnitten gebrauchten Ausdrücke.

Bevor sie ihre Arbeiten beschloß, hat es die dritte Kommission für nützlich erachtet, die genaue Tragweite einzelner Ausdrücke, deren sie sich bei den angenommenen Resolutionen bediente, namentlich des Aus= drucks gewerbliche Anlagen („établissements industriels"), zu bestimmen.

Es wurden ihr mehrere Definitionsentwürfe unterbreitet. Zunächst beantragte die Delegation der Niederlande eine Definition, welche folgendermaßen lautete: „Eine gewerbliche Anlage ist jeder geschlossene oder nicht geschlossene Raum, welcher mit Hülfe einer mechanischen Triebkraft oder mindestens zehn Arbeitern zum Betriebe einer In= dustrie dient, welche bezweckt, Gegenstände zu fabriziren, zu formen, zu verzieren oder zu verkaufen und in irgend einer Art zum Ver= brauche oder Vertriebe von Gegenständen geeignet ist, mit Ausnahme der an Ort und Stelle gewonnenen Lebensmittel und Getränke."

Ein Antrag der italienischen Delegation lautete: „Als gewerb= liche Anlage wird jeder Raum angesehen, in welchem mit Hülfe einer oder mehrerer mechanischer Triebkräfte Handarbeiten ausgeführt wer= den, welches auch die Zahl der beschäftigten Arbeiter sei. Wenn eine Triebkraft irgend einer Art nicht gebraucht wird, so ist jeder Raum, wo mindestens zehn Arbeiter ständig beschäftigt sind, als gewerbliche Anlage anzusehen."

Ein französischer Delegirter, Herr Delahaye, verließ folgenden Entwurf einer Definition, die er für seine Person in Vorschlag bringt.

„Unter der Bezeichnung gewerbliche Anlage versteht man ein Haus, einen Keller, einen offenen, geschlossenen, verdeckten, oder unverschlossenen Raum, in welchem Rohprodukte zu Waaren verarbeitet werden. Es muß außerdem eine gewisse (näher zu bestimmende) Zahl von Arbeitern, welche eine gewisse (näher zu bestimmende) Zahl von Tagen im Jahre arbeiten, vorhanden oder eine mechanische Triebkraft in Gebrauch sein."

Der spanische Delegirte giebt die Erklärung ab, daß er sich der Abstimmung über die Frage enthalten werde, weil er der Ansicht ist, daß man anstatt sich der Worte „gewerbliche Anlage" zu bedienen, sagen müßte: „die Arbeit der Industrien und Handwerke, welche einen größeren Kraftaufwand erfordern, als mit der körperlichen Entwickelung und dem Alter der Kinder und jugendlicher Arbeiter vereinbar ist." Man dürfe, seiner Meinung nach, gar kein Gewicht darauf legen, ob die Arbeit inner- oder außerhalb der Anlage stattfindet.

Nach einem Meinungsaustausch zwischen den Delegirten Frankreichs, Belgiens, Hollands und einer kurzen Analyse der fremden Gesetzgebungen über diesen Punkt seitens des luxemburgischen Delegirten schließt sich die Kommission, von ihrem Vorsitzenden dazu aufgefordert, einem Antrage der großbritannischen Delegation, welcher von Belgien, Deutschland, Oesterreich, Ungarn, Luxemburg und Italien unterstützt wird, einstimmig an. Der Antrag lautet:

„Unter gewerblichen Anlagen versteht man diejenigen, welche die Arbeitsgesetze in den verschiedenen Ländern, sei es durch Definition, sei es durch Aufzählung, als solche ansehen."

Ferner versteht es sich, daß der Ausdruck „Nacht" in dem Sinne ausgelegt werden soll, welcher ihm in den verschiedenen Ländern beigelegt wird.

Was die Worte: „ungesunde oder gefährliche Beschäftigungen" betrifft, so wurden dieselben auf Antrag des österreichischen Delegirten, Dr. Migerka, für den Ausdruck „ungesunde oder gefährliche Industrien" gewählt, um bei solchen Industrien zu unterscheiden zwischen Arbeiten, welche der Gesundheit der Kinder und jugendlichen Arbeiter wirklich gefährlich sind, und solchen, zu welchen sie ohne Gefahr herangezogen werden können, z. B. die Anfertigung von Schachteln in Zündhölzerfabriken.

Meine Herren, dies ist der getreue Bericht über die Arbeiten der dritten Kommission und die Aufzählung der Beschlüsse, welche sie in ihren sechs Sitzungen gefaßt hat.

Wenn ich in diesem Berichte nicht alle interessanten Mitthei=lungen, welche im Laufe unserer Verhandlungen gemacht wurden, verzeichnet habe, so ist es darum geschehen, weil beschlossen wurde, ein Protokoll über unsere Sitzungen nicht zu führen und weil ich fürchtete, durch Wiedergabe der Mittheilungen der Klarheit meiner Arbeit zu schaden.

Im Namen der dritten Kommission habe ich die Ehre, dem Plenum der Internationalen Konferenz zu Berlin folgende Anträge zur endgiltigen Beschlußfassung vorzulegen:

Resolution
betr. die Kinderarbeit in gewerblichen Anlagen.

Es ist wünschenswerth:

1. daß Kinder beiderlei Geschlechts, die ein bestimmtes Alter noch nicht erreicht haben, von der Arbeit in gewerblichen An=lagen ausgeschlossen werden;

2. daß diese Altersgrenze auf 12 Jahre festgesetzt werde mit Aus=nahme der südlichen Länder, wo sie auf 10 Jahre herabgesetzt werden soll;

3. daß diese Altersgrenzen für alle gewerblichen Anlagen dieselben seien und in dieser Beziehung keine Unterscheidung gemacht werde;

4. daß die Kinder den Vorschriften über den Elementarunterricht vorher genügt haben;

5. daß Kinder, welche das 14. Jahr noch nicht vollendet haben, weder Nachts noch am Sonntag arbeiten dürfen;

6. daß ihre effektive Arbeit die Dauer von 6 Stunden nicht über=schreite und durch eine Pause von mindestens einer halben Stunde unterbrochen werde;

7. daß diese Kinder von ungesunden oder gefährlichen Beschäfti=gungen ausgeschlossen oder nur unter gewissen schützenden Be=dingungen zugelassen werden.

Resolution

betr. die Arbeit der jugendlichen Arbeiter in gewerblichen Anlagen.

Es ist wünschenswerth:

1. daß die jugendlichen Arbeiter beiderlei Geschlechts von 14—16 Jahren weder Nachts noch am Sonntag arbeiten;

2. daß ihre effektive Arbeit 10 Stunden täglich nicht überschreite und durch Ruhepausen in einer Gesammtdauer von mindestens anderthalb Stunden unterbrochen werde;

3. daß für einzelne Industrien Ausnahmen zugelassen werden;

4. daß für besonders ungesunde oder gefährliche Arbeiten Beschränkungen vorgesehen werden;

5. daß den jungen Männern von 16—18 Jahren Schutz gewährt werde in Betreff:

   a) eines Maximalarbeitstages,

   b) der Nachtarbeit,

   c) der Sonntagsarbeit,

   d) ihrer Verwendung bei besonders ungesunden oder gefährlichen Arbeiten.

Der Berichterstatter der Kommission:

Baron A. t'Kint de Roodenbeke.

Anlage No. 5 zu Protokoll No. 4.

Bericht der Kommission

über

die Arbeit der Frauen.

Herr Präsident! Meine Herren!

Die Kommission, welche Sie mit der Prüfung der auf die Arbeit der Kinder, jugendlichen Arbeiter und Frauen bezüglichen Fragen beauftragt haben, beehrt sich, Ihnen in der Form einer gedrängten Darstellung ihrer Berathungen, ihren Bericht über diesen letzteren Punkt vorzulegen, welcher nach dem Programm der Arbeiten der Konferenz folgende Fragen umfaßt:

„1. Soll die Tag- und die Nachtarbeit der verheiratheten Frauen Beschränkungen unterworfen werden?

„2. Soll die Arbeit in Fabriken aller Frauen und Mädchen bestimmten Beschränkungen unterworfen werden?

„3. Welche Beschränkungen würden in diesem Falle zu empfehlen sein?

„4. Sollen für gewisse Kategorien von Betrieben Ausnahmen von den allgemeinen Regeln vorgesehen werden, und welches wären im vorliegenden Falle die Kategorien?"

Die Delegationen Deutschlands und der Schweiz haben jede für sich einen Entwurf von Resolutionen beantragt, welcher, je nach den besonderen Gesichtspunkten der Delegation, die vier Fragen beantwortet, deren Wortlaut wir mitgetheilt haben.

Der deutsche Entwurf lautete wie folgt:

„Es ist wünschenswerth:

Fragen 1, 2, 3.

„1. daß Frauen jedes Alters weder Nachts, noch am Sonntag arbeiten;

„2. daß ihre effektive Arbeit elf Stunden täglich nicht überschreite und durch Pausen in einer Gesamtdauer von mindestens zwei Stunden unterbrochen werde;

„3. daß Wöchnerinnen erst vier Wochen nach ihrer Entbindung wieder zur Arbeit zugelassen werden;

„4. daß für die besonders ungesunden oder gefährlichen Industrien weitere Beschränkungen vorgesehen werden."

Frage 4.

„5. daß für die Industrien, in welchen die Nachtarbeit der Frauen nicht zu entbehren ist, Ausnahmebestimmungen zulässig seien."

Was den Entwurf der Schweiz betrifft, so halten wir nicht für nöthig, denselben an dieser Stelle wiederzugeben, da der Delegirte dieses Landes, Herr Dr. Kaufmann, nachdem er festgestellt hatte, daß die deutschen Vorschläge, wenn auch in anderen Ausdrücken verfaßt als der schweizerische Entwurf, mit diesem dem Sinne und den Zielen nach übereinstimmten, die Erklärung abgab, den Entwurf theilweise zurückzuziehen, um die Arbeit der Kommission zu vereinfachen. Die Delegation der Schweiz hat aufrecht erhalten den von ihr als Antwort auf Frage 4 gestellten Antrag, welcher lautet:

„Es ist kein Grund vorhanden, für gewisse Kategorien der gewerblichen Anlagen Ausnahmen von den allgemeinen Regeln zuzulassen."

Der italienische Delegirte, Herr Senator Boccardo, forderte die Kommission auf, den Zusammenhang der zwischen der Frage der Frauenarbeit und einem anderen, seines Erachtens sehr wichtigem Probleme der socialen Oekonomie besteht, in ernste Erwägung nehmen zu wollen.

In den Ländern, wo die vorübergehende Auswanderung hohe Ziffern erreicht hat, kommt es sehr häufig vor, daß die Männer allein in das Ausland ziehen und dort einen Theil des Jahres zubringen. Während ihrer Abwesenheit liegt der Unterhalt der Familie den Frauen ob. Wenn der Auswanderer ein vorsorgender Mann ist, wird er einige Ersparnisse gemacht haben und etwas Geld heimbringen. Aber in den meisten Fällen wird er nach seiner Rückkehr kaum in der Lage sein, seiner Familie zu Hülfe zu kommen. Folglich würde man, wenn man in den vorgeschlagenen Beschränkungen der Verwendung von Frauen in der Industrie zu schroff verfahren wollte, ein ganz anderes Resultat als das beabsichtigte erzielen, und anstatt die Lage zahlreicher Klassen zu verbessern, würde man dahin kommen, denselben die schwersten Opfer aufzuerlegen.

§ 1 des deutschen Antrags.

In Betreff des § 1 des deutschen Antrages fragt der Delegirte der Schweiz, Herr Dr. Kaufmann, ob unter dem Ausdruck „Frauen jedes Alters" alle Personen weiblichen Geschlechts verstanden sein sollen.

Die deutsche Delegation, von welcher der Antrag ausgeht, antwortete, daß es sich um die Mädchen und Frauen in einem Alter von mehr als 16 Jahren handle, worauf der belgische Delegirte, Herr Baron t'Kint de Roodenbeke, erklärte, daß er unter solchen Umständen die Resolution nicht annehmen könne, weil Belgien nur bis zu einem gewissen Alter die Arbeiter schützen und keine Beschränkung hinsichtlich der erwachsenen Arbeiter einführen könne. Er verlangte daher, daß die Abstimmung über den ersten Antrag Deutschlands in zwei Theile getrennt werde, von denen der eine sich bezieht auf die Mädchen und Frauen unter 21 Jahren, der andere auf die Frauen, welche dieses Alter bereits überschritten haben. Die Kommission entschied, daß die Abstimmung in der vom Herrn Baron t'Kint gewünschten Weise, nämlich über jeden Punkt einzeln, stattfinden solle.

Der spanische Delegirte, Herr Santamaria, gab hierauf die Erklärung ab, daß er sich der Abstimmung über diese Frage enthalten würde, obwohl er der Ansicht sei, daß gewisse Beschränkungen hinsichtlich der Arbeit der Mädchen bis zu ihrer Großjährigkeit einzuführen seien; er sieht sich zu dieser Haltung genöthigt, weil in Spanien die weiblichen Personen nicht mit 21, sondern erst mit 23 Jahren mündig werden; seines Erachtens sei das Prinzip aufzustellen, ohne das Alter zu bestimmen.

Abstimmung:

Der Entscheidung gemäß, welche auf Wunsch des belgischen Delegirten, Herrn Baron t'Kint, getroffen wurde, lag es der Kommission ob, sich über die beiden folgenden Punkte auszusprechen:

„a) Es ist wünschenswerth, daß Mädchen und Frauen von 16 bis 21 Jahren weder Nachts, noch Sonntags arbeiten.

b) Es ist wünschenswerth, daß Mädchen und Frauen in einem Alter von mehr als 21 Jahren weder Nachts, noch Sonntags arbeiten."

Ueber Punkt a) stimmten dreizehn Delegationen mit „Ja", eine Delegation (die spanische) enthielt sich aus den oben genannten Gründen der Abstimmung. Der belgische und der luxemburgische Delegirte, obgleich sie mit „Ja" stimmten, haben Vorbehalte in Betreff des

6*

Sonntags gemacht, da die Verfassungen beider Länder nicht gestatten, die Feier irgend eines religiösen Festtages obligatorisch zu machen.

Ueber Punkt b) gaben sieben Delegationen ein zustimmendes Votum ab (Deutschland, Oesterreich, Dänemark, Großbritannien, die Nieder= lande, Schweden, die Schweiz); sechs sprachen sich dagegen aus (Belgien, Spanien, Frankreich, Ungarn, Italien und Portugal). Der norwegische Delegirte enthielt sich der Abstimmung.

§ 2 des deutschen Antrages.

Auf den Antrag der deutschen Delegation wurde beschlossen, daß über § 2 getheilt abgestimmt werden soll: „mehr als 16—21 Jahre" und „21 Jahre alt", wie dies hinsichtlich des § 1 geschehen ist.

Der spanische Vertreter, Herr Santamaria, beantragte, nicht das Alter von 21 Jahren zu bestimmen, sondern „von 16 Jahren bis zur Volljährigkeit" zu sagen, da der Schutz des Staates sich über 21 Jahre hinaus erstrecken müsse in den Ländern, wo, wie in Spanien, weibliche Personen erst in vorgerückterem Alter ihre Großjährigkeit, mit anderen Worten ihre juridische Selbständigkeit erlangen. Dieser Antrag wurde von dem deutschen Delegirten Herrn Koechlin be= kämpft, welcher bemerkte, daß die Staaten immer über die Alters= grenze von 21 Jahren, wenn diese angenommen wird, hinausgehen könnten. Die Kommission trat dieser Anschauung bei und lehnte den Antrag des Herrn Santamaria ab.

Der französische Delegirte, Herr Delahaye, gab folgende Erklärung ab: „Ich erkläre, für mich persönlich der Ansicht zu sein, daß die Dauer der effektiven Arbeit der Frauen und Mädchen jedes Alters in gewerblichen Anlagen gesetzlich beschränkt werden müsse; da ich aber einen bestimmten Auftrag hinsichtlich der Arbeit der Erwachsenen er= halten habe, so mache ich in dieser Beziehung meine Vorbehalte."

Der großbritannische Delegirte, Herr Scott, beantragte, daß die Arbeit der Frauen einen Durchschnitt von 10 Stunden täglich nicht überschreiten dürfe; dieses System ist in seinem Lande in Kraft, und Jeder fahre gut dabei; Großbritannien behalte sich daher vor, in seiner Anwendung fortzufahren. Wenn die Kommission seinen Antrag

nicht annehmen oder den Arbeitstag nicht auf 10 Stunden im Maxi=
mum bestimmen sollte, so würde die großbritannische Delegation
sich der Ziffer von 11 Stunden anschließen.

Der ungarische Delegirte, Herr Dr. von Schnierer, empfiehlt die An=
nahme des Maximalarbeitstages von 10 Stunden; auf diese Weise
wird die Frau sich mehr der Hauswirthschaft und der Kindererziehung
widmen können.

Der belgische Delegirte, Herr Baron t'Kint, gab folgende Er=
klärung ab:

„Belgien kann im gegenwärtigen Augenblicke für Frauen oder
Mädchen von 16 bis 21 Jahren die Bestimmung eines Maximal=
arbeitstages unter zwölf Stunden, getheilt durch Pausen in einer
Dauer von mindestens anderthalb Stunden, nicht annehmen. Das
belgische Gesetz vom 13. December 1889 sieht zwar die Festsetzung
eines kürzeren Arbeitstages für Frauen in diesem Alter durch könig=
liche Verordnung vor; aber der König wird sich über diesen Punkt
erst innerhalb einer Frist von drei Jahren zu entscheiden haben, und
er soll vorher die Gutachten der Gewerbe= und Arbeitsräthe, der
ständigen Deputationen der Provinzialräthe und des Ober=Gesund=
heitsrathes anhören; endlich werden die Grenzen des Maximalarbeits=
tages der Frauen von 16 bis 21 Jahren verschieden sein können nach
der Natur der Beschäftigungen, oder nach den Bedürfnissen der In=
dustrien, Professionen oder Handwerke.

„Unter diesen Umständen kann der belgische Delegirte der freien
Entschließung der Krone nicht dadurch vorgreifen, daß er schon jetzt
ein bestimmtes Maximum von Arbeitsstunden unter zwölf Stunden
annimmt."

Der italienische Delegirte, Herr Boccardo, erklärte, er sei nicht
in der Lage, den von der großbritannischen Delegation aufgestellten
Grundsatz einer durchschnittlichen wöchentlichen Arbeitsdauer anzu=
nehmen, weil es seiner Ansicht nach nothwendig ist, ein Minimum
und ein Maximum festzusetzen.

Außerdem erklärte er, die Begrenzung der Arbeitsdauer für
Frauen jedes Alters nicht annehmen zu können; er würde nur die=
jenige, welche für Frauen unter 21 Jahren festgesetzt werden würde,

genehmigen, und selbst hinsichtlich der letzteren hält er es für noth=
wendig, Frauen, welche in Industrien wie die Seidenindustrie be=
schäftigt sind, von der Begrenzung auszuschließen, weil diese während
der Kampagne eine viel längere Dauer des Arbeitstages erfordere.
Er verlangt daher, daß eine Bestimmung in diesem Sinne in die
Resolutionen aufgenommen werde.

Der deutsche Delegirte, Herr Koechlin, von dem österreichischen
Delegirten, Herrn Baron von Plappart, unterstützt, vertheidigte den
11stündigen Maximal=Arbeitstag gegen den Antrag, denselben auf
10 Stunden herabzusetzen. Die Herren führten den Nachweis, daß
es bei dem gegenwärtigen Zustande der Industrie und den socialen
Verhältnissen unmöglich sei, auf die Zahl von 10 Stunden herunter=
zugehen, daß man aber vielleicht in der Folge dazu gelangen könne.

Eine Frage des Herrn Boccardo beantwortend, erklärte Herr
Koechlin, daß die deutsche Delegation mit der Zulassung von Aus=
nahmen für temporäre Industrien einverstanden sei; aber der Redner
ist der Meinung, daß es zur Regelung dieses Punktes der Aufnahme
einer Bestimmung in die Resolutionen nicht bedürfe, daß es vielmehr
genügen werde, von der Meinung der Kommission im Protokoll Notiz
zu nehmen. Die Frage sei übrigens für die Berathung des § 5
zurückzustellen. Herr Boccardo stimmte dem zu.

Der spanische Vertreter, Herr Santamaria, verlangte hierauf, es
sei als eine ausgemachte Sache zu betrachten, daß die bereits an=
genommenen oder noch anzunehmenden Anträge nur auf die Arbeit
in gewerblichen Anlagen Anwendung finden.

Der Herr Vorsitzende erwiderte, daß die Kommission dieser
Ansicht ist, und daß, um dem Wunsche des Herrn Santamaria Ge=
nüge zu thun, diese Auslegung in irgend einer Form in den Resolu=
tionen der Kommission zum Ausdruck kommen soll.

Die Kommission hat in der That diese Auslegung in die Ueber=
schrift ihrer Beschlüsse aufgenommen.

Abstimmung.

1. Ueber die Worte: „16 bis 21 Jahre" mit Herabsetzung des
   Arbeitstages auf 10 Stunden.

Es stimmten 4 Staaten mit „Ja": Ungarn, Frankreich, Groß=
britannien, Portugal; 8 Staaten mit „Nein": Deutschland, Oester=
reich, Dänemark, Italien, Luxemburg, die Niederlande, Schweden,
Norwegen.

Es enthielten sich 3 Staaten der Abstimmung: Belgien, Spanien,
die Schweiz.

Es ergiebt sich aus dieser Abstimmung, daß die Zahl von
10 Stunden nur von einer Minderheit angenommen wurde; folglich
wird die Zahl von 11 Stunden, sowie die Worte „16 bis 21 Jahre"
als beschlossen angesehen.

In Anbetracht dieses Ergebnisses erklärte die großbritannische
Delegation, auf Formulirung eines Antrages über einen wöchent=
lichen Durchschnitt der Arbeit verzichten zu wollen.

2. Ueber die Bestimmung der Dauer der Pausen.

Die deutsche Delegation hat ihren ursprünglichen Antrag dahin
abgeändert, daß die Dauer der Pausen mindestens anderthalb Stunden
anstatt zwei Stunden betragen soll. Dieser Antrag wurde mit großer
Mehrheit angenommen. Der niederländische Delegirte, Herr Snyder
van Wissenkerke, machte jedoch folgenden Vorbehalt:

„Da das niederländische Gesetz die Dauer der Ruhepausen auf
eine Stunde beschränkt, so nehme ich den Antrag, die Pausen im
Ganzen auf anderthalb Stunden festzusetzen, nur deshalb an, weil
eine gleiche Dauer für die Mädchen von 16 bis 18 Jahren bereits
angenommen ist."

3. Ueber die Worte: „über 21 Jahre".

Es stimmten 7 Staaten mit „Ja": Deutschland, Oesterreich,
Ungarn, Großbritannien, Luxemburg, die Niederlande, die Schweiz;

5 Staaten mit „Nein": Belgien, Spanien, Frankreich, Italien,
Portugal.

3 Staaten: Dänemark, Schweden und Norwegen, enthielten sich
der Abstimmung.

In Folge dieser Abstimmungen wurde § 2 des deutschen An=
trages als nach Form und Inhalt angenommen angesehen.

§ 3 des deutschen Antrages, welcher von den Wöchnerinnen
handelt, wurde einstimmig angenommen.

§ 4 desselben Antrages hinsichtlich der Beschränkungen für die
besonders ungesunden und gefährlichen Industrien wurde in gleicher
Weise von der Kommission angenommen, jedoch ohne besondere Ab=
stimmung unter Aufruf der Staaten, da eine solche nicht verlangt
wurde.

§ 5. Der deutsche Delegirte, Herr Koechlin, um einem von Herrn
Boccardo im Laufe der Berathung des § 2 geäußerten Verlangen zu
entsprechen, setzte auseinander, daß die Ausnahmen sich auch auf die
Verlängerung der Tagesarbeit erstrecken sollen, wenn die Natur der
Industrie eine solche Verlängerung erheischt.

Der italienische Vertreter, Herr Boccardo, erklärte sich mit dieser
Anschauung, welche darauf abzielt, in gewissen Fällen die Ver=
längerung des Arbeitstages über 11 Stunden hinaus zu gestatten,
einverstanden. Die in dieser Beziehung für die jugendlichen Arbeiter
angenommene Fassung soll daher auch auf die Frauen Anwendung
finden.

Der Delegirte der Schweiz, Herr Dr. Kaufmann, brachte seinen
Antrag, welcher besagt, daß kein Grund vorhanden sei, Ausnahmen
von den allgemeinen Regeln vorzusehen, nochmals zur Sprache.

Von Herrn Koechlin bekämpft, wurde der Antrag, auf Verlangen
des Antragstellers dem § 5 des deutschen Antrages gegenübergestellt,
zur Abstimmung gebracht. Der Antrag wurde mit allen gegen die
Stimme der Schweiz abgelehnt. Demnach wurde der § 5 in der
von Deutschland vorgeschlagenen Fassung als angenommen angesehen,
in dem erweiterten Sinne, welcher sich aus den Vorschlägen der
Herren Koechlin und Boccardo ergiebt.

Berathung in zweiter Lesung

der in erster Lesung angenommenen und von dem Bureau der Kommission in folgender Weise redigirten Resolutionen.

Es ist wünschenswerth:

1. daß Mädchen und Frauen in einem Alter von mehr als 16 Jahren weder Nachts noch Sonntags arbeiten;

2. daß ihre effektive Arbeit 11 Stunden täglich nicht überschreite und durch Ruhepausen in einer Gesammtdauer von mindestens anderthalb Stunden unterbrochen werde;

3. daß für besonders ungesunde oder gefährliche Industrien Be= schränkungen vorgesehen werden;

4. daß für gewisse Industrien Ausnahmen zugelassen werden;

5. daß Wöchnerinnen erst vier Wochen nach ihrer Entbindung zur Arbeit zugelassen werden.

Erste Resolution.

Es wurde von vornherein zugelassen, daß die Resolution, wie bei der ersten Lesung in zwei Fassungen getheilt werde, und zwar:

1. „Mädchen und Frauen von 16 bis 21 Jahren"

und

2. „Mädchen und Frauen in einem Alter von über 21 Jahren"; sowie daß über letztere Fassung zuerst abgestimmt werden soll.

Der Herr portugiesische Delegirte gab folgende Erklärung ab: „Indem ich gegen No. 1 des Abschnitt V des Programms, welcher von der Frauenarbeit handelt, stimme, entspreche ich den Bestim= mungen des portugiesischen Civilrechtes und den Weisungen meiner Regierung. Ich würde bejahend stimmen, wenn der Satz nur auf weibliche Personen unter 21 Jahren, dem Alter, in welchem nach portugiesischem Civilrecht eine Frauensperson mündig wird, An= wendung finden würde."

Die Herren Delegirten Belgiens, Spaniens, Frankreichs und Italiens machten ähnliche Vorbehalte. Es wurde darauf zur Abstimmung geschritten, welche folgendes Resultat ergab:

Ueber die Worte: „in einem Alter von über 21 Jahren" stimmten 7 Staaten mit „Ja": Deutschland, Oesterreich, Großbritannien, Luxemburg, die Niederlande, Schweden und die Schweiz;

5 Staaten stimmten mit „Nein": Ungarn, Belgien, Spanien, Italien, Portugal.

3 Staaten enthielten sich der Abstimmung: Dänemark, Frankreich und Norwegen.

Die zweite Fassung wurde also mit Stimmenmehrheit angenommen, woraus folgt, daß kein Grund vorhanden ist, über die erste Fassung „von 16 bis 21 Jahren" abzustimmen, und daß die Resolution in ihrer allgemeinen Fassung, nämlich: „Es ist wünschenswerth, daß Mädchen und Frauen in einem Alter von mehr als 16 Jahren weder Nachts noch Sonntags arbeiten", angenommen ist.

Zweite Resolution.

Ebenfalls in zwei Fassungen getheilt:

1. „von 16 bis 21 Jahren";
2. „in einem Alter von über 21 Jahren".

Der italienische Delegirte, Herr Boccardo, erneuert seine früher gemachten Vorbehalte, welche ihn nöthigen, gegen die zur Berathung vorliegende Resolution zu stimmen.

Abstimmung
über die erste Fassung: „von 16 bis 21 Jahren".

Es stimmten 12 Staaten mit „Ja": Deutschland, Oesterreich, Ungarn, Dänemark, Frankreich, Großbritannien mit dem Vorbehalt, daß die Zahl von 11 Stunden zu hoch gegriffen sei, Luxemburg, die Niederlande, Portugal, Schweden, Norwegen und die Schweiz;

2 Staaten stimmten mit „Nein": Belgien, Italien.

Spanien enthielt sich der Abstimmung.

Ueber die zweite Fassung: „in einem Alter von über 21 Jahren".

Es stimmten 7 Staaten mit „Ja": Deutschland, Oesterreich, Ungarn, Großbritannien (mit demselben Vorbehalt wie oben), Luxemburg, die Niederlande, die Schweiz.

4 Staaten stimmten mit „Nein": Belgien, Spanien, Italien, Portugal.

4 Staaten enthielten sich der Abstimmung: Dänemark, Frankreich, Schweden und Norwegen.

Es ergiebt sich aus dieser Abstimmung, daß die zweite Resolution so aufrecht erhalten wird, wie sie aus der ersten Lesung hervorgegangen war.

Resolutionen 3, 4, 5.

Die dritte Resolution wurde, nachdem das Wort „Industrien" durch „Beschäftigungen" ersetzt worden war, einstimmig angenommen. Es wurde außerdem auf Antrag des Delegirten Dänemarks, Herrn Bramsen, beschlossen, dieselbe unter den § 4 zu setzen, welcher hierdurch § 3 wird. Letzterer sowie § 5 werden sodann von allen in der Kommission vertretenen Ländern einstimmig angenommen.

Der definitive Wortlaut der Resolutionen, welche die dritte Kommission über die in dem vorliegenden Bericht behandelte Spezialfrage der Konferenz zur Beschlußfassung zu unterbreiten die Ehre hat, lautet folgendermaßen:

Resolutionen

betreffend die Frauenarbeit in den gewerblichen Anlagen.

(Abschnitt V des Programms.)

Es ist wünschenswerth:

1. daß Mädchen und Frauen in einem Alter von mehr als 16 Jahren weder Nachts noch Sonntags arbeiten;

2. daß ihre effektive Arbeit 11 Stunden täglich nicht überschreite und durch Ruhepausen in einer Gesammtdauer von mindestens anderthalb Stunden unterbrochen werde;

3. daß für gewisse Industrien Ausnahmen zugelassen werden;
4. daß für besonders ungesunde oder gefährliche Beschäftigungen Beschränkungen vorgesehen werden;
5. daß Wöchnerinnen erst vier Wochen nach ihrer Entbindung zur Arbeit zugelassen werden.

Berlin, den 25. März 1890.

Der Berichterstatter der Kommission:
Dr. Kaufmann.

Anlage No. 4 zu Protokoll No. 4.

Bericht der Kommission
über
die Arbeit in den Bergwerken.

Die Kommission, deren Vorsitz Herr Hauchecorne führte, hat die drei Fragen ihres Programms geprüft, welche folgendermaßen lauten:

Erste Frage. Soll die unterirdische Arbeit verboten sein:
  a) Kindern unter einem gewissen Alter?
  b) Personen weiblichen Geschlechts?

Zweite Frage. Soll der Arbeitstag in besonders gesundheitsgefährlichen Bergwerken Beschränkungen unterliegen?

Dritte Frage. Kann man die Arbeit in den Bergwerken im öffentlichen Interesse einer internationalen Regelung unterwerfen, um eine ununterbrochene Kohlenförderung zu sichern?

Trotz einiger prinzipieller Meinungsverschiedenheiten hat die Kom=
mission, von versöhnlichen Gefühlen beseelt, sehr oft in Folge von
Zusätzen zu den ursprünglichen Anträgen und unter dem Beneficium
einiger weiter unten aufgeführter Vorbehalte und Enthaltungen
folgende Wünsche geäußert:

Es ist wünschenswerth:

(Hinsichtlich der ersten Frage):

a) Daß die untere Altersgrenze, innerhalb welcher die Kinder zu
den unterirdischen Arbeiten in den Bergwerken zugelassen
werden können, allmählich auf 14 volle Jahre erhöht werde,
je nachdem die Möglichkeit der Erhöhung durch die Erfahrung
erwiesen sein wird.

Für die südlichen Länder jedoch würde diese Altersgrenze
die von zwölf Jahren sein.

b) Daß die Arbeit unter Tage den Personen weiblichen Geschlechts
verboten werde.

(Hinsichtlich der zweiten Frage):

Daß in den Fällen, in welchen die Bergbaukunst nicht hin=
reichen würde, um alle Gefahren für die Gesundheit zu be=
seitigen, welche durch die natürlichen oder zufälligen Bedingungen
des Betriebes gewisser Bergwerke oder gewisser Bergwerks=
anlagen entstehen, die Dauer der Arbeit eingeschränkt werde.

Es wird jedem Lande überlassen, dieses Resultat auf dem
Wege der Gesetzgebung oder der Verwaltung, oder durch Ueber=
einkunft zwischen den Bergwerksunternehmern und den Arbei=
tern, oder auf eine andere, den Grundsätzen und Gewohnheiten
einer jeden Nation entsprechende Weise herbeizuführen.

(Hinsichtlich der dritten Frage):

a) Daß die Sicherheit des Arbeiters und die Salubrität der
Arbeiten durch alle Mittel, über welche die Wissenschaft ver=
fügt, gesichert und unter die Ueberwachung des Staates ge=
stellt werden.

b) Daß die mit der Leitung des Betriebes beauftragten Ingenieure ausschließlich Männer von Erfahrung und von einer gehörig beurkundeten technischen Befähigung seien.

c) Daß die Beziehungen zwischen den Betriebsingenieuren und den Bergarbeitern so unmittelbar wie möglich seien, um einen Charakter des Vertrauens und gegenseitiger Achtung zu haben.

d) Daß die Institutionen der Vorsorge, welche bestimmt sind, den Bergarbeiter und seine Familie gegen die Folgen von Krankheiten, Unfällen, vorzeitiger Arbeitsunfähigkeit, Alter und Tod zu sichern, Institutionen, welche dazu geeignet sind, die Lage des Bergarbeiters zu verbessern und ihn an seinen Beruf anhänglich zu machen, mehr und mehr entwickelt werden.

e) Daß zu dem Zweck, eine ununterbrochene Kohlenförderung zu sichern, man sich bemühen solle, Ausständen vorzubeugen. Die Erfahrung scheint zu bestätigen, daß das beste Ver= hütungsmittel darin besteht, daß Arbeitgeber und die in Ge= nossenschaften geeinten Bergarbeiter sich freiwillig und gegen= seitig verpflichten, in allen Fällen, wo ihre Streitigkeiten nicht durch direkte Einigung beigelegt werden können, die Vermitte= lung eines Schiedsgerichts anzurufen.

Rechtfertigende Bemerkungen und Vorbehalte.

1. **Wunsch.** Eine untere Altersgrenze für die Zulassung des jugendlichen Arbeiters zu den unterirdischen Arbeiten in Bergwerken wird durch Rücksichten auf den Schutz der Kindheit gerechtfertigt. Vor seinem Eintritt in die Bergwerkscarriere muß das Kind eine genügende intellektuelle und physische Entwickelung erlangen.

Es kann von sofort anzuwendenden Maßregeln nicht die Frage sein. Es müssen andererseits die Schwierigkeiten der Rekrutirung und des Anlernens erwogen werden.

Belgien hat kürzlich seine Gesetzgebung über die Kinder- und Frauenarbeit abgeändert. In Anbetracht dessen, daß in Belgien die Produktivität nach der Zahl der Arbeiter bei weitem die geringste ist, ist dieser Staat gesonnen, nur mit der äußersten Vorsicht an den wirthschaftlichen Bedingungen seiner Kohlenindustrie zu rütteln, und zwar erst nach einem hinlänglichen Versuche mit seiner neuen Gesetz=gebung, welche das Altersminimum der Zulassung von Kindern zu Minenarbeiten auf zwölf Jahre für die Tagesarbeit und auf vierzehn Jahre für die Nachtarbeit festsetzt. Die Anwendung des Gesetzes wird die nöthigen Erfahrungen liefern, welche unentbehrlich sind, bevor weiter gegangen werden kann.

Die belgischen Delegirten haben sich auch bestrebt, die Tragweite des Wortes „Möglichkeit" zu bestimmen. Ihrer Auffassung nach kann es sich nicht um eine absolute Möglichkeit handeln, d. h. um das Abhandensein von Hindernissen in einem bestimmten Lande, sondern vielmehr um eine relative, für ein bestimmtes Land be=sonders bestehende Möglichkeit, mit anderen Worten: es könnte künftig von einer Erhöhung des Alters für den Eintritt in die Berg=werke nur dort die Frage sein, wo diese Maßregel in dem Augen=blicke, wo sie getroffen werden soll, keinen schädlichen Einfluß auf die Rekrutirung der Arbeiter und den Betrieb der Bergwerke üben würde.

Die französischen Delegirten ihrerseits haben, obwohl sie im Prinzip dem Wunsche zustimmen, welcher die Altersgrenze von vier=zehn Jahren vorsieht, Vorbehalte gemacht hinsichtlich der gegenwärtigen Bedürfnisse der Rekrutirung der Berglehrlinge, sowie hinsichtlich des Falles von Kindern, welche vor ihrem vierzehnten Jahre eine durch gesetzmäßige Zeugnisse festgestellte, genügende intellektuelle und physische Entwickelung erreicht haben. Sie erachten, daß die gewählte Fassung diesem doppelten Vorbehalte Genüge leiste.

Die spanischen und italienischen Vertreter stellten das Verlangen, daß die untere Grenze des Alters der Zulassung für die südlichen Länder auf zwölf Jahre herabgesetzt werde, da das Jünglingsalter in diesen Gegenden früher heranreife. Da die gesetzliche Altersgrenze gegenwärtig neun Jahre für Spanien und zehn Jahre für Italien

beträgt, so glauben sie einen Beweis von ihrer dem Fortschritte zu=
gewendeten Gesinnung zu geben, indem sie der Erhöhung dieser Alters=
grenze auf zwölf Jahre zustimmen.

Die Abstimmung über diese Herabsetzung der Altersgrenze ergab
neun Zustimmungen und zwei Stimmenthaltungen (Frankreich und
England). Frankreich enthielt sich der Abstimmung; nicht weil es
in dieser Hinsicht irgendwelche Einwendungen zu erheben hätte, son=
dern weil es in dieser Frage nicht interessirt sei, beschränke es sich
darauf, von dem durch die südlichen Staaten ausgesprochenen Wunsche
einfach Akt zu nehmen. Großbritannien gab die Erklärung ab, daß
es die Verantwortung nicht auf sich nehmen könne, den Kindern
dieser beiden Staaten die Wohlthat der Erhöhung der Altersgrenze
auf vierzehn Jahre zu verweigern.

2. Wunsch. Die Arbeit in den Bergwerken, welche dem jungen
Mädchen eine fast männliche Derbheit angewöhnt, bereitet sie schlecht
für ihre zukünftige Rolle als Gattin und Mutter vor. Es wurde
auch bemerkt, daß die gleichzeitige Verwendung von Männern und
Frauen bei unterirdischen Arbeiten ernste sittliche Uebelstände darbiete.

Die Gesetzgebung fast aller Staaten untersagt die Beschäftigung
weiblicher Personen bei unterirdischen Arbeiten. Ein neueres bel=
gisches Gesetz, welches es vermeidet, das Prinzip der persönlichen
Freiheit großjähriger Personen anzutasten, schließt die Frauen bis zu
einem Alter von 21 Jahren aus. Die Erfahrung lehrt jedoch, daß
dieses Alter sehr häufig demjenigen entspricht, in welchem sie der
Arbeit in den Bergwerken freiwillig den Rücken kehren. Auch die
belgischen Delegirten schließen sich dem Wunsche an, daß Frauen bei
unterirdischen Arbeiten in Bergwerken nicht mehr verwendet werden
sollen, beabsichtigen jedoch nicht, im Namen ihrer Regierung die Ver=
pflichtung einzugehen, das oben erwähnte Gesetz abzuändern, indem
sie glauben, daß jener Wunsch durch die Wirkung desselben realisirt
werden wird.

3. Wunsch. Derselbe sieht die Fälle offenkundiger gesund=
heitsschädlicher Einflüsse vor, welche zu beseitigen die Wissenschaft trotz
aller Anstrengungen des Erfindungsgeistes machtlos wäre. Es ist von

Wichtigkeit, diesen Wunsch mit dem Vorschlag a) des letzten Gegen=
standes der Kommissionsberathung zu vergleichen.

Andere Wünsche. Die Wünsche, welche dieser letzte Gegen=
stand umfaßt, sind genügend detaillirt und brauchen an dieser Stelle
nicht näher entwickelt zu werden.

Im Uebrigen verweist die Kommission auf ihre Sitzungsberichte.

Berlin, den 25. März 1890.

Der Berichterstatter:

E. Harzé.

Anlage No. 5 zu Protokoll No. 4.

Bericht der Kommission
über
die Ausführung der Konferenzbeschlüsse.

Herr Präsident! Meine Herren!

Die vierte Kommission, welche von Ihnen mit der Beantwortung
der in Abschnitt VI des Programms der Internationalen Konferenz
für den Schutz der Arbeiter enthaltenen Fragen beauftragt wurde,
hat die Ehre, Ihnen das Resultat der von ihr gepflogenen Berathungen
zu unterbreiten.

Sie hat keine Bedenken getragen, die ganze Wichtigkeit des
Mandats, welches Sie ihr anzuvertrauen die Güte hatten, anzu=
erkennen, denn die Anträge hinsichtlich der Ausführung der Konferenz=
beschlüsse werden einen großen Einfluß ausüben auf die Resultate der
edlen Initiative, welche Se. Majestät der Deutsche Kaiser ergriffen
hat. Wir müssen uns dazu Glück wünschen, daß alle eingeladenen
Staaten zur Konferenz gekommen sind; wir dürfen auch darüber
Genugthuung empfinden, daß von allen Delegationen ohne Ausnahme

anerkannt worden ist, daß die Arbeiterbevölkerung ein Anrecht auf die Fürsorge der öffentlichen und der Privat=Autoritäten habe, wir dürfen uns endlich darüber freuen, daß die Regierungen in ihrer Mehrzahl anerkannt haben, daß die Anbahnung eines Einvernehmens zwischen den Staaten zur Regelung einiger Fragen hinsichtlich der Fabrikarbeit ein Vortheil für die herbeizuführende Besserung der Lage des Arbeiters sein würde. Die Wünsche, welche wegen der Arbeit in den Bergwerken, der Sonntagsruhe, sowie der Frauen= und Kinder= arbeit geäußert wurden, müssen von allen Personen, welche ein Herz für die physische, moralische und intellektuelle Hebung der Arbeiter= bevölkerung haben, mit Dankbarkeit aufgenommen werden, obgleich sie vermöge der besonderen Lage bestimmter Länder gewissen Aus= nahmen und Fristen unterworfen werden mußten.

Aber die von der Konferenz ausgesprochenen Wünsche würden nicht nach ihrem wahren Werthe gewürdigt werden, wenn sich nicht auch ein allgemeines Einvernehmen zwischen den verschiedenen Staaten über die Mittel zu ihrer Ausführung hätte erzielen lassen.

Die Aufgabe war keine leichte. Man kann die internationalen Ver= sammlungen in zwei Kategorien eintheilen: Bei den einen liegt den Bevollmächtigten der verschiedenen Staaten der Abschluß von Verträgen, politischer oder volkswirthschaftlicher Natur ob, deren Ausführung durch die Grundsätze des Völkerrechts gewährleistet wird. In die andere Kategorie muß man die Kongresse einreihen, deren Mitglieder mit keinen wirklichen Gewalten ausgestattet sind, die sich mehr mit der wissenschaftlichen Prüfung der ihnen vorgelegten Fragen und nicht mit der ihnen zu gebenden praktischen und sofortigen Lösung beschäftigen. — In Folge ihres Programms und der Haltung einiger bei derselben betheiligten Staaten hat unsere Kon= ferenz einen Charakter sui generis, denn sie kann keine für die Re= gierungen bindenden Beschlüsse fassen; sie soll sich auch ebensowenig auf das Studium der wissenschaftlichen Seiten der ihr zur Prüfung unterbreiteten Probleme beschränken. Auf die erstere Rolle könnte sie keinen Anspruch erheben, und an der zweiten kann sie sich nicht genügen lassen.

Die von den Kommiſſionen gefaßten Beſchlüſſe bezüglich aller im
Programm formulirten Fragen entſprangen dem Wunſche, der Arbeiter=
bevölkerung zu zeigen, welch einen wichtigen Platz die Sorge für ihr
Schickſal bei den Regierungen einnimmt. Aber dieſe Beſchlüſſe mußten
ſich auch nach anderen Erwägungen richten, welche wir nicht bei Seite
laſſen konnten. An erſter Stelle handelte es ſich darum, alle auf der
Konferenz vertretenen Staaten in dem gleichen Gedanken der Hingebung
an den zahlreichſten und die größte Theilnahme erregenden Theil der
Menſchheit zu vereinen. Es wäre peinlich geweſen, wenn man es nicht
dahin gebracht hätte, die allgemeinen Grundſätze zu verkünden, durch
welche die Löſung des wichtigſten Theils des ſocialen Problems anzu=
ſtreben iſt. Freilich war es nicht möglich, ſich jetzt ſchon hinſichtlich aller
Einzelheiten in Uebereinſtimmung zu ſetzen. Es war aber nöthig,
der Welt bekannt zu geben, daß alle bei der Konferenz betheiligten
Staaten in einem und demſelben humanitären Gedanken vereint waren.
An zweiter Stelle mußte auf den Unterſchied zwiſchen der politiſchen,
ſocialen und induſtriellen Lage eines jeden Staates Rückſicht ge=
nommen werden. Und dies zu erreichen haben wir uns bemüht.

Die Arbeiten der vierten Kommiſſion wurden von Sr. Fürſt=
lichen Gnaden, dem Herrn Fürſtbiſchof von Breslau, unſerm emi=
nenten Vorſitzenden, mit folgender Anſprache eingeleitet:

Meine Herren!

„Es ſcheint mir, daß die vierte Kommiſſion mit der wichtigſten
Aufgabe unſerer Konferenz betraut worden iſt. Es muß alſo vor
allem das Ziel, welches unſere erleuchtete Verſammlung anſtrebt, in's
Auge gefaßt werden.

„Wir haben uns hier verſammelt, um einen Theil der ſocialen Frage,
welche die allgemeine Aufmerkſamkeit der Welt beſchäftigt, in Erwägung
zu ziehen. Es handelt ſich darum, Zugeſtändniſſe zu machen und Ver=
beſſerungen zu Gunſten der arbeitenden Klaſſen einzuführen. Aber,
meine Herren, wenn dieſe Zugeſtändniſſe und Verbeſſerungen ohne ein
gründliches und vollſtändiges Studium und ohne Erwägung aller Folgen
gemacht würden, ſo wären ſie unnütz, um nicht zu ſagen unheilvoll.

7*

„Außerdem ferner greifen die socialen Fragen ineinander ein und sind mit vielen anderen Fragen verwickelt, z. B. mit jenen des Handels, des Klimas, der Gesetzgebung u. s. w., welchen wir im Laufe unserer Berathungen schon begegnet sind. Erst durch langes und gründliches Studium werden die socialen und wirthschaftlichen Wahrheiten sich aus dem Chaos der Reformideen loslösen, welche jetzt von allen Seiten auf einander stoßen.

„Es will mir demnach scheinen, daß die Hauptaufgabe, welche sich die Konferenz gestellt hat, ein loyales, aufrichtiges und internationales Studium der socialen Frage ist.

„In demselben Sinne müssen die beiden Fragen, welche uns in unserem Programme unter No. 6 unterbreitet wurden, aufgefaßt werden.

„Zur Beantwortung derselben wurden zwei Entwürfe eingereicht; der eine von dem Herrn Delegirten der Schweiz, der andere von uns deutschen Delegirten.

„Die Fragen, welche wir zu beantworten hatten, lauteten folgendermaßen:

„1. Sollen Maßregeln hinsichtlich der Ausführung der von der Konferenz anzunehmenden Bestimmungen und hinsichtlich der Ueberwachung dieser Maßregeln getroffen werden?

„2. Empfiehlt es sich, Delegirte der betheiligten Regierungen von Zeit zu Zeit zu einer Konferenz einzuberufen — und welche Punkte sollen ihre Berathungen umfassen?"

Die Kommission befand sich zwei Anträgen gegenüber: der eine rührte von den deutschen Delegirten, der andere von denen der Schweiz her. Hier ist der deutsche Antrag in seiner ursprünglichen Fassung:

„I. Für den Fall, daß die Regierungen den Vorschlägen der Konferenz Folge leisten sollten, würden sich die nachstehenden Maßregeln als unerläßlich empfehlen:

1. Die Ausführung der Grundsätze, über welche eine Einigung erzielt wurde, soll von einer genügenden Anzahl von ad hoc ernannten, sachverständigen Beamten beaufsichtigt werden. Die Stellung derselben muß eine derartige sein, daß sie ihnen

sowohl den Arbeitgebern als den Arbeitern gegenüber voll=
ständige Unabhängigkeit sichert.

2. Die Beobachtungen dieser Beamten bezüglich der Ausführung
der in Rede stehenden Grundsätze werden in jährlichen Be=
richten niedergelegt, welche für den Druck bestimmt sind.

3. Alle betheiligten Staaten sollen unter Beobachtung gewisser
Regeln, hinsichtlich deren ein Einvernehmen begründet werden
soll, periodische statistische Erhebungen in Bezug auf die in den
Vorschlägen der Konferenz berührten Fragen veranlassen.

4. Die betheiligten Staaten werden regelmäßig unter einander
austauschen:

a) die von ihnen auf dem Wege der Gesetzgebung oder
Verwaltung erlassenen Vorschriften hinsichtlich der Aus=
führung der angenommenen Grundsätze;

b) die jährlichen Berichte der sachverständigen Beamten (s.
No. 2);

c) die statistischen Ermittelungen (s. No. 3).

II. Es ist wünschenswerth, daß die Delegirten der betheiligten
Staaten von Zeit zu Zeit in Zwischenräumen, deren Festsetzung einem
besonderen Beschlusse vorbehalten bleibt, zu einer Konferenz zusammen=
treten, um die Beobachtungen, welche sie bei der Ausführung der
angenommenen Grundsätze gemacht haben, einander mitzutheilen,
sowie über die Zweckmäßigkeit einer Abänderung oder Ergänzung
dieser Grundsätze zu berathen."

Der im Namen der Schweiz von Herrn Blumer gestellte An=
trag lautete folgendermaßen:

„Es sollen Maßregeln hinsichtlich der Ausführung der Kon=
ferenzbeschlüsse getroffen werden.

„Es ist Anlaß vorhanden, zu diesem Behufe zu bestimmen,
daß die Staaten, welche über gewisse Bestimmungen einig
geworden sind, obligatorische Abmachungen treffen; daß die
Ausführung solcher Abmachungen durch die nationale Gesetz=
gebung erfolgen soll, und daß diese letztere, wenn sie nicht aus=
reichend sein sollte, die nothwendigen Ergänzungen erhalten soll.

„Es ist ferner Anlaß vorhanden, die Gründung eines be=
sonderen Organs für die Centralisirung der mitzutheilenden
Auskünfte, die regelmäßige Veröffentlichung statistischer Daten
und die Ausführung der vorbereitenden Maßregeln für die
in § 2 des Programms vorgesehenen Konferenzen vorzusehen.

„Es ist Anlaß vorhanden, periodisch wiederkehrende Konfe=
renzen von Delegirten der Staaten vorzusehen; der Hauptzweck
dieser Konferenzen würde darin bestehen, die getroffenen Ab=
machungen weiter zu entwickeln und die Fragen zu lösen, welche
Schwierigkeiten oder Streitigkeiten hervorgerufen haben.“

Gleich nach Eröffnung der allgemeinen Berathungen über diese
Anträge beantragten die großbritannischen Delegirten die Ablehnung
der von der Schweiz vorgeschlagenen Fassung, da nach ihrer Ansicht
eine internationale Vereinbarung über diesen Gegenstand nicht an die
Stelle der besonderen Gesetzgebung eines jeden Landes treten könne.
Das vereinigte Königreich hat nur unter der Bedingung, daß eine
solche Eventualität ferngehalten werde, eingewilligt, an der Konferenz
theilzunehmen. Selbst wenn die englischen Staatsmänner den Willen
hätten, internationale Verpflichtungen hinsichtlich der Regelung der
Fabrikarbeit einzugehen, so würde ihnen die Macht dazu fehlen. Es
ist ihnen untersagt, die industriellen Gesetze ihres Landes von irgend
einer fremden Macht abhängig zu machen. Sie sind der Meinung,
daß die von Deutschland vorgeschlagene Resolution praktischer sei und
mit einigen Abänderungen angenommen werden könne.

Ihrerseits gaben die Delegirten der Schweiz folgende Erklärung
ab, welche wir genau wiedergeben:

„Herr Blumer erachtet es nicht nur für wünschenswerth, sondern
sogar für nöthig, einige Ausführungsmaßregeln zu ergreifen und somit
die darüber im Programm der Konferenzarbeiten enthaltene Frage
im bejahenden Sinne zu beantworten.

„Nach seinem Dafürhalten wäre das Einfachste und Beste in dieser
Hinsicht die Gründung eines besonderen Organs für die Centralisi=
rung der den Staaten zu machenden Mittheilungen, die regelmäßige

Veröffentlichung statistischer Daten, sowie die Ausführung der vor=
bereitenden Maßregeln für die zukünftigen Konferenzen.

„Der deutsche Antrag sagt nicht, an welchem Zeitpunkte oder in
welchen Zwischenräumen die neuen Konferenzen stattfinden sollten; er
setzt auch nicht die Bedingungen fest, unter welchen es nöthig sein
würde, Konferenzen abzuhalten, ebensowenig, von wem dieselben ein=
berufen werden sollen.

„Redner zweifelt nicht daran, daß der beste Wille auf allen
Seiten vorhanden ist, auf dem eben betretenen Wege weiter zu schreiten;
die Beschlüsse dieser ersten Konferenz können offenbar nur als ein
erster Schritt angesehen werden, dem ein zweiter und dritter bald folgen
werde. Herr Blumer verkennt nicht die Schwierigkeiten, mit welchen
einige Staaten zu kämpfen haben, um mit denjenigen, die bereits eine
vorgeschrittene Arbeitergesetzgebung besitzen, gleichen Schritt zu halten;
aber diese Schwierigkeiten sind schon einigermaßen berücksichtigt worden,
und es ist unbestreitbar, daß diese Staaten selbst die Nothwendigkeit
einheitlicher Bestimmungen immer mehr empfinden werden."

„Sollte die Kommission heute finden, daß die Vorschläge der
Schweiz noch zu weit gehen, so wünscht Herr Blumer, daß die deutschen
Anträge, welche aber in keiner Weise abgeschwächt werden dürften,
der Berathung zu Grunde gelegt würden."

Der österreichische Delegirte gab anheim, bei No. 1 der deutschen
Fassung, welcher er sich anschließt, genau zu bestimmen, daß die
Ueberwachung der zur Durchführung der Konferenzbeschlüsse erlassenen
Maßregeln ausschließlich der Regierung der einzelnen Staaten vor=
behalten, und daß keine Einmischung von Seiten einer fremden Macht
zulässig ist. Zu diesem Zwecke wünscht er, daß bei den Worten:
„soll beaufsichtigt werden" hinzugesetzt werde: „in jedem Staate".

Der belgische Delegirte erhob keine Einwendung gegen den Geist,
welcher den deutschen Antrag beselt, jedoch müsse er dessen Annahme
von mehreren nebensächlichen Abänderungen abhängig machen. Zu=
nächst hält er es für passend, um den wahren Charakter der Berathungen
der Konferenz aufrechtzuerhalten, das Wort „Vorschläge" nicht zu

gebrauchen, sondern dasselbe durch „Wünsche" oder „Arbeiten" zu ersetzen. Er hält es auch nicht für angemessen, von unerläßlichen Maßregeln zu sprechen, wodurch man den Entscheidungen der einzelnen Staaten zu sehr vorgreift. Was den Austausch von Aktenstücken über die vor-liegende Frage betrifft, so macht der belgische Vertreter darauf auf-merksam, daß die jeder Regierung aufzuerlegende Verpflichtung, den anderen die Berichte der mit der Beaufsichtigung beauftragten Beamten mitzutheilen, Unzuträglichkeiten nach sich ziehen könne. Er würde vorziehen, lediglich eine Mittheilung dieser Berichte in Auszügen vor-zuschreiben. Der belgische Delegirte erinnert außerdem seine Kollegen daran, daß die Kommission eingeräumt habe, daß die einzelnen Staaten die Verwirklichung der von der Konferenz ausgesprochenen Wünsche nicht allein auf dem Wege der Gesetzgebung und Verwaltung, sondern auch durch Maßregeln der Privat=Initiative verfolgen können. Er wünscht folglich, daß die Regierungen sich zur gegenseitigen Mittheilung der auf Grund dieser Initiative entstandenen Maßregeln verbindlich machen sollen. Es sind ferner in ihm Zweifel entstanden über die Möglichkeit, die statistischen Erhebungen, welche No. 3 in Aussicht nimmt, nach gemeinschaftlichen Regeln vorzunehmen. Endlich ver-langt der belgische Delegirte, daß die Antwort auf die zweite Frage des Programms dahin abgeändert werde, daß zwar der Zusammentritt einer neuen Konferenz vorgesehen, aber nicht jetzt schon die Nothwendigkeit der Einberufung periodischer Konferenzen anerkannt werde. Die neue Konferenz wird über die Nützlichkeit eines späteren Zusammentritts zu entscheiden haben, eine Frage, welcher nicht vorgegriffen werden darf. Es würde außerdem schwer fallen, den Nachweis zu führen, daß die periodische Wiederkehr von Kon-ferenzen vortheilhaft sei.

Die italienischen Vertreter können den Antrag der Schweiz nicht so wie er ist annehmen. Sie bemerken, daß, weil die Erklärung wegen Gründung eines Centralarbeitsbüreaus nicht in dem Programm ent-halten sei, ihre Regierung nicht in der Lage gewesen sei, ihnen In-struktionen über diesen Punkt zu ertheilen. Dagegen können sie sich bis auf einige redaktionelle Aenderungen dem deutschen Antrage anschließen. Obgleich sie vollständig anerkennen, daß der wegen der Beaufsichtigung der Fabriken geäußerte Wunsch praktisch ist, da man das von der Konferenz angestrebte Ziel ohne eine wahrhaft technische Organisation der Ueberwachung nicht erreichen kann, so haben sie doch ihren Kollegen einige Bemerkungen über Punkt 1 des Antrags zu unterbreiten. Sie erkennen an, daß die Aufsicht über die Fabriken von sachverständigen Beamten geübt werden muß und nicht der allgemeinen Polizei überlassen werden kann. Sie können aber nicht einräumen, daß alle Inspektoren, selbst in ackerbautreibenden Bezirken, wo die Manufakturindustrie bisweilen gar keine Bedeutung hat, einzig und allein mit dieser Aufgabe betraut sein sollen.

Die italienischen Delegirten, welche zu wiederholten Malen der Konferenz empfohlen haben, in den von ihr zu äußernden Wünschen die Privat=Initiative mit der Thätigkeit des Gesetzes zu vereinigen, treten sehr gern mit den belgischen Delegirten dem Antrage über die Mittheilung von Aktenstücken, welche auf diese Initiative Bezug haben, bei. Sie müssen aber darauf aufmerksam machen, daß man in dieser Hinsicht keine so formelle und allgemeine Verpflichtung wie diejenige, welche die von der öffentlichen Verwaltung ausgehenden Aktenstücke betrifft, eingehen könne; denn diese von Privatpersonen herrührenden Aktenstücke stehen nicht immer zur Verfügung der ein= zelnen Regierungen.

Die niederländischen Delegirten erklären, daß sie den Vorschlag, nach welchem die amtlichen unter No. 1 bezeichneten Berichte den anderen Regierungen mitgetheilt werden sollen, nicht annehmen können, wenn die Tragweite dieser Verpflichtung nicht genauer bestimmt würde. Das niederländische Gesetz schreibt den Gewerbeinspektoren die Ueber= sendung eines jährlichen Berichtes an den Minister vor, welcher seiner= seits diese Berichte den Generalstaaten entweder in extenso oder im Auszuge mitzutheilen hat. Es wäre unmöglich, fremden Staaten gegenüber eine weitergehende Verpflichtung einzugehen als diejenige, welche hinsichtlich der Volksvertretung auferlegt ist.

Die dänischen Delegirten billigen die deutsche Fassung vollkommen. Sie beschränken sich auf die Bemerkung, daß jede Einwendung gegen

die Mittheilung der Inspektorenberichte entfernt wird, wenn man sich ver=
gegenwärtigt, daß es sich nur um gehörig veröffentlichte Stücke handelt.

Der französische Delegirte, Herr Jules Simon, erklärt, daß seine
Kollegen und er gar keine Einwendung gegen den Inhalt der deutschen
Vorschläge zur Beantwortung der ersten Frage zu erheben haben, und
dies um so weniger, als das Corps der Inspektoren, dessen Creirung
in dem Antrage gefordert werde, in Frankreich bereits bestehe. Aber
die der französischen Delegation ertheilten Instruktionen gestatten ihm
nicht, irgend einem Wunsche zuzustimmen, welcher, direkt oder indirekt,
den andern von der Konferenz geäußerten Wünschen eine unmittelbare
exekutorische Kraft zu geben scheinen würde. Er werde sich daher in
die Nothwendigkeit versetzt sehen, sich der Abstimmung über alle, der
vierten Kommission unterbreiteten Fragen zu enthalten.

Herr Tolain fügt hinzu, daß in Wirklichkeit die französische
Regierung den Zusammentritt der Konferenz immer und ausschließlich
nur als das Mittel angesehen habe, eine Enquête über die Lage der
Arbeit in den betheiligten Staaten sowie über die darauf bezüglichen
Wünsche der öffentlichen Meinung zu veranstalten. Es sei aber
derselben keineswegs in den Sinn gekommen, die Konferenz, wenigstens
vor der Hand, zum Ausgangspunkte internationaler Verpflichtungen
zu machen. Das Schlußprotokoll wird der Regierung der Republik
unterbreitet werden, welche dann in Erwägung ziehen wird, ob es
ihr genehm ist, Unterhandlungen auf dem diplomatischen Wege anzu=
knüpfen. Für jetzt treten die französischen Delegirten den deutschen
Vorschlägen bezüglich der ersten Frage nicht entgegen. Sie hätten
zwar Vorbehalte zu formuliren bezüglich der zweiten Frage, werden
sich aber in beiden Fällen der Abstimmung enthalten.

Der luxemburgische Vertreter acceptirt den deutschen Vorschlag,
zumal aus dem Grunde, weil das System der Gewerbeinspektion in
der Gesetzgebung seines Landes bereits besteht.

Indem die deutschen Delegirten ihren Vorschlag, welcher überdies
von ihren Kollegen so günstig aufgenommen wurde, im Ganzen
aufrecht erhalten, sind sie geneigt, der Mehrzahl der ausgedrückten
Wünsche durch einige Abänderungen in der Fassung gerecht zu werden.

Sie legen großes Gewicht darauf, eine gute Organisation des In=
spektionsdienstes zu empfehlen, sind aber bereit, die Worte: „sach=
verständige ad hoc ernannte Beamte" durch den Ausdruck: „besonders
qualifizirte Beamte" zu ersetzen. In Betreff der Berichte der Inspek=
toren möchten die deutschen Delegirten darauf aufmerksam machen,
daß die beantragte Vereinbarung keine Neuerung bildet, denn in anderen
Fällen, und um nur ein Beispiel anzuführen, in der Konvention be=
treffend die Phylloxera, hätten die Mächte eine ähnliche Verpflichtung
übernommen. Sie seien indessen bereit, der Auffassung der dänischen
Delegirten beizutreten. Die deutschen Delegirten halten dafür, daß
es wünschenswerth sei, die Statistiken der Arbeit nach einem einheit=
lichen Muster aufzustellen. Sie sind aber geneigt, die Anwendung
dieses Prinzips den besonderen Anforderungen eines jeden Staates
unterzuordnen. Was die künftigen Konferenzen betrifft, so führen die
deutschen Delegirten aus, daß es sich ihrer Absicht nach nicht darum
handele, die gegenwärtige Konferenz zu erneuern, sondern andere Zu=
sammenkünfte von Delegirten der einzelnen Staaten vorzusehen. Die
Worte „von Zeit zu Zeit" können unterdrückt werden, obgleich
sie nicht auf Einberufungen hinzielen, welche in regelmäßigen Zwischen=
räumen zu erfolgen hätten, da solche bereits vorgesehen seien. Es
wird schließlich von den deutschen Delegirten anerkannt, daß die von
den Delegirten Frankreichs, Großbritanniens und Belgiens ab=
gegebenen Erklärungen den Vorbehalten, welche die betreffenden Re=
gierungen der Erklärung ihres Beitrittes zur Konferenz vorausschickten,
vollkommen entsprechen.

Die Diskussion wird geschlossen, und es hat die Kommission in
erster Lesung zunächst über folgenden Theil des Antrags zu be=
schließen:

„I. Für den Fall, daß die Regierungen den Arbeiten der Konferenz
Folge leisten sollten, würden sich nachfolgende Bestimmungen empfehlen."

Es stimmten mit „Ja": Deutschland, Oesterreich, Ungarn, Bel=
gien, Dänemark, Großbritannien, Italien, Luxemburg, die Niederlande,
Portugal, die Schweiz.

Frankreich und Schweden enthielten sich der Abstimmung.

Es folgt No. 1:

„Die Ausführung der Maßregeln, welche in jedem Staate getroffen werden, wird überwacht durch eine genügende Anzahl von
besonders qualifizirten Beamten, welche von der Landesregierung ernannt werden und sowohl von den Arbeitgebern als den Arbeitern
unabhängig sind."

Es stimmten mit „Ja": Deutschland, Oesterreich, Ungarn, Belgien, Dänemark, Großbritannien, Italien, Luxemburg, die Niederlande, Portugal, die Schweiz.

Frankreich und Schweden enthielten sich der Abstimmung.

No. 2 wird in folgender Fassung zur Abstimmung gebracht:

„Die Jahresberichte dieser Beamten, welche von den Regierungen
der verschiedenen Länder veröffentlicht werden, sind von jeder derselben
den andern Regierungen mitzutheilen.

Es stimmten mit „Ja": Deutschland, Oesterreich, Ungarn, Belgien, Dänemark, Großbritannien, Italien, Luxemburg, die Niederlande, Portugal, die Schweiz.

Frankreich und Schweden enthielten sich der Abstimmung.

No. 3 wird in folgender Fassung angenommen:

„Alle betheiligten Staaten werden von Zeit zu Zeit und soweit
möglich in ähnlicher Form statistische Erhebungen hinsichtlich der in
den Beschlüssen der Konferenz vorgesehenen Fragen aufstellen lassen."

Es stimmten mit „Ja": Deutschland, Oesterreich, Belgien,
Dänemark, Großbritannien, Italien, Luxemburg, die Niederlande,
Portugal, die Schweiz.

Frankreich und Schweden enthielten sich der Abstimmung.

No. 4 gelangt nun in folgender Fassung zur Abstimmung:

„Die betheiligten Staaten werden diese statistischen Erhebungen
sowie den Text der auf dem Wege der Gesetzgebung oder Verwaltung
erlassenen Vorschriften, welche sich auf die in den Konferenzbeschlüssen
behandelten Fragen beziehen, unter einander austauschen."

Es stimmten mit „Ja": Deutschland, Oesterreich, Ungarn, Belgien, Dänemark, Großbritannien, Italien, Luxemburg, die Niederlande, Portugal, die Schweiz.

Frankreich und Schweden enthielten sich der Abstimmung.

Es wird sodann der erste Theil der Antwort auf die Frage II des Programms in folgender Fassung zur Abstimmung gebracht:

„Es ist wünschenswerth, daß in Zwischenräumen, deren Fest= setzung einer Entschließung der betheiligten Regierungen vorbehalten bleibt, die Delegirten der betheiligten Staaten zu einer Konferenz zusammentreten ....."

Es stimmten mit „Ja": Deutschland, Oesterreich, Ungarn, Däne= mark, Italien, Luxemburg, Portugal, Schweden, die Schweiz; mit „Nein": Belgien, Großbritannien, die Niederlande.

Frankreich enthielt sich der Abstimmung.

Ueber den zweiten Theil der Antwort auf Frage II des Pro= gramms wird in folgender Fassung abgestimmt:

„..... um sich gegenseitig die Beobachtungen mitzutheilen, welche sich bei der Befolgung der Konferenzbeschlüsse ergeben haben werden, um darüber zu berathen, ob es angemessen sei, jene Beschlüsse ab= zuändern oder zu ergänzen."

Es stimmten mit „Ja": Deutschland, Oesterreich, Ungarn, Bel= gien, Dänemark, Großbritannien, Italien, Luxemburg, die Nieder= lande, Portugal, die Schweiz.

Frankreich und Schweden enthielten sich der Abstimmung.

Beim Uebergang zur zweiten Lesung ersucht der Vorsitzende, Se. Fürstliche Gnaden Dr. Kopp die Kommission, sich bei den Prinzipien= fragen nicht mehr aufzuhalten, sondern nur noch zu versuchen, die Redaktion ihrer Beschlüsse zu verbessern.

Es werden einige Abänderungen vorgeschlagen und erörtert. Die deutschen Delegirten legen, hauptsächlich zu dem Zweck, die Zustimmung Großbritanniens und Belgiens für die vorgeschlagenen Wünsche zu gewinnen, den ersten Theil der Antwort auf Frage II des Programms über die künftigen Konferenzen in neuer Fassung vor.

So werden alle der Kommission zur Beschlußfassung vorgelegten Resolutionen nacheinander zur Abstimmung gebracht.

Der nunmehr festgesetzte Text lautet:

„I. Für den Fall, daß die Regierungen den Arbeiten der Konferenz Folge leisten sollten, würden sich die folgenden Bestimmungen empfehlen:

„a) Die Ausführung der in jedem Staate getroffenen Maßregeln wird überwacht durch eine genügende Anzahl von besonders qualifizirten Beamten, welche von der Landesregierung ernannt werden und sowohl von den Arbeitgebern als den Arbeitern unabhängig sind.

„b) Die Jahresberichte dieser Beamten, welche von den Regierungen der verschiedenen Länder veröffentlicht werden, sind von jeder derselben den andern Regierungen mitzutheilen.

„c) Jeder dieser Staaten wird von Zeit zu Zeit und in einer möglichst ähnlichen Form statistische Erhebungen hinsichtlich der in den Beschlüssen der Konferenz vorgesehenen Fragen aufstellen lassen.

„d) Die betheiligten Staaten werden diese statistischen Erhebungen, sowie den Text der auf dem Wege der Gesetzgebung oder Verwaltung erlassenen Vorschriften, welche sich auf die in den Konferenzbeschlüssen behandelten Fragen beziehen, unter einander austauschen."

„II. Es ist wünschenswerth, daß die Berathungen der betheiligten Staaten erneuert werden, um sich gegenseitig die Beobachtungen mitzutheilen, welche sich bei der Befolgung der Konferenzbeschlüsse ergeben haben, und um zu prüfen, ob es angemessen sei, jene Beschlüsse abzuändern oder zu ergänzen."

In den der Reihe nach erfolgenden Abstimmungen in zweiter Lesung wird dieser Text genehmigt, und zwar von den Delegirten folgender Staaten: Deutschland, Oesterreich, Ungarn, Belgien, Dänemark, Spanien, Großbritannien, Italien, Luxemburg, die Niederlande, Portugal, Schweden, die Schweiz.

Die französischen Delegirten enthalten sich der Abstimmung.

Wir haben demnach die Ehre, dem Plenum der Konferenz die Beschlüsse zu unterbreiten, über die wir Bericht erstattet haben. Mit aufrichtiger Genugthuung konstatiren wir den fast einmüthigen Zusammenklang, zu welchem die Arbeiten der Konferenz geführt haben, Dank der weisen Leitung unseres eminenten Vorsitzenden und dem versöhnlichen Geiste, welcher die Debatten beherrschte. Da unsere Bestrebungen haupt= sächlich darauf gerichtet sein mußten, alle auf der Konferenz vertretenen Staaten zu einer und derselben Auffassung zu vereinigen, möge es uns gestattet sein, zu bemerken, daß die Abstention der französischen De= legirten dieselben nicht verhindert hat, sich in den Wünschen für die Besserung der Lage der Arbeiterbevölkerung mit ihren Kollegen zu ver= einigen. Dieses edle Ziel, vorgesteckt durch die Hohe Weisheit Sr. Majestät des deutschen Kaisers, wird ohne Zweifel erreicht werden, und die Berliner Konferenz vom Jahre 1890 wird die Ehre in An= spruch nehmen können, die Initiative zu einem Werke der Civilisation und des socialen Friedens gegeben zu haben.

Der Berichterstatter der Kommission:

V. Ellena.

Protokoll No. 5.

Sitzung vom 27. März 1890.

Es waren anwesend:

Für Deutschland:

Se. Excellenz Freiherr von Berlepsch, Minister für Handel und Gewerbe.
Magdeburg, Unterstaatssekretär, im Ministerium für Handel und Gewerbe.
Se. Fürstliche Gnaden Dr. Kopp, Fürstbischof von Breslau.
Reichardt, Direktor im Auswärtigen Amt.
Lohmann, Geheimer Oberregierungsrath.
Dr. Hauchecorne, Erster Direktor der Bergakademie, Geheimer Bergrath.
Landmann, Oberregierungsrath im Königl. Bayer. Ministerium des Innern.
Freiherr Heyl von Herrnsheim, Geheimer Kommerzienrath.
Koechlin, Fabrikbesitzer und Staatsrath.

Für Oesterreich-Ungarn:

Baron Béla Weigelsperg, K. K. Ministerialrath im Handelsministerium.
Dr. F. Migerka, K. K. Ministerialrath im Handelsministerium, Central-Gewerbe-Inspektor.
Baron August von Plappart, K. K. Ministerialrath im Ministerium des Innern.
Dr. Ludwig Haberer, Sekretär im K. K. Ackerbauministerium.

Dr. Julius von Schnierer, Ministerialrath im Königl. Ungarischen Handelsministerium.

Béla von Graenzenstein, Bergingenieur, Generaldirektor der Königl. Tabacksregie, Ministerialrath.

Josef Szterényi, Kgl. Ungarischer Gewerbeinspektor.

Dr. Schulz, Sekretär der Oesterreichisch-Ungarischen Delegation.

Für Belgien:

Baron Greindl, Außerordentlicher Gesandter und bevollmächtigter Minister.

Victor Jacobs, Staatsminister, Mitglied des Abgeordnetenhauses.

Emil Harzé, Direktor der Bergabtheilung im Ministerium für Acker-bau, Industrie und öffentliche Arbeiten.

Baron A. t'Kint de Roodenbeke, Vicepräsident des Provinzialraths von Ost-Flandern.

Für Dänemark:

C. F. Tietgen, Geh. Staatsrath.

H. Topsöe, Kgl. Gewerbeinspektor, Professor an der Militärakademie.

C. Bramsen, Versicherungsgesellschafts-Direktor.

Für Spanien:

Manuel Fernandez de Castro, Senator, Generalinspektor der Berg-werke.

Vicente Santamaria de Paredes, Abgeordneter und Generaldirektor des öffentlichen Unterrichts.

Für Frankreich:

Jules Simon, Senator.

Tolain, Senator.

Burdeau, Abgeordneter.

Linder, Vizepräsident des Oberbergraths.

Victor Delahaye, Maschinenbauer.

Jacquot, Französischer Generalkonsul in Leipzig.

Laporte, Kreisinspektor der Kinderarbeit in Fabriken.

Pellé, Bergingenieur.

A. Lebon, Sekretär der französischen Delegation.

Für Großbritannien:

The Rt. Hon. Sir John Gorst, Mitglied des Parlaments, Unter=
staatssekretär für Indien.

Charles S. Scott, C. B., Außerordentlicher Gesandter und bevollmäch=
tigter Minister Ihrer Britischen Majestät in der Schweiz.

Sir William H. Houldsworth, Baronet, Mitglied des Englischen
Parlaments.

David Dale, Bergwerksbesitzer.

T. Burt, Mitglied des Parlaments, Schriftführer des Bergarbeiter=
verbandes.

T. Birtwistle, Schriftführer des Arbeiterverbandes der Textilindustrie.

F. H. Whymper, Ober=Gewerbeinspektor.

J. Burnett, Abtheilungsvorstand im Handelsamte.

Für Italien:

Gerolamo Boccardo, Senator und Staatsrath.

Vittorio Ellena, Abgeordneter und Staatsrath.

Luigi Bodio, Generaldirektor der Statistik des Königreichs Italien.

Bonaldo Stringher, Abtheilungsvorstand im Finanzministerium.

Giuseppe Majorana Calatabiano, Professor an der Kgl. Universität
Messina, Rechtsanwalt bei dem Kgl. obersten Gerichtshof in Rom.

Mario Mancini, Redakteur der Protokolle des Abgeordnetenhauses
in Rom.

Für Luxemburg:

Dr. Alexis Brasseur, Abgeordneter und Bergwerksbesitzer.

Für die Niederlande:

Jonkheer F. P. van der Hoeven, Außerordentlicher Gesandter und be=
vollmächtigter Minister.

Dr. Snyder van Wissenkerke, Direktor im Justizministerium.

H. W. E. Struve, Fabrikinspektor.

Für Portugal:

Ernesto Madeira Pinto, Rath und Generaldirektor des Handelsamtes.

J. P. de Oliveira Martins, Erster Direktor der Tabacksregie, ehe=
maliger Abgeordneter.

Für Schweden und Norwegen:

W. von Tham, Mitglied der Ersten Kammer des Schwedischen Landtags.
E. Christie, Generalsekretär im Ministerium des Innern in Christiania.
Graf von Wrangel, Sekretär der Schwedisch-Norwegischen Delegation.

Für die Schweiz:

E. Blumer, Landammann des Kantons Glarus.
Dr. F. Kaufmann, Erster Sekretär des Eidgenössischen Industrie-Departements.
Bonjour, Sekretär der Eidgenössischen Delegation.

Die Sitzung wird unter dem Vorsitze Se. Excellenz Baron von Berlepsch um 2½ Uhr eröffnet.

Nachdem der Vorsitzende mitgetheilt hat, daß die neuen Anträge, von denen am Schluß der vorigen Sitzung die Rede war, an die betreffenden Kommissionen zur Prüfung überwiesen sind, zeigt Se. Fürstliche Gnaden Herr Dr. Kopp im Namen der zweiten Kommission, deren Vorsitzender er ist, an, daß der von der deutschen Delegation vorbereitete Antrag durch eine vor der Abstimmung zu verlesende Erklärung ersetzt werden wird.

Andererseits benachrichtigt Herr Hauchecorne die Mitglieder der Kommission für die Bergwerksarbeit, daß sie nach Schluß der gegenwärtigen Sitzung zusammentreten sollen, um über denjenigen Antrag, welcher sie angeht, zu verhandeln.

Der Vorsitzende ersucht die Konferenz, in die Generaldiskussion einzutreten und befragt der Reihe nach die Delegationen über den Antheil, den je ein Mitglied derselben an der Berathung zu nehmen gedenkt.

Der Delegirte Frankreichs, Delahaye, bittet um's Wort.

Herr Jules Simon macht vorher bemerklich, daß die französische Delegation in der allgemeinen Berathung Bemerkungen nicht zu machen habe, da sie ihre Ansichten bereits vor den verschiedenen Kommissionen auseinandergesetzt und dem nur noch einige Bemerkungen

8*

im Laufe der Spezialberathungen wird hinzuzufügen haben. Unter diesen Umständen wird Herr Delahaye nur in seinem eigenen Namen sprechen.

Herr Delahaye hält eine Rede über die Entwickelung der arbeitenden Klasse vom volkswirthschaftlichen Gesichtspunkte und bittet zum Schlusse, daß dieselbe in extenso im Sitzungsprotokoll abgedruckt werde, wozu ihm die Geschäftsordnung ein Recht gebe.

Der Vorsitzende befragt die Konferenz über dieses Verlangen.

Der belgische Delegirte Herr Baron Greindl glaubt, daß es nicht statthaft sei, den Ausdruck persönlicher Meinungen in das Pro= tokoll einzurücken; er meint also, daß es sich empfehlen dürfte, den Druck der soeben gehörten, im Uebrigen sehr beachtenswerthen Rede nicht abzulehnen, sie jedoch einem anderen Theile, als dem amtlichen Proto= kolle, einzuverleiben.

Auf den Antrag Se. Fürstlichen Gnaden des Herrn Dr. Kopp beschließt die Versammlung, daß diese Rede als Anhang zum Protokoll zu drucken sei.

Siehe Anhang.

Herr Delahaye nimmt dieses Anerbieten an, für welches er dem Vorsitzenden und den Mitgliedern der Konferenz seinen Dank abstattet.

Der Delegirte der Schweiz, Herr Blumer, spricht sich hierauf folgendermaßen aus:

„Die eidgenössische Delegation wird in dieser allgemeinen Ver= handlung nur eine sehr kurze Erklärung abgeben, welche seines Er= achtens der Konferenz keinen Anlaß zur Diskussion bieten wird.

„Diese Erklärung lautet also:

„Der eidgenössische Bundesrath hätte gern die Frage des Maximal= arbeitstages in den ursprünglichen Programmentwurf, den er für die Berner Konferenz ausgearbeitet hatte, aufgenommen. Wenn dies nicht geschehen ist, so ist es darum, weil er besorgte, daß einige Regierungen, an deren Zusage ihm viel gelegen war, dieses Punktes wegen die Einladung zur Konferenz ablehnen würden. Um so glück= licher war er, konstatiren zu können, daß Se. Majestät der Deutsche Kaiser in seinen Erlassen vom 4. Februar gerade diesen Punkt als einen derjenigen bezeichnet hatte, die durch internationales Abkommen zu regeln seien. Der Bundesrath hat demnach bedauert, im definitiven Programm der Kaiserlichen Regierung diesen Punkt nicht wiederzufinden. Mit Rücksicht auf die Beweggründe, welche nach Kenntniß der eidgenössischen Delegation eine Verzichtleistung auf diesen Theil des Programms herbeiführten, hat dieselbe über diesen Punkt in keiner Kommission einen Antrag gestellt, da ein solcher gegenwärtig keine Aussicht auf Erfolg gehabt hätte. Da sie aber von der Wichtigkeit und der Zweckmäßigkeit einer internationalen Vereinbarung über den Normalarbeitstag fest überzeugt ist, so legt sie Werth auf die Erklärung, daß sie nur für den Augenblick und widerwillig davon Abstand genommen hat, eine Erörterung dieser Frage zu beantragen.

Der Vorsitzende konstatirt, daß die allgemeine Diskussion erschöpft ist und schlägt die Eröffnung einer Spezialdiskussion über jede der Fragen vor, welche in den Kommissionsberichten entwickelt sind und zwar in der Tags zuvor von der Versammlung angenommenen Reihenfolge.

Eine Anfrage des belgischen Delegirten, Herrn Jacobs, beantwortet der Vorsitzende dahin, daß die Konferenz aufgefordert werden wird, über die Einleitung und über jeden Paragraphen der Kommissionsanträge getrennt abzustimmen.

Es werden zunächst die Beschlüsse der zweiten Kommission über die Sonntagsruhe der Versammlung unterbreitet.

Namens der großbritannischen Delegation ergreift Sir John Gorst das Wort, um Vorbehalte über das Ganze dieser Anträge zu formuliren:

„Die großbritannischen Delegirten sind mit der Kommission in Betreff des ersten Paragraphen, der Resolution bezüglich des Verbots der Sonntagsarbeit, vollkommen einverstanden, können aber die in den §§ 2 und 3 enthaltenen Ausnahmen nicht zulassen. Die Ausnahmen von der Sonntagsruhe lassen sich ihrer Ansicht nach nicht „a priori" festsetzen oder nach philosophischen Grundsätzen bestimmen. Sie würden daher die unwiderstehliche Tendenz haben, sich in's Unendliche zu vermehren. Den Beweis hierfür haben wir in unseren eigenen Beschlüssen. Es sind kaum drei Tage her, daß sich die zweite

Kommiſſion über dieſe Ausnahmen ausgeſprochen hat und ſchon wurde eine weitere Kategorie ausfindig gemacht.

„Ihrer Meinung nach kann man dieſe Ausnahmen nicht leicht= hin und auf dem Wege der Abſtraktion feſtſetzen, vielmehr müſſen ſich dieſelben aus der praktiſchen Erfahrung der induſtriellen Thätig= keit eines jeden Landes ergeben. Wird ein ſolches Syſtem befolgt, ſo braucht man nicht zu beſorgen, daß ſolche Ausnahmen allzu zahl= reich werden. Bei uns werden ſie mit einer eiferſüchtigen Aufmerk= ſamkeit von den minder begünſtigten Induſtriezweigen und auch von den Arbeitervereinen, welche Ausnahmen von der Sonntagsruhe lediglich im Falle der Noth dulden, überwacht.

Der norwegiſche Delegirte, Herr Chriſtie, läßt ſich folgender= maßen aus:

„Da Norwegen in der zweiten Kommiſſion nicht vertreten war, ſo bitte ich um die Erlaubniß, folgende Erklärung in's Protokoll einrücken zu laſſen. Da die norwegiſche Geſetzgebung ein allgemeines Verbot der Sonntagsarbeit enthält, ſo kann ich für mein Land allen den von der zweiten Kommiſſion über dieſen Punkt angenommenen Beſchlüſſen anſtandslos zuſtimmen."

Herr Jules Simon wünſcht die Gründe, aus welchen er für ſich perſönlich ſich bereits zu Gunſten der Sonntagsruhe ausgeſpochen hat, kurz zuſammen zu faſſen. Er hat Gelegenheit gehabt, ſeine Anſicht über dieſen Punkt vor dem franzöſiſchen Senate zu vertheidigen; es iſt ihm aber noch nicht gelungen, mit derſelben durchzudringen; es ſei im Hinblick auf dieſes Ergebniß geſchehen, daß er den Vorſitz eines in Frankreich zur Einführung der Sonntagsruhe gegründeten Vereins übernommen hat.

Se. Fürſtliche Gnaden Herr Dr. Kopp erörtert, daß die Kom= miſſion, deren Vorſitzender er geweſen iſt, oft den Ausdruck ihrer Wünſche hätte einſchränken müſſen, jum die ſich gegenüberſtehenden Meinungen möglichſt auszugleichen. Die deutſche Delegation, fügt er hinzu, behalte ſich übrigens vor, wenn die Konferenz die Prüfung der zuzulaſſenden Ausnahmen von der Sonntagsruhe vornehmen wird, eine beſondere Deklaration zu formuliren.

Der Vorsitzende bringt die Einleitung zur Abstimmung, welche wie folgt lautet:

„Es ist wünschenswerth, vorbehaltlich der in jedem Lande noth=
wendigen Ausnahmen und Fristen . . . . ."

Die Annahme erfolgt einstimmig.

Dann kommt § 1 der ersten Frage: „Daß den geschützten Personen ein wöchentlicher Ruhetag gesichert werde", an die Reihe.

Es erfolgt einstimmige Annahme.

Ferner § 2: „Daß allen Industrie=Arbeitern ein Ruhetag ge= währt werde."

Die Annahme erfolgt einstimmig unter folgenden Vorbehalten oder Erklärungen:

Vom Herrn Staatsminister Jacobs im Namen Belgiens: „Das belgische Votum ist bejahend. Gestatten Sie mir, die Motive desselben mit einigen Worten zu resumiren.

„Den Arbeitern einen wöchentlichen Ruhetag zu sichern, und diesen Tag in der zweckentsprechendsten Weise, nämlich auf den Sonntag, festzusetzen, dies ist nicht nur der Wunsch der belgischen Regierung, sondern auch das Ziel, welches sie nach dem Maße der ihr gesetzlich verliehenen Machtbefugnisse zu erreichen strebt.

„Parlamentarische Regierungen sind Sklaven der Verfassung und der Gesetze ihres Landes; es ist ihnen unmöglich, Verpflichtungen einzugehen, welche den Bestimmungen der Verfassung oder den Grundsätzen, auf welchen die Gesetzgebung beruht, zuwiderlaufen. Daher rührt, wie der Bericht des Herrn Landammann Blumer aus= einandersetzt, die Unmöglichkeit, in welcher sich die belgische Regierung befindet, „auf dem Wege der Gewalt" die Verwirklichung der in den §§ 2, 3 und 4 ausgesprochenen Wünsche zu verfolgen.

„Die belgische Delegation hätte sich also diesen Wünschen in ihrer ursprünglichen Gestalt nicht anschließen können, und wenn die Redak= tion, deren springenden Punkt die Worte „durch das Gesetz" bilden, aufrecht erhalten worden wäre, so hätte das ablehnende Votum der bel= gischen Regierung ihr in den Augen Vieler den Anschein gegeben, daß sie eine Widersacherin der Sonntagsruhe sei, während sie doch für dieselbe ist.

„Sie haben begriffen, wie seltsam diese Lage gewesen wäre, und haben dem Texte der §§ 2, 3 und 4, welcher nunmehr zur Ab= stimmung vorliegt, eine Fassung gegeben, welche es der belgischen Regierung gestattet, derselben ihre Zustimmung zu ertheilen. Ich danke Ihnen hierfür in ihrem Namen."

Von Seiten Spaniens:

„Die spanischen Delegirten, welche nicht allen Sitzungen der zweiten Kommission beiwohnen konnten, sind geneigt, für den § 2 der ersten Frage, welcher besagt, es sei wünschenswerth, unbeschadet der in jedem Lande nothwendigen Ausnahmen und Fristen, daß allen Industrie = Arbeitern ein Ruhetag gesichert sei, zu stimmen, jedoch mit dem Vorbehalte der Auffassung, daß dieser Ruhetag durch Privatabmachungen, durch die Einwirkung des Staates auf die bei den öffentlichen Arbeiten beschäftigten Arbeiter, sowie durch jedes andere Mittel gesichert werde, welches den erwachsenen Ar= beitern, die in Privatanlagen arbeiten wollen, nicht den Ruhetag a fortiori aufnöthigt."

Von Seiten der Niederlande:

„Die niederländische Delegation macht darauf aufmerksam, daß das niederländische Gesetz keine Regeln über die Arbeit der erwachsenen Arbeiter männlichen Geschlechtes enthält; mithin bezieht sich die Dele= gation auf die von ihr vor der zweiten Kommission abgegebene Er= klärung."

Von Seiten Portugals:

„Die portugiesische Delegation stimmt den Beschlüssen 2, 3 und 4 des Berichtes über die Sonntagsarbeit unter dem in der Kommission erhobenen Vorbehalt bezüglich der erwachsenen Arbeiter zu."

Luxemburg schließt sich der Erklärung Belgiens an.

§ 3: „Daß dieser Ruhetag für die geschützten Personen auf den Sonntag festgesetzt werde"

wird einstimmig angenommen mit folgendem Vorbehalte seitens der Niederlande:

„Die niederländische Delegation macht darauf aufmerksam, daß das niederländische Gesetz den Angehörigen einer Religion, welche nicht den Sonntag als Ruhetag feiern, gestattet, diesen wöchentlichen Ruhetag auf jeden anderen von ihrem Kultus bestimmten Tag fest= zusetzen; die Delegation bezieht sich dem zu Folge auf ihre bezügliche Erklärung vor der dritten Kommission."

§ 4: „Daß dieser Ruhetag für alle Industrie=Arbeiter auf den Sonntag festgesetzt werde" wird einstimmig angenommen.

Spanien und Portugal nehmen auf die bereits gemachten Vorbehalte Bezug.

Der luxemburgische Delegirte erklärt, daß er unter den in der Kommission geltend gemachten Vorbehalten rücksichtlich des in der luxemburgischen Verfassung enthaltenen Verbotes, die Sonntagsruhe durch Gesetz zu regeln, für den Paragraphen stimme.

Die italienische Delegation kündigt an, daß sie zur Begründung ihres Votums eine Schlußerklärung abgeben werde.

Frankreich enthielt sich der Abstimmung.

Der Vorsitzende bringt die zweite Frage, welche in zwei Para= graphen zerfällt, zur Abstimmung.

„Ausnahmen sind zulässig:

a) „hinsichtlich der Betriebe, welche aus technischen Rücksichten eine ununterbrochene Produktion erheischen oder welche das Publikum mit unentbehrlichen Lebensbedürfnissen, deren Fabrikation eine tägliche sein muß, versorgen."

Die Konferenz nimmt den Paragraphen einstimmig an, mit Aus= nahme von Großbritannien, welches sich der Abstimmung enthält.

Deutschland glaubt die Tragweite des in Rede stehenden Para= graphen dahin auslegen zu sollen: „daß die Ausnahme a) sich auf Arbeiten erstreckt, welche zur Sicherung eines regelmäßigen Betriebes unerläßlich sind".

Herr Staatsminister Jacobs begründet im Namen Belgiens sein bejahendes Votum wie folgt:

„Die beantragte Fassung zählt einige Ausnahmen von der Regel über die Sonntagsruhe auf, Ausnahmen, welche als zulässig erklärt werden. Die belgische Delegation erhebt keine Einwendung dagegen, da ihr keine dieser Ausnahmen als unzulässig erscheint. Aber dieses günstige Votum — ich brauche es kaum zu sagen — schließt keine Zustimmung zur Reglementirung der Sonntagsruhe auf dem Wege der Gewalt in sich."

Der Vorsitzende bringt den § 2 zur Abstimmung:

b) „Hinsichtlich der Betriebe, welche ihrer Natur nach nur in bestimmten Jahreszeiten arbeiten können oder von der un= regelmäßigen Thätigkeit elementarer Betriebskräfte abhängig sind. Es ist wünschenswerth, daß selbst in den Anlagen dieser Kategorie jeder Arbeiter auf zwei Sonntage einen frei hat."

Es findet über jeden Absatz eine besondere Abstimmung statt; beide werden einstimmig angenommen. Großbritannien enthält sich beider Abstimmungen und Spanien wiederholt den oben erwähnten Vor= behalt.

Durch Vermittelung des Herrn Tolain giebt Frankreich folgende Erklärung ab:

„Frankreich ist der Meinung, daß Ausnahmen nöthig sind, aber in den §§ 2 und 3 sind diese Ausnahmen in eine Form gebracht, welche ebensowohl erwachsene Personen, als diejenigen, welche unter dem Schutze des Gesetzes stehen, nämlich Kinder und minderjährige Mädchen umfaßt.

„Nun besteht in Frankreich das Gesetz vom Jahre 1874, welches ein unbedingtes Verbot der Sonntagsarbeit für Kinder enthält, mit einer einzigen Ausnahme, nämlich derjenigen, welche die Reinigung der Dampfkessel betrifft.

„Wir können also die oben ausgesprochenen Wünsche nur als ein Minimum ansehen, und es liegt uns daran, festzustellen, daß schon unsere gegenwärtige Gesetzgebung den Kindern und minderjährigen Mädchen einen viel wirksameren Schutz angedeihen läßt.

„Unter diesen Vorbehalten nehmen wir den Wunsch No. 2 im Ganzen an."

Die Schweiz schließt sich der Meinung Frankreichs an.

Der Vorsitzende unterbreitet den § 3 der Abstimmung:

„Zu dem Zwecke, die Ausnahmen nach gleichartigen Gesichtspunkten festzusetzen, ist es wünschenswerth, daß ihre Bestimmung auf
Grund einer Verständigung zwischen den verschiedenen Staaten erfolge."

Zehn Staaten sind der Annahme günstig, Frankreich enthält sich
der Abstimmung; vier Stimmen werden dagegen abgegeben (Belgien, Spanien, Großbritannien, Italien).

Herr Jacobs begründet die Abstimmung Belgiens folgendermaßen:

„Das verneinende Votum Belgiens beruht auf zwei Gründen:
In Belgien kann die Sonntagsruhe auf dem Wege der Gewalt nicht
geregelt werden; selbst wenn dem nicht so wäre, müßten diese Ausnahmen nach den Bedürfnissen des Landes, welche zu beurtheilen
dem alleinigen Ermessen der nationalen Gesetzgebung überlassen sein
muß, festgesetzt werden."

Die italienische Delegation giebt sodann den Wortlaut der durch
Herrn Boccardo angekündigten Erklärung bekannt:

„Ueber die Probleme betreffend das Verbot der Sonntagsarbeit
muß die italienische Delegation bemerken, daß die technischen Folgen
eines solchen Verbotes noch nicht genügend geprüft worden sind, und
daß jedenfalls mehrere Ausnahmen nothwendig sein würden. In Anbetracht der Mannigfaltigkeit dieser Ausnahmen, der Verschiedenheit und
beständigen Veränderlichkeit des Gegenstandes müßten dieselben, wenigstens auf eine gewisse Zeit, durch Verordnungen der ausführenden Gewalt
eines jeden Staates festgesetzt werden. In diesem Sinne also hat die
italienische Delegation ihre Zustimmung zu den vorhergehenden Anträgen gegeben, weil dieselben als die Kundgebung des Strebens nach
einem Ziele, welches noch nicht erreicht werden kann, angesehen werden
müssen.

„Außerdem muß die italienische Delegation die Erklärung, welche
sie schon in der Kommission abgegeben hat, bestätigen, nämlich daß
in den Antworten auf die erste Frage keine Verpflichtung dafür zu
erblicken sei, den wöchentlichen Ruhetag durch das Gesetz zu regeln.
Aus eben diesem Grunde muß die italienische Delegation mit „Nein"
über die dritte Frage stimmen."

Der Vorsitzende eröffnet die Spezialdiskussion bezüglich der in dem Bericht über die Arbeit der Kinder und der jugendlichen Arbeiter enthaltenen Resolutionen.

Sir John Gorst hält im Namen der Delegation Großbritanniens folgende Ansprache:

„Die Delegirten Großbritanniens sind der Ansicht, daß die Kon= ferenz nicht die Verantwortung auf sich nehmen sollte, zuzugeben, daß die Altersgrenze für die Arbeit der Kinder in den südlichen Län= dern auf zehn Jahre festgesetzt werde. Die Grenze von zwölf Jahren sei allgemein von der Konferenz angenommen worden in Anbetracht dessen, was die physische, sittliche und intellektuelle Entwickelung der Kinder fordert.

„Namentlich deshalb, weil beschränktere Fristen nicht genügen würden, den nothwendigen Elementarunterricht zu ertheilen, und gute Bürger heranzubilden, sollten gerade diese ersten Lebensjahre der Erziehung gewidmet werden. Wenn die Vertreter der südlichen Länder der Ansicht sind, daß es unter den dortigen Verhältnissen möglich sei, diese Periode für die Kinder abzukürzen, so müßten sie von selbst Maßregeln in diesem Sinne treffen und nicht der Konferenz die Verantwortlichkeit einer internationalen Sanktion aufbürden.

„Obgleich die großbritannischen Delegirten vollkommen mit den Gründen sympathisiren, welchen der vierte Vorschlag seinen Ursprung verdankt, nämlich daß die Kinder zunächst den Vorschriften über den Elementarunterricht genügen müssen, müssen sie dennoch mit Bedauern konstatiren, daß sie für diesen Artikel in seiner gegenwärtigen Fassung wegen der in ihrem Lande herrschenden Gesetzgebung nicht stimmen können. Das Fabrikgesetz (Factory Act) stellt den Kindern keine vor= gängige Bedingung in Betreff des Elementarunterrichts, aber als Garantie der guten Erziehung in Arbeiterfamilien ist es den Eltern und Arbeitgebern strengstens verboten, ein Kind zur Arbeit anzu= halten, es sei denn, daß es während der Hälfte des Tages oder während eines vollen Tages auf zwei Tage, eine Elementarschule be= sucht. Es ergiebt sich daraus, daß ungenügend unterrichtete Kinder von dem Augenblicke an, wo sie in gewerbliche Anlagen eintreten, genöthigt sind, den Schulbesuch fortzusetzen, damit ihnen die fehlende Schulbildung zu Theil werde. Dieses System, welches „half-time-system" genannt wird, hat während mehr als vierzig Jahren sehr gute Resultate erzielt, weshalb wir dasselbe nicht unüberlegter Weise abändern wollen. Hierdurch, sowie durch die Bestimmungen des Schul=gesetzes (Education Act) glauben wir das von der Konferenz angestrebte Ziel thatsächlich zu erreichen. Deshalb können wir auch für die vierte Resolution in ihrer jetzigen Fassung nicht stimmen.

„Die großbritannischen Delegirten haben für die Wünsche der dritten Kommission, welche die tägliche Arbeit der Kinder, der jugend=lichen Arbeiter und Frauen begrenzt, ihre Stimme abgegeben; gern hätten sie diese Wünsche noch mehr erweitert. Sie sind der Meinung, daß die Bestimmungen der Factory and Workshops Act 1878 allen Wünschen der Konferenz Genüge leisten, obgleich sie in den Einzel=heiten vielfach abweichen. Wir erlauben uns, der Konferenz in Erinnerung zu bringen, daß unser englischer „Act" das Produkt einer beinahe hundertjährigen Erfahrung ist und daß er gleichsam einen durch die Vermittelung der Regierung geschlossenen Vertrag zwischen Arbeitgebern und Arbeitern darstellt.

„Durch die Bestimmungen dieses „Act" sind die Arbeiten der Kinder, der jugendlichen Arbeiter und Frauen mit peinlichster Vor=sicht auf gewisse Stunden beschränkt, welche in der eingehendsten Weise bestimmt sind. Die nothwendigen Ruhepausen und der „half-holiday" des Sonnabends sind für alle Gewerbe nach folgendem System vorgeschrieben:

„Kinder dürfen in keinem Gewerbe mehr als 60 Stunden in 14 Tagen und in den Textilgewerben nur 56½ Stunden arbeiten, was für erstere einem Durchschnitt von 5 Stunden täglich gleich=kommt und für letztere noch weniger ausmacht; es ist aber möglich, daß ein Kind von mehr als 13 Jahren früher den „status" eines jugendlichen Arbeiters erwirbt, wenn es den Bedingungen des Ele=mentarunterrichts Genüge geleistet hat."

„Jugendliche Arbeiter und Frauen arbeiten nur 60 Stunden wöchentlich, und in den Textilgewerben nur 56½ Stunden; das macht für erstere einen Durchschnitt von täglich 10 Stunden und für letztere noch weniger aus.

„Wir können für Großbritannien die Verpflichtung übernehmen, daß unsere Regierung treu dem, was sie in der Vergangenheit ge= leistet hat, sich in der Zukunft den von der Konferenz aufgestellten wohlthätigen Grundsätzen mit Entschlossenheit anpassen, wenn nicht sogar denselben voraneilen wird."

Herr Boccardo erinnert, daß die italienischen Delegirten vor der dritten Kommission die Gründe angegeben haben, aus welchen in den südlichen Ländern die Zulassung der Kinder in den Fabriken min= destens um zwei Jahre früher erfolgen dürfe, als in den nördlichen Ländern. Uebrigens verpflichten die bestimmten Instruktionen ihrer Regierung die Delegation, in allen Fragen, welche die Arbeit der Kinder und der jugendlichen Arbeiter berühren, ihr Votum von dieser Bedingung abhängig zu machen.

Die Konferenz schreitet zur Abstimmung über die sieben Artikel der ersten Resolution.

„Es ist wünschenswerth:

1. „daß Kinder beiderlei Geschlechts, welche ein be= stimmtes Alter noch nicht erreicht haben, von der Arbeit in gewerblichen Anlagen ausgeschlossen seien."

Einstimmig angenommen.

2. „daß diese Altersgrenze auf 12 Jahre festgesetzt werde mit Ausnahme der südlichen Länder, wo sie auf 10 Jahre herabgesetzt werden soll."

Auf den Vorschlag des Vorsitzenden beschließt die Konferenz, über jeden Theil des Satzes gesondert abzustimmen. In Anbetracht dieser Eintheilung glaubt der italienische Delegirte seine Abstimmung sich vorbehalten zu müssen.

Der erste Theil des Artikels wird einstimmig angenommen, drei Staaten enthalten sich der Abstimmung (Dänemark, Spanien, die Schweiz). Die eidgenössischen Delegirten erklären, daß ihr Land, nach=

dem es die Grenze von 14 Jahren beantragt habe, für die vorliegende Resolution nicht stimmen könne.

Der zweite Theil wird mit 8 gegen 2 Stimmen (Großbritannien, die Schweiz) angenommen. Belgien, Dänemark, Frankreich, Schweden und Norwegen enthalten sich der Abstimmung.

Herr Jacobs erörtert, daß Belgien, welches in der Kommission dafür gestimmt hätte, sich nach reiflicher Ueberlegung aus Mangel an genügenden Unterlagen zur Beurtheilung der Zustände in den südlichen Ländern der Abstimmung enthalte.

Im Namen der französischen Vertreter giebt Herr Burdeau bekannt, daß die Delegation sich der Abstimmung enthalte, weil Frankreich in der Frage nicht interessirt sei und sich darauf beschränke, den von den südlichen Ländern ausgesprochenen Wunsch zu konstatiren.

3. „daß diese Altersgrenzen für alle gewerblichen Anlagen die nämlichen seien und in dieser Beziehung keine Unterscheidung gemacht werde."
Einstimmig angenommen.

Die österreichische Delegation legt Gewicht darauf, festzustellen, daß sie nach den Gesetzen ihres Landes nur Fabriken und Hüttenwerke als „gewerbliche Anlagen" ansieht.

4. „daß die Kinder den Vorschriften über den Elementarunterricht vorher genügt haben."

Mit 11 gegen 2 Stimmen (Dänemark, Großbritannien) angenommen. Belgien und die Niederlande enthielten sich der Abstimmung.

Die dänische Delegation wünscht die Gründe anzugeben, welche ihr ein verneinendes Votum abnöthigen:

„Gemäß dem in Dänemark gegenwärtig zu Recht bestehenden Gesetze über den Elementarunterricht würde durch eine derartige Bestimmung die Altersgrenze bis zum 13., und in vielen Fällen sogar bis zum 14. Jahre erhöht werden."

Großbritannien begründet sein verneinendes Votum mit dem Entschlusse, sein „half-time-system" aufrecht zu erhalten.

Im Namen der belgischen Delegation setzt Herr Jacobs Folgendes auseinander:

„Es stand in dem Programme der Konferenz nichts, was vorhersehen ließ, daß auf derselben Fragen bezüglich des Elementarunterrichts angeregt werden würden. Dies ist für die belgischen Delegirten der erste Grund gewesen, sich der Abstimmung zu enthalten.

„Der zweite Grund ist der: Die vorliegende Bestimmung kann sich nur auf die Länder beziehen, welche den Schulzwang in ihre Gesetzgebung aufgenommen haben; dieselbe berührt also Belgien nicht, welches die Entwickelung des Elementarunterrichtes durch die befruchtende Wirkung der Freiheit anstrebt."

Die niederländische Delegation begründet ihre Enthaltung bei der Abstimmung in ähnlicher Weise.

5. „daß Kinder, welche das 14. Jahr noch nicht vollendet haben, weder Nachts noch Sonntags arbeiten dürfen."

Einstimmig angenommen.

Belgien, Luxemburg und die Niederlande beziehen sich auf ihre Vorbehalte bezüglich der Sonntagsruhe.

Der italienische Delegirte erneuert den bei § 2 geäußerten Vorbehalt hinsichtlich aller für die südlichen Länder festzusetzenden Altersgrenzen.

6. „daß ihre effektive Arbeit die Dauer von sechs Stunden täglich nicht überschreite und durch eine Pause von mindestens einer halben Stunde unterbrochen werde."

Mit einer Mehrheit von 11 gegen 3 Stimmen (Belgien, Italien, die Niederlande) angenommen. Ungarn enthielt sich der Abstimmung.

Oesterreich begründet sein bejahendes Votum, indem es sich auf die vor der Kommission angegebenen Gründe bezieht, welche in dem Berichte enthalten sind.

Im Namen der belgischen Delegation begründet Herr Jacobs das verneinende Votum derselben wie folgt:

„Ein jüngst erlassenes belgisches Gesetz bestimmt, daß die Dauer der Arbeit der Kinder von 12—16 Jahren innerhalb einer Frist von drei Jahren vom Könige festgesetzt werde, nach Anhörung eines Gut= achtens der Gewerbegerichte, der ständigen Deputationen und des Ober= Gesundheitsrathes. Das Gesetz nimmt an, daß die Dauer der Arbeit nach der Natur der Beschäftigungen und nach den Bedürfnissen der Betriebe, der Industrien, Professionen und Handwerke eine verschiedene sein werde.

„Die belgischen Delegirten würden sich mit dem Gesetze ihres Landes in Widerspruch setzen, wenn sie, dem vorgeschriebenen Ver= fahren vorgreifend, sich dem Antrage anschließen würden, die Dauer der Arbeit der Kinder von 12—14 Jahren auf sechs Stunden zu beschränken.

„Die nämlichen Gründe rechtfertigen ihr verneinendes Votum über den § 2 der Anträge betreffend die jugendlichen Arbeiter, sowie über den § 2 der Anträge bezüglich der Frauen."

Italien und die Niederlande bringen in Betreff ihres ver= neinenden Votums die in dem Berichte enthaltenen Erklärungen in Erinnerung.

7. „daß die Kinder von ungesunden oder gefähr= lichen Beschäftigungen ausgeschlossen, oder nur unter gewissen schützenden Bedingungen dabei zu= gelassen werden."

Einstimmig angenommen.

Die Konferenz tritt in die Spezialdiskussion über die Resolution bezüglich der Arbeit der jugendlichen Arbeiter in gewerblichen Anlagen ein und geht sofort zur Abstimmung über.

Es ist wünschenswerth:

1. „daß die jugendlichen Arbeiter beiderlei Ge= schlechts von 14—16 Jahren weder Nachts noch Sonntags arbeiten."

Mit 14 Stimmen gegen 1 (Italien) angenommen; Luxemburg bezieht sich auf seinen Vorbehalt über die Sonntagsruhe.

2. „daß ihre effektive Arbeit zehn Stunden täglich nicht überschreite und durch Ruhepausen in einer Gesammtdauer von mindestens anderthalb Stun= den unterbrochen werde."

Mit 10 Stimmen gegen 3 angenommen (Belgien, Italien, die Niederlande). Es enthielten sich aus den im Bericht angegebenen Gründen Oesterreich, Ungarn und die Niederlande der Abstimmung.

3. „daß für einzelne Industrien Ausnahmen zuge= lassen werden."

Mit 14 gegen 1 Stimme (die Schweiz) angenommen.

Im Namen der italienischen Delegation erklärt Herr Boccardo, daß die italienischen Delegirten unter den fraglichen Ausnahmen hauptsächlich das Gewerbe der Seidenspinnerei im Auge gehabt haben. Diese Erklärung finde auch auf alle übrigen Konferenzbeschlüsse An= wendung.

4. „daß für besonders ungesunde ·oder gefähr= liche Beschäftigungen Beschränkungen vorge= sehen werden."

Einstimmig angenommen.

5. „daß den jungen Männern von 16—18 Jahren Schutz gewährt werde in Betreff:
   a) eines Maximalarbeitstages,
   b) der Nachtarbeit,
   c) der Sonntagsarbeit,
   d) ihrer Verwendung bei ungesunden oder be= sonders gefährlichen Beschäftigungen."

Auf den Vorschlag des Vorsitzenden schreitet die Konferenz zu gesonderten Abstimmungen über die Einleitung und die vier Unter= abtheilungen des Antrages.

Für Belgien erklärt Herr Jacobs:

„Das belgische Gesetz bestimmt die äußerste Grenze des Schutzes für jugendliche Arbeiter männlichen Geschlechtes auf 16 Jahre.

Dieses Gesetz wurde eben erst erlassen. Die Konferenz wird es begreiflich finden, daß die belgischen Delegirten von demselben nicht abgehen können."

Einleitung und Unterabtheilung a) werden mit 12 gegen 3 Stimmen (Belgien, Italien, die Niederlande) angenommen.

Deutschland giebt bezüglich der Unterabtheilung a) ein bejahendes Votum ab, jedoch unter dem Vorbehalte, daß die Beschränkung des Arbeitstages nur aus gesundheitlichen Rücksichten geschehe und diese Beschränkung diejenige nicht überschreite, welche bereits für den Arbeitstag der Frauen und Mädchen über 21 Jahre vorgesehen wurde.

Unterabtheilung b) wird mit einer Mehrheit von 10 gegen 3 Stimmen (Belgien, Italien, die Niederlande) angenommen. Oesterreich und Ungarn enthalten sich unter Bezugnahme auf die vor der Kommission auseinandergesetzten Gründe der Abstimmung.

Unterabtheilung c) wird mit 12 gegen 3 Stimmen (Belgien, Luxemburg, die Niederlande) angenommen. Letzterer Staat erklärt sein verneinendes Votum damit, daß die niederländischen Arbeitsgesetze männlichen Personen in einem Alter von mehr als 16 Jahren die Sonntagsarbeit nicht verbieten, wogegen das Gesetz über die Sonntagsruhe die öffentliche Arbeit an diesem Tage mit einigen Ausnahmen im Allgemeinen untersagt.

Unterabtheilung d) wird mit 14 Stimmen gegen diejenige der Niederlande angenommen.

Herr Jules Simon erklärt, daß Frankreich diesem Wunsche zustimmt unter Vorbehalt der Bemerkungen, welche es bei der Berathung über die Bergwerke vorbringen wird, damit kein Widerspruch zwischen beiden Abstimmungen stattfinde.

Nunmehr wird die Resolution über die Arbeit der Frauen in gewerblichen Anlagen der Konferenz zur Prüfung unterbreitet.

Die portugiesische Delegation erneuert ihre Vorbehalte und die Erklärungen, welche sie vor der Kommission bezüglich der Frauen in einem Alter von mehr als 21 Jahren abgegeben hat.

9*

Herr Jules Simon macht darauf aufmerksam, daß die vor=
geschlagene Fassung zwei Fragen vereinige: die eine bezieht sich auf
Mädchen und Frauen unter 21 Jahren und die andere auf er=
wachsene Frauen. Die Abstimmung über jede Frage fiel in der
Kommission verschieden aus, es könne dasselbe auch in der Plenar=
sitzung geschehen. Frankreich seinerseits stimmt mit „Ja" über
den ersten und mit „Nein" über den zweiten Punkt. Er bittet daher
um Theilung beider Fragen.

Auf die von Herrn Jacobs vorgebrachte Bemerkung, daß die
Abstimmung über den Sonntag eine Wiederholung der bereits er=
folgten Abstimmungen über die Anträge der zweiten Kommission sei,
beschließt die Konferenz, daß die Sonntagsfrage, als bereits entschieden,
sowohl von der Berathung als von der Abstimmung ausgeschlossen
sein soll und erklärt sich mit der von Herrn Jules Simon begehrten
Theilung einverstanden.

Es wird sodann über die verschiedenen Paragraphen abgestimmt:

„Es ist wünschenswerth:

1. a) „daß Mädchen und Frauen von 16—21 Jahren
    Nachts nicht arbeiten."

Einstimmig angenommen. Spanien enthält sich der Ab=
stimmung.

1. b) „daß Mädchen und Frauen in einem Alter von
    über 21 Jahren Nachts nicht arbeiten."

Mit 8 gegen 5 Stimmen (Belgien, Spanien, Frankreich, Italien,
Portugal) angenommen. Dänemark und Schweden enthielten sich der
Abstimmung.

Die von Herrn Jacobs bezüglich seines verneinenden Votums
abgegebene Erklärung lautet:

„Die vorliegende Resolution beschränkt die Dauer der Arbeit der
Frauen ohne Rücksicht auf deren Alter. Das belgische Gesetz vom
13. December 1889 beruht auf dem Grundsatz der Arbeitsfreiheit für
erwachsene Personen, welches Geschlechtes sie auch seien. Die belgischen
Delegirten würden sich mit den Gesetzen ihres Landes in Widerspruch

setzen, wenn sie die mündige Frau der unmündigen gleichstellen würden; daher ihr verneinendes Votum."

Spanien stimmte ebenfalls gegen den Antrag, weil seine Delegirten der Meinung sind, daß es sich empfehle, Mädchen und Frauen über 16 Jahren einen gewissen Schutz angedeihen zu lassen bezüglich der Nacht = und Sonntags = Arbeit, daß man aber die Handlungs= freiheit derjenigen nicht antasten solle, welche sich im Vollbesitz ihrer juridischen Selbständigkeit befinden.

2. „daß ihre effektive Arbeit elf Stunden täglich nicht überschreite und durch Ruhepausen in einer Gesammtdauer von mindestens anderthalb Stun= den unterbrochen werde."

Mit 9 gegen 2 Stimmen (Belgien, Italien) angenommen. Dänemark, Spanien, Ungarn und Portugal enthielten sich der Ab= stimmung.

Frankreich stimmt dafür unter Vorbehalt der von ihm gemachten Unterscheidung zwischen minderjährigen und erwachsenen Personen.

Obgleich Großbritannien mit „Ja" stimmt, bedauert es, daß die Resolution in dem Sinne des Schutzes nicht weit genug gehe.

Die Niederlande beziehen sich auf die vor der Kommission ge= machten Vorbehalte in Betreff der Gesammtdauer der Ruhepausen.

Schweden stimmt ebenfalls zu mit einem Vorbehalte bezüglich der Frauen über 21 Jahren. Norwegen thut ein Gleiches.

3. „daß für gewisse Industrien Ausnahmen zuge= lassen werden."

Mit 13 Stimmen gegen diejenige der Schweiz angenommen. Portugal enthält sich der Abstimmung.

4. „daß für besonders ungesunde oder gefähr= liche Beschäftigungen Beschränkungen vorge= sehen werden."

5. „daß Wöchnerinnen erst vier Wochen nach ihrer Entbindung wieder zur Arbeit zugelassen werden."

Die Annahme der beiden letzten Paragraphen erfolgt einstimmig.

Der Vorsitzende theilt mit, daß der Bericht der Kommission über die Arbeit in den Bergwerken noch nicht fertig sei und befragt die Konferenz darüber, ob sie die Prüfung der von der vierten Kommission beantragten Wünsche nicht sofort vornehmen wolle.

Herr Tolain bemerkt, daß es sich empfehlen dürfte, erst nach Verlesung aller anderen Berichte in diese Verhandlung einzutreten.

Dänemark äußert sich in gleichem Sinne.

Auf den Wunsch des Herrn Santamaria, welcher seine in den Kommissionen gemachten Vorbehalte wiederholt, erklärt der Vorsitzende, daß die Kommissionsberichte den Sitzungsprotokollen als Anlage beigegeben werden sollen.

Endlich beschließt die Konferenz, auf den Vorschlag des Vorsitzenden, am nächsten Tage Vormittags 11 Uhr zu einer neuen Plenarsitzung zusammenzutreten.

Die Sitzung wird um 5 Uhr geschlossen.

Freiherr von Berlepsch. Magdeburg. G. Kopp. Reichardt. Lohmann. Hauchecorne. Landmann. Freiherr Heyl von Herrnsheim. Ed. Koechlin.

Weigelsperg. Dr. Migerka. Plappart. Dr. Haberer. Schnierer. Graenzenstein. Joseph Szterényi.

Greindl. V. Jacobs. Emil Harzé. Baron A. t'Kind de Roodenbeke.

C. F. Tietgen. Haldor Topsöe. Ludwig Bramsen.

Manuel Fern. de Castro. Vte Santamaria de Paredes.

Jules Simon. H. Tolain. A. Burdeau. Linder. V. Delahaye.

John E. Gorst. Charles S. Scott. W. H. Houldsworth. David Dale.

G. Boccardo. V. Ellena. L. Bodio.

A. Brasseur.

F. P. van der Hoeven. Snyder van Wissenkerke.
H. W. E. Struve.

Ernesto Madeiro Pinto. J. P. Oliveira Martins.

W. von Tham. E. Christie.

E. Blumer. Dr. Kaufmann.

Zur Beglaubigung:

Dr. Kayser.
Dr. Fürst.
Alfred Dumaine.
Graf von Arco-Valley.

Anlage zu Protokoll No. 5.

Rede des Herrn Delahaye,
Delegirten der französischen Regierung.

Herr Präsident! Meine Herren Delegirten!

In dem Augenblick, da eine Diskussion über ein Thema eröffnet wird, welches die Arbeiter ganz besonders angeht, bitte ich um die Erlaubniß, so kurz wie möglich das Resultat meiner Erfahrungen über die Verhältnisse und Bedürfnisse der Arbeiter vortragen zu dürfen.

Während der 1400 Jahre des Mittelalters waren die Beförderungs= und Verkehrsmittel wenig entwickelt, die Produktion war auf die Lokalbedürfnisse begrenzt und blieb beschränkt. Jeder Arbeiter war der Eigenthümer seines bescheidenen Handwerkszeugs und erhielt den vollen Werth des Ertrages seiner Arbeit. Die Lohnarbeit war ein ausnahmsweiser und vorübergehender Fall, das numerische Verhältniß zwischen Lohnarbeitern und Meistern stellte sich wie eins zu zehn. (Heute ist das Verhältniß umgekehrt; in den Vereinigten Staaten von Nordamerika, in Großbritannien und in Frankreich entfallen zwölf Lohnarbeiter auf einen Arbeitgeber.) In ganz Europa hatten diese kleinen Handwerker, welche von dem Ertrag ihrer Arbeit lebten, ein direktes Interesse daran, den Arbeitstag nicht über Gebühr zu verlängern. Um ihre Familie zu ernähren und sich gegen die Ungewißheit des kommenden Tages sowie die Zufälle des Alters zu schützen, hielten sie den Preis der Handarbeit und die Zunfttarife in einem Verhältnisse aufrecht, welches dem Preise der Lebensmittel entsprach. Da nur je ein Lohnarbeiter auf zehn Meister kam, so hatte er die Gewißheit, dereinst der Nachfolger des einen oder des anderen zu werden.

Die Umsätze, das Einvernehmen und die Beziehungen industrieller und socialer Natur waren unter so bewandten Verhältnissen leicht und dauerhaft. Die Arbeitseinstellungen, freien Coalitionen, das Auf= den=Index=setzen, die lockouts und die boycotts waren unbekannt oder ungewöhnlich.

Es wurde natürlich nicht übermäßig gearbeitet. Die Beziehungen zwischen Arbeit und Kapital waren äußerst locker, sie standen einander nicht feindlich gegenüber. Die Gewißheit des kommenden Tages, so= wie die Würde waren sichergestellt. Dieß war während 1400 Jahren die Lage der Arbeiter und der Begriff der volkswirthschaftlichen Gleichheit.

Sollte etwa damit gesagt sein, daß ich das kleine Handwerk mit seinem nothwendigen Anhange des Meister= und Zunftwesens wieder hergestellt sehen möchte? Nein, ich bin im Gegentheil davon über= zeugt, daß dies ein Ding der Unmöglichkeit ist. Es hieße ja in volkswirthschaftlicher Hinsicht, mittelmäßige und unzulängliche Mittel der Produktivität an Stelle der bewundernswerthen Macht der Ueber= produktion der modernen Großindustrie setzen zu wollen.

Damit die Lage der Arbeiter wirksam und dauernd verbessert werde, sowie um den periodischen Krisen der Ueberproduktion, welche ebenso verheerend wie die Hungersnöthe des Alterthums geworden sind, ein Ende zu setzen, halte ich eine gewerbliche Organisation, welcher die neuen Produktionsmittel der modernen Großindustrie zu Grunde liegen, für nothwendig.

Dieses wichtige desideratum kann durch eine inter= nationale Arbeitsgesetzgebung allmählich erfüllt wer= den. Dieß ist seit einem halben Jahrhundert der auf allen natio= nalen und internationalen Kongressen stets erneuerte Wunsch der Ar= beiter Europas und Amerikas gewesen.

Die Anwesenheit der Delegirten fast aller europäischen Nationen bei der Berliner Internationalen Konferenz ist dafür eine weitere Bekräftigung von höchster Wichtigkeit. Man kann sagen, ohne fürchten zu müssen, der Uebertreibung geziehen zu werden, daß wir gegenwärtig in den Thatsachen wie in den Einrichtungen der Evolution jenes großen zeitgenössischen Gedankens: „die durch die Wissenschaft besiegte Natur" beiwohnen. Derselbe wird den Menschen zum Herren seines eigenen Geschickes machen; er wird seinen Gesetzen, seinen Fortschritten, der Regelung der Arbeit, der Produktion wie der Vertheilung der Erzeugnisse eine zielbewußte Richtung und die erforderliche Organisation geben, welche den neu entstehenden wie den volkswirthschaftlichen Bedürfnissen der Gegenwart angepaßt sein wird.

Seit dem Ende des 18. Jahrhunderts, von welcher Zeit an die ersten Anfänge der Großindustrie datiren, haben sich die produktiven Kräfte, die großen Beförderungs- und Verkehrsmittel dermaßen entwickelt, die Produktion ist so sehr über die Bedürfnisse des Konsums hinausgewachsen, daß wir, um einen Begriff davon zu geben, folgende Beispiele anführen:

In der Baumwollenindustrie giebt es gegenwärtig in Europa und Amerika zusammen 100 Millionen Spindeln zum Spinnen der Baumwolle. Heutzutage genügen 188 000 Arbeiter, um dieses ungeheure maschinelle Getriebe in Thätigkeit zu setzen; vor einem Jahrhundert wären 100 Millionen Arbeiter nöthig gewesen, um zu demselben Resultate zu gelangen; das heißt mit anderen Worten, daß jede Person heute 530 mal mehr leistet als zu jener Zeit.

In der Landwirthschaft, wo die mechanischen Fortschritte langsamer waren, verrichtet der Dampfpflug die Arbeit von 100 Arbeitern bei einer Ausgabe von etwa 5 Centimes für Stunde und Pferdekraft.

Was die Beförderungsmittel betrifft, so legten früher Eilwagen durchschnittlich 8, Segelschiffe 6 Kilometer in der Stunde zurück; jetzt fahren Eisenbahnzüge mit einer Geschwindigkeit von 80, Dampfschiffe mit einer solchen von 25 Kilometern in der Stunde. Heute kommt man von Paris nach Berlin in 20 Stunden, während man vor der Erfindung der Eisenbahnen 6—7 Tage dazu brauchte. Mit den Verkehrsmitteln der Telegraphie und Telephonie können die entlegensten Völker binnen wenigen Minuten mit einander in Verkehr treten.

Was die Vermehrung der produktiven Kräfte anbelangt, so giebt es gegenwärtig 50 Millionen Pferdekraft auf unserem Planeten, eine Steigerung der mechanischen Kraft, welche derjenigen einer Milliarde Arbeiter gleichkommt.

Angesichts dieses ungeheuren Zuwachses der mechanischen Kräfte, welche die Bedürfnisse des täglichen Konsums um's Hundertsfache vergrößerten, würde es natürlich erscheinen, den Arbeitern, besonders den Kindern und Jünglingen, mehr freie Zeit zu lassen, um sie in den Stand zu setzen, sich zu unterrichten, sich in den Künsten und Wissenschaften zu vervollkommnen, sowie schließlich ihr Wohlbefinden in jeder Form zu verbessern. Dem ist aber nicht so; in gewissen Ländern werden Kinder, Jünglinge, Arbeiterinnen durch übertriebene Verlängerung des Arbeitstags über ihre Kräfte angestrengt; in anderen Ländern sind die Arbeiter jeden Alters des wöchentlichen Ruhetages beraubt. Alle Nationen für sich können sich aus Furcht vor der universellen Konkurrenz zur Herabsetzung der Dauer des Arbeitstages nicht entschließen, obgleich die Erfahrung sattsam lehrt, daß gerade die Länder mit kürzestem Arbeitstage mit dem modernen Maschinenwesen die höchste Leistungsfähigkeit erreichen; daß es diese Länder sind, die am billigsten produziren, den größten Wohlstand genießen und die am meisten gefürchteten Konkurrenten auf dem Weltmarkte sind. Außer den volkswirthschaftlichen, physischen und humanen Erwägungen, welche bei Weitem die wichtigsten sind, scheint es mir, daß gerade das Zögern und die Befürchtungen der industriellen Nationen eine allgemeine Einigung unter denselben zu dem Zwecke einer Herabsetzung und Regelung der Arbeitsdauer in gewerblichen Anlagen so sehr wünschenswerth machen.

Außer der so bedeutenden Erhöhung der Produktivität und der produktiven Kräfte ist auch der sociale Reichthum in entsprechendem Maße gestiegen, wie folgende Uebersicht zeigt, welche der zehnjährigen Statistik der Vereinigten Staaten von Nord-Amerika entlehnt ist.

Zehnjährige Uebersicht der industriellen Lage in den Vereinigten Staaten vom Jahre 1850—1880 [1].

Die Uebersicht weist für jedes der korrespondirenden Jahre aus:

1. Die Zahl der Werkstätten;
2. den jährlichen Werth der industriellen Erzeugnisse;
3. die Gesammtzahl der Lohn-Arbeiter;
4. die Vermehrung der Lohnarbeiter, welche im umgekehrten Verhältniß zu der Zahl der Werkstätten und in direktem Verhältniß zu der Anhäufung des nationalen Reichthums steht;
5. die Höhe des Gesammtkapitals, welches in der Industrie angelegt ist;
6. das Durchschnittskapital, welches jeder Arbeiter braucht, um sich die moderne Ausrüstung mit Werkzeugen zu verschaffen.

Zehnjährige Perioden	Zahl der Werkstätten und Fabriken	Richtiggestellter Werth der in den entsprechenden Jahren hergestellten Erzeugnisse der Industrie	Gesammtzahl der Lohn- arbeiter	Zunahme der Lohnarbeiter im umgekehrten Verhält- niß zu der Zahl der Arbeitgeber	Höhe des Ge- sammtkapitals, welches in Ma- schinen und Werk- zeugen, Grund- stücken und Roh- stoffen angelegt ist	Kapital, welches jeder Arbeiter zur Anschaffung von Werk- zeugen braucht
	1	2	3	4	5	6
1850	123 025	6 114 657 696,00	958 070	7	5 550 682 782	5 837
1860	140 433	11 315 170 056,00	1 311 246	9	10 411 450 115	8 739
1870	252 148	21 584 859 754,20	2 053 996	8	23 493 843 656	11 438
1880	253 852	27 922 000 000,00	2 732 596	10,7	32 171 900 000	11 770

[1] Tenth Census of the United States, Statistics of manufactures 1880. Washington.

Aus dieser Tabelle ist ersichtlich, daß von 1850—1880 die Zahl der Werkstätten nur um's Doppelte gestiegen ist. No. 2 zeigt, daß der richtig gestellte Werth der Produktion sich vervierfacht, No. 5, daß das Kapital sich versechsfacht hat. Aus diesen Bemerkungen ist zu schließen, daß die modernen Produktionsmittel die Neigung haben, sich mehr und mehr in einer kleinen Zahl von Händen zu konzentriren.

Wenn man die Zahlen der Kolonne 3 durch die korrespon= direnden der Kolonne 4 dividirt, so drücken die Quotienten 7, 9, 8 und 11 aus, daß mit der Entwickelung des Maschinenwesens die Zahl der Lohnarbeiter sich vergrößert im umgekehrten Verhältniß zu der Zahl der Werkstätten. Im Jahre 1850 kamen 7 Lohnarbeiter auf eine gewerbliche Anlage; 1860 war diese Zahl auf 9, 1880 auf 11 ge= stiegen. Das Gegentheil geht aus den Zahlen der Kolonne 5 hervor: die Zunahme der Lohnarbeiter erfolgt im direkten Verhältniß zur Vergrößerung des in der industriellen Ausrüstung angelegten Kapitals; die Ersparnisse der Arbeiter vermindern sich im Verhältniß zur An= häufung des socialen Reichthums.

Wir wollen uns die Ersparnisse der englischen Arbeiter einmal näher ansehen. Dieselben sind nach dem Direktor des statistischen Bureaus, Herrn Robert Giffen, folgendermaßen zu veranschlagen:

Diese Ersparnisse wurden sorgfältig berechnet nach den Statistiken der Baugesellschaften für Arbeiterwohnungen, der Sparkassen, der Cooperativ=Genossenschaften, der Trade Unions, der Genossenschaften für gegenseitige Hülfe und der Vorsorge, und es wurde ermittelt, daß die Ersparnisse drei Milliarden Franken betragen; es ist verhältniß= mäßig wenig im Vergleich zu den Ersparnissen der wohlhabenden Klassen des britischen Inselreiches, welche auf 212 Milliarden Franken ge= schätzt werden.

Nach demselben Gewährsmann erreicht die jährliche Anhäufung des Reichthums, d. h. der verfügbare Ertrag der Produktion die Höhe von sechs Milliarden Franken. Dieser Betrag ist gerade doppelt so groß wie die Gesammtersparnisse der englischen Arbeiter. Es geht aus diesen Wahrnehmungen hervor, daß, wenn die Regie=

rung nicht eingreift, der Arbeiter immer mehr verarmt und über=
mäßig angestrengt wird.

Es ist dieß noch nicht alles; hier folgen zwei andere aus dem
Leben gegriffene Thatsachen, welche uns bei Weitem näher liegen.

Es handelt sich um die Sparkasseneinlagen der englischen und
der französischen Arbeiter.

Die beiden nachstehenden Tabellen zeigen, daß in den letzten 45—50
Jahren die Ersparnisse des Einzelnen um 41—50 % abgenommen
haben.

Vergleichende Tabelle über die Zahl der Einleger, sowie den
Betrag der Einlagen bei den englischen Sparkassen (saving banks) in
den Jahren 1831 und 1881[1]).

	1831	1881
	Francs	Francs
Zahl der Einleger	429 000	4 140 000
Gesammtbetrag der Einlagen	342 375 252	2 258 352 525
Durchschnittseinlage pro Person	800	475
Abnahme der Ersparungen pro Person	325 Francs	
Prozentsatz der Abnahme pro Person	41 %	

Vergleichende Tabelle über die Zahl der Einleger, sowie den
Betrag der Einlagen bei den französischen Sparkassen in den Jahren
1835 und 1880.

(Statistique de la France.)

	1835	1880
	Francs	Francs
Zahl der Einleger	121 527	3 841 104
Gesammtbetrag der Einlagen	62 185 676	1 280 202 694
Durchschnittseinlage pro Person	511	333
Abnahme der Ersparungen pro Person	278 Francs	
Prozentsatz der Abnahme pro Person	50 %	

---

[1]) Essays in finance. London 1884.

Diese Tabellen zeigen auf den ersten Blick, daß für etwa ein Drittel der englischen Arbeiter, d. h. für einen Theil, welcher beziehungsweise und temporär im Wohlstande lebt, die persönliche Ersparung von 800 Frcs. im Jahre 1831 auf 475 Frcs. im Jahre 1881 gesunken war. Dies macht 325 Frcs. oder 41 % für jede Person aus. Für etwa ein Drittel der französischen Arbeiter, d. h. für einen Theil, welcher beziehungsweise und temporär im Wohlstande lebt, fiel die persönliche Ersparung von 511 Frcs. im Jahre 1835 auf 333 Frcs. im Jahre 1880, was eine Abnahme von 278 Frcs. oder 50 % für jede Person bedeutet.

Daraus kann man den Schluß ziehen, daß in dem Maße wie die großen Anlagen für Produktion, Wechsel, Transport und Verkehr sich entwickeln, abgesehen von den Krisen der Ueberproduktion und ihren Folgen, einerseits der sociale Reichthum ungeheuer zunimmt und sich in den Händen einer immer kleiner werdenden Minorität anhäuft; andererseits, daß ein Drittel der Arbeiter seine Ersparnisse immer mehr zusammenschmelzen sieht, während die große Mehrzahl sich aller Hülfsquellen beraubt sieht und allen Sorgen des kommenden Tages preisgegeben ist.

Die französische Delegation wurde mit einem bestimmten Mandat hierher geschickt, innerhalb dessen sie sich halten muß. Ich erkläre also für mich persönlich und nicht in meiner Eigenschaft als Delegirter, daß ich Anhänger einer internationalen Arbeits-Gesetzgebung, welche die Verbesserung der Lage der Arbeiter zum Gegenstande hat bin und bleibe.

D. Delahaye,

Maschinenbauer, Delegirter der Regierung der französischen Republik.

Geschehen zu Berlin, den 19. März 1890.

In Gemäßheit des Artikel 7 der Geschäftsordnung der Berliner Internationalen Konferenz, bitte ich den Herrn Vorsitzenden, sowie die Herren Delegirten ganz ergebenst um wörtliche Wiedergabe dieser meiner Arbeit.

Protokoll No. 6.

Sitzung vom 28. März 1890.

Es waren anwesend:

Für Deutschland:

Se. Excellenz Freiherr von Berlepsch, Minister für Handel und Gewerbe.

Magdeburg, Unterstaatssekretär im Ministerium für Handel und Gewerbe.

Se. Fürstliche Gnaden Dr. Kopp, Fürstbischof von Breslau.

Reichardt, Direktor im Auswärtigen Amt.

Lohmann, Geheimer Oberregierungsrath.

Dr. Hauchecorne, Erster Direktor der Bergakademie, Geheimer Bergrath.

Landmann, Oberregierungsrath im Königl. Bayer. Ministerium des Innern.

Freiherr Heyl von Herrnsheim, Geheimer Kommerzienrath.

Koechlin, Fabrikbesitzer und Staatsrath.

Für Oesterreich-Ungarn:

Baron Béla Weigelsperg, K. K. Ministerialrath im Handels-ministerium.

Dr. F. Migerka, K. K. Ministerialrath im Handelsministerium, Central-Gewerbeinspektor.

Baron August von Plappart, K. K. Ministerialrath im Ministerium des Innern.

Dr. Ludwig Haberer, Sekretär im K. K. Ackerbauministerium.

Dr. Julius von Schnierer, Ministerialrath im Königl. Ungarischen Handelsministerium.

Béla von Graenzenstein, Bergingenieur, Generaldirektor der Königl. Tabacksregie, Ministerialrath.

Josef Szterényi, Kgl. Ungarischer Gewerbeinspektor.

Dr. Schulz, Sekretär der Oesterreichisch-Ungarischen Delegation.

Für Belgien:

Baron Greindl, Außerordentlicher Gesandter und bevollmächtigter Minister.

Victor Jacobs, Staatsminister, Mitglied des Abgeordnetenhauses.

Emil Harzé, Direktor der Bergabtheilung im Ministerium für Acker-bau, Industrie und öffentliche Arbeiten.

Baron A. t'Kint de Roodenbeke, Vicepräsident des Provinzialraths von Ostflandern.

Für Dänemark:

C. F. Tietgen, Geh. Staatsrath.

H. Topsöe, Kgl. Gewerbeinspektor, Professor an der Militärakademie.

L. Bramsen, Versicherungsgesellschafts-Direktor.

Für Spanien:

Manuel Fernandez de Castro, Senator, Generalinspektor der Berg-werke.

Vicente Santamaria de Paredes, Abgeordneter und Generaldirektor des öffentlichen Unterrichts.

Für Frankreich:

Jules Simon, Senator.

Tolain, Senator.

Burdeau, Abgeordneter.

Linder, Vizepräsident des Oberbergraths.

Victor Delahaye, Maschinenbauer.

Jacquot, Französischer Generalkonsul in Leipzig.

Laporte, Kreisinspektor der Kinderarbeit in Fabriken.

Pellé, Bergingenieur.

A. Lebon, Sekretär der Französischen Delegation.

Für Großbritannien:

The Rt. Hon. Sir John Gorst, Mitglied des Parlaments, Unter=
staatssekretär für Indien.

Charles S. Scott, C. B., Außerordentlicher Gesandter und bevollmäch=
tigter Minister Ihrer Britischen Majestät in der Schweiz.

Sir William H. Houldsworth, Baronet, Mitglied des Englischen
Parlaments.

David Dale, Bergwerksbesitzer.

T. Burt, Mitglied des Parlaments, Schriftführer des Bergarbeiter=
verbandes.

T. Birtwistle, Schriftführer des Arbeiterverbandes der Textilindustrie.

F. H. Whymper, Ober=Gewerbeinspektor.

J. Burnett, Abtheilungsvorstand im Arbeitsamte.

Für Italien:

Gerolamo Boccardo, Senator und Staatsrath.

Vittorio Ellena, Abgeordneter und Staatsrath.

Luigi Bodio, Generaldirektor der Statistik des Königreichs Italien.

Bonaldo Stringher, Abtheilungsvorstand im Finanzministerium.

Guiseppe Majorana Calatabiano, Professor an der Kgl. Universität
Messina, Rechtsanwalt bei dem Kgl. obersten Gerichtshof in Rom.

Mario Mancini[1]), Redakteur der Protokolle des Abgeordnetenhauses
in Rom.

Für Luxemburg:

Dr. Alexis Brasseur, Abgeordneter und Bergwerksbesitzer.

Für die Niederlande:

Jonkheer F. P. van der Hoeven, Außerordentlicher Gesandter und be=
vollmächtigter Minister.

Dr. Snyder van Wissenkerke, Direktor im Justizministerium.

H. W. E. Struve, Fabrikinspektor.

---

[1]) Die Herren Stringher, Majorana Calatabiano und Mancini
waren als Schriftführer der italienischen Delegation anwesend.

Für Portugal:

Ernesto Madeira Pinto, Rath und Generaldirektor des Handelsamtes.

J. P. de Oliveira Martins, Administrator der Tabacksregie, ehe=
maliger Abgeordneter.

Für Schweden und Norwegen:

W. von Tham, Mitglied der Ersten Kammer des Schwedischen Landtags.

E. Christie, Generalsekretär im Ministerium des Innern in Christiania.

Graf Wrangel, Sekretär der Schwedisch=Norwegischen Delegation.

Für die Schweiz:

Dr. F. Kaufmann, Erster Sekretär des Eidgenössischen Industrie=
Departements.

Bonjour, Schriftführer der Eidgenössischen Delegation.

Die Sitzung wird unter dem Vorsitz Sr. Excellenz des Herrn
Freiherrn von Berlepsch um 11 Uhr eröffnet.

Der Vorsitzende ersucht die Konferenz, in eine Berathung über
das Ganze der von der Bergwerkskommission vorgelegten Resolutionen
einzutreten.

Der deutsche Delegirte, Herr Hauchecorne, giebt einige Erläute=
rungen der Aktenstücke, welche aus der Kommission, deren Vor=
sitzender er war, hervorgegangen sind. Ein summarischer Bericht war
schon zur Vertheilung gelangt, als Belgien mit dem Verlangen nach
einer Abänderung in der Fassung des Antrages d) der Frage 3
hervortrat; daher mußte die Kommission eine nachträgliche Sitzung
behufs Berathung der neuen ihr unterbreiteten Fassung abhalten.

Die Kommission hat beschlossen, nach den Worten: „Institutionen
der Vorsorge" den Zusatz zu machen: „und der Hülfe, welche
im Einklang mit den Gewohnheiten eines jeden
Landes organisirt und ....." Sie benutzte diese Gelegen=
heit, um den Punkt e) derselben Frage durch Streichung der

10*

Worte „in Genossenschaften geeinten", sowie „und gegenseitig"
zu berichtigen. (Siehe den Nachtragsbericht der Bergwerks=
kommission.) Die Verhandlung kann über den so abgeänderten
Wortlaut vor sich gehen. Ueberdies hielt es die Kommission für
nützlich, einen analytischen Bericht über ihre Berathungen zu ver=
fassen, um die Gründe, welche sie in ihren Resolutionen geleitet haben,
besser bekannt zu machen.

Im Namen Schwedens ergreift Herr von Tham das Wort:

„Da ich keine Gelegenheit gehabt habe, den Berathungen der
ersten Kommission, welcher die Prüfung der Frage über die Berg=
werksarbeit oblag, beizuwohnen, so liegt mir daran in der Plenar=
sitzung zu erklären, daß die schwedische Gesetzgebung in den wichtigsten
Theilen mit den von der ersten Kommission gefaßten Resolutionen über=
einstimmt, und daß ich somit meine Zustimmung ertheilen kann."

Im Namen Portugals giebt Herr de Oliveira Martins fol=
gende Erklärung ab:

„Obgleich die Delegation Portugals in der Bergwerkskommission
nicht vertreten war, genehmigt sie nichtsdestoweniger die Beschlüsse der
besagten Kommission mit dem Vorbehalt der Rechte der Arbeiter
beiderlei Geschlechts, welche, nachdem sie im Vollbesitz ihrer bürger=
lichen Rechte gelangt, Schutzgesetzen nicht unterworfen werden können."

Da die Diskussion erschöpft ist, theilt der Vorsitzende mit, daß
die Konferenz zur Abstimmung schreiten werde.

Herr Tietgen erklärt, daß die dänische Delegation sich der
Abstimmung über die Fragen bezüglich der Bergwerksarbeit all=
gemein enthalten wird, da in ihrem Lande diese Industrie nicht
besteht.

Es gelangt Paragraph a) der Frage 1 zur Abstimmung:

„Es ist wünschenswerth:

a) daß die untere Altersgrenze, innerhalb welcher die Kinder zu
den unterirdischen Arbeiten in Bergwerken zugelassen werden
können, allmählich auf 14 volle Jahre erhöht werde, je nach=
dem die Möglichkeit der Erhöhung durch die Erfahrung er=
wiesen sein wird."

Die Annahme erfolgt mit 13 Stimmen. Dänemark und Spanien enthalten sich der Abstimmung.

Herr Baron Greindl läßt sich im Namen Belgiens wie folgt vernehmen:

„Die belgischen Delegirten konnten sich dem Wunsche anschließen, daß den Kindern unter 14 Jahren die unterirdische Arbeit in Berg= werken verboten werde, weil dieser Wunsch in einer Weise formulirt ist, um den Gedanken einer vorzeitigen oder unüberlegten Aenderung, unter welcher die Kohlenindustrie leiden könnte, auszuschließen.

„Ein ganz kürzlich [in Belgien erlassenes Gesetz bestimmt das Alter, in welchem es den Kindern gestattet ist, in Bergwerken einzu= fahren, auf zwölf Jahre. Dies ist das Maximum dessen, was die gegen= wärtige Lage unserer Kohlenindustrie verträgt. Erst die Anwendung dieses Gesetzes kann uns lehren, ob es später möglich sein wird, einen Schritt weiter zu gehen, oder nicht. Unter allen Ländern, welche Kohlenlager besitzen, ist Belgien dasjenige, wo die Arbeit am schwierig= sten und die Durchschnittsförderung eines jeden Arbeiters am geringsten ist. Es empfiehlt sich daher im Interesse der Arbeiter selbst, an den wirthschaftlichen Verhältnissen des Betriebes nur mit äußerster Vorsicht zu rütteln. |Bevor wir daran denken können, das Alter für den Eintritt der Kinder in die Bergwerke zu verschieben, muß uns durch die Er= fahrung nachgewiesen worden sein, daß eine solche Maßregel in der Rekrutirung der Bergarbeiter und in dem Betriebe der belgischen Bergwerke keine Störung verursache, deren erste Opfer die Arbeiter sein würden."

Der französische Delegirte, Herr Linder, ergreift das Wort zu folgender Erklärung:

„Die Delegirten Frankreichs stimmen mit „Ja" jedoch mit Vorbehalten:

„Wenn auch im Prinzip mit dem Wunsche einverstanden, welcher die Altersgrenze von 14 Jahren vorsieht, so müssen sie Vorbehalte machen mit Rücksicht auf die Bedürfnisse der Rekrutirung der Berg= lehrlinge, und um den Fall von Kindern, welche vor ihrem 14. Jahre eine durch gesetzmäßige Zeugnisse festgestellte genügende intellektuelle und physische Entwickelung erreicht haben, außer Betracht zu setzen. Sie erachten, daß die angenommene Fassung diesem Vorbehalte Genüge leiste.

„Andererseits bemerken sie, daß durch die Festsetzung der wünschenswerthen Altersgrenze der Zulassung von Knaben zu unterirdischen Arbeiten auf 14 Jahre jede entgegenstehende Auslegung des Paragraphen d), Nummer 5 der Resolution, betreffend die Arbeit der jugendlichen Arbeiter in den gewerblichen Anlagen, stillschweigend beseitigt werde. — Die französischen Delegirten ergänzen ihren Vorbehalt in diesem Sinne."

Der italienische Delegirte Boccardo behält sich sein Votum bis nach Annahme des zweiten Absatzes vor.

Der Vorsitzende bringt den zweiten Absatz des Paragraphen zur Abstimmung:

„Für die südlichen Länder jedoch würde diese Altersgrenze die von 12 Jahren sein."

Angenommen mit 10 Stimmen gegen 1 (Großbritannien) und 4 Stimmenthaltungen (Belgien, Dänemark, Frankreich, Schweiz).

Der Vorsitzende richtet an die italienische Delegation die Frage, ob sie nunmehr entschlossen sei, über den ersten Theil des Artikels ihr Votum abzugeben.

Herr Boccardo antwortet zustimmend.

Herr Burdeau begründet die Abstimmung der französischen Delegation folgendermaßen:

„Frankreich enthält sich der Abstimmung nicht aus dem Grunde, weil es irgend einen Einwand zu erheben hätte, sondern weil es kein direktes Interesse an der Frage habe, und sich darauf beschränke, den von den südlichen Staaten ausgesprochenen Wunsch zu konstatiren."

§ b mit folgendem Wortlaut:

„daß die Arbeit unter Tage Personen weiblichen Geschlechts verboten werde"

wird einstimmig angenommen gegen eine Enthaltung (Dänemark).

Bei Abgabe seiner Stimme bezieht sich Belgien auf die im Kommissionsberichte enthaltenen Gründe.

Den spanischen Delegirten, Herrn Santamaria, welcher das Wort zu einer persönlichen Bemerkung erbeten hat, macht der Vorsitzende darauf aufmerksam, daß er nur noch im Namen seiner ganzen Dele=gation sprechen könne; er ersucht ihn, seine Vorbehalte im Sekretariat niederzulegen, welches es übernehmen wird, dieselben dem Sitzungs=protokoll als Anlage beizufügen.

S. Anlage No. 3.

Es wird nun !vom Vorsitzenden der Wunsch in Beantwortung der Frage 2 zur Abstimmung gebracht, welcher folgenden Wort=laut hat:

„daß in den Fällen, in welchen die Bergbaukunst nicht hin= reichen würde, um alle Gefahren für die Gesundheit zu be= seitigen, welche durch die natürlichen oder zufälligen Bedingungen des Betriebes gewisser Bergwerke oder gewisser Bergwerks= anlagen entstehen, die Dauer der Arbeit eingeschränkt werde.

Es wird jedem Lande überlassen, dieses Resultat auf dem Wege der Gesetzgebung oder der Verwaltung oder durch Ueber= einkunft zwischen den Bergwerksunternehmern und den Arbeitern oder auf eine andere, den Grundsätzen und Gewohnheiten einer jeden Nation entsprechende Weise herbeizuführen.“

Die beiden Theile dieses Wunsches werden einstimmig ange= nommen; Dänemark enthält sich der Abstimmung.

Es gelangen nach einander die 5 Paragraphen des Wunsches be= züglich der dritten Frage zur Abstimmung:

a) „daß die Sicherheit des Arbeiters und die Salubrität der Arbeiten durch alle Mittel, über welche die Wissenschaft verfügt, gesichert und unter Oberaufsicht des Staates gestellt werden;

b) daß die mit der Leitung des Betriebes beauftragten In= genieure ausschließlich Männer von Erfahrung und von einer gehörig beurkundeten technischen Befähigung seien;

c) daß die Beziehungen zwischen den Ingenieuren und den Berg=
arbeitern des Betriebes so unmittelbar wie möglich seien, um
den Charakter des Vertrauens und gegenseitiger Achtung zu
haben;

d) daß die Institutionen der Vorsorge und der Hülfe, welche im
Einklang mit den Gewohnheiten eines jeden Landes organisirt
und dazu bestimmt sind, den Bergarbeiter und seine Familie
gegen die Folgen von Krankheiten, Unfällen, vorzeitiger Arbeits=
unfähigkeit, Alter und Tod zu sichern, Institutionen, welche
dazu geeignet sind, die Lage des Bergarbeiters zu verbessern
und ihn an seinen Beruf anhänglich zu machen, mehr und mehr
ausgebaut werden sollen;

e) daß zu dem Zweck, eine ununterbrochene Kohlenbeförderung
zu sichern, man sich bemühen solle, Ausständen vorzubeugen.
Die Erfahrung scheint zu bestätigen, daß das beste Verhütungs=
mittel darin besteht, daß die Arbeitgeber und die Bergarbeiter
sich freiwillig verpflichten, in allen Fällen wo ihre Streitig=
keiten nicht durch direkte Einigung beigelegt werden können,
die Vermittelung eines Schiedsgerichtes anzurufen."

Sämmtliche Paragraphen wurden einstimmig angenommen;
Dänemark enthielt sich der Abstimmung.

Der Vorsitzende eröffnet die Berathung über die von der vierten
Kommission hinsichtlich der Ausführung der Konferenzbeschlüsse an=
genommenen Wünsche.

Herr Jules Simon meldet sich zum Wort und hält eine Rede,
welche im Wesentlichen wie folgt lautet:

„Ich halte es für nützlich, auseinanderzusetzen, weshalb Frank=
reich sich der Abstimmung über alle in dem Abschnitte VI des all=
gemeinen Programms enthaltenen Fragen enthält. Herr Ellena hatte
die Güte, in seinem Berichte zu konstatiren, daß diese Enthaltung
die französischen Delegirten nicht verhindert habe, „sich ihren Kollegen
in den Wünschen, welche eine Verbesserung der Lage der Arbeiter
bezwecken, anzuschließen". Wir danken ihm dafür. Unsere Enthaltung
in dem besonderen Punkte, der uns gegenwärtig beschäftigt, hat that=

sächlich als einzigen Grund die Weisungen, welche wir von unserer
Regierung erhalten haben, und diese Weisungen sind begründet durch
das Verlangen, eine präcise Unterscheidung zu machen zwischen den
von einer kompetenten Jury, wie es die Konferenz ist, abgegebenen
Gutachten und den Unterhandlungen, welche die Diplomatie in der
Folge wird einleiten können.

„Was den Kern der der Konferenz vorgelegten Fragen selbst be=
trifft, so beschäftigt man sich in Frankreich seit geraumer Zeit mit
einer Lösung derselben.   Unsere Gesetze über Frauen= und Kinderarbeit
enthalten folgende Bestimmungen: Das Alter der Zulassung der
Kinder ist auf 12 Jahre und nur ganz ausnahmsweise auf 10 Jahre
festgesetzt; die Dauer des Arbeitstages für Kinder von 10—12 Jahren
darf 6 Stunden nicht überschreiten, ebensowenig für diejenigen von
12—15 Jahren, welche das Zeugniß für den Elementarunterricht nicht
erlangt haben.   Die Nacht= und Sonntags=Arbeit ist Jünglingen bis
zu 16 Jahren, Mädchen und Frauen bis zu 21 Jahren verboten.   Es
wird gegenwärtig in den Kammern ein Gesetz vorbereitet, welches auf
dem Wege des Schutzes noch weiter geht: Das Alter der Zulassung
der Kinder wird ohne Ausnahme auf 13 Jahre erhöht; die Dauer
des Arbeitstages ist für Jünglinge bis zu 18 Jahren und für Mädchen
bis zu 21 Jahren auf 10 Stunden beschränkt; die Sonntagsarbeit ist
für Jünglinge bis zu 16 Jahren und für Mädchen bis zu 21 Jahren
verboten.

„Ein anderer von der Konferenz geäußerter Wunsch hat in Frank=
reich bereits seine Erfüllung gefunden.   Wir besitzen ein Corps von
Inspektoren, welche die Ausführung der gesetzlichen Vorschriften über
Kinder und Frauenarbeit überwachen und den Schutz des Kindes bis
in die Werkstätten sichern, selbst wenn die Werkstätte nur einen einzigen
Arbeiter beschäftigt.   Dieses Corps besteht gegenwärtig aus 21 Divi=
sionsinspektoren und 70 Departementsinspektoren; ganz kürzlich hat
das Seine=Departement 13 Inspektorinnenstellen auf seine eigenen
Kosten geschaffen.

„Es ergiebt sich aus dieser kurzen Darstellung der französischen
Gesetzgebung, daß Frankreich bis jetzt nur Kinder, jugendliche Arbeiter

und Frauen bis zu 21 Jahren beschützt. Ein Gesetz vom Jahre 1848 bestimmt zwar ein Maximum von 12 Stunden als Arbeitstag für die Erwachsenen, und die majorennen Frauen sind dem selbstverständ= lich unterworfen; man kann aber nicht sagen, daß das Gesetz streng gehandhabt wird. Das vorliegende Projekt beschränkt zwar die effektive Arbeit großjähriger Frauen auf 11 Stunden; es läßt sich aber nicht mit absoluter Sicherheit behaupten, daß die letztere Bestimmung auf Annahme rechnen kann, und wenn man in diesem Projekt ein Zeichen der zur Zeit herrschenden Richtung der öffentlichen Meinung erblicken kann, so kann man doch diejenigen dieser Artikel, welche Frauen und minorenne Mädchen nicht betreffen, nicht als gesichert ansehen.

„Frankreich ist stets nur mit äußerster Zurückhaltung an die Re= gelung der Arbeit Erwachsener herangetreten. Diese Zurückhaltung erklärt sich durch den Zustand unserer Gewohnheiten und unserer politischen Institutionen. Wir haben den Kultus der individuellen Freiheit, und anstatt unsere Mitbürger in dem Gebrauch derselben zu beschränken, ziehen wir vor, ihnen alle die nöthigen Hülfsmittel zu gewähren, um sich ihrer Rechte mit Vortheil zu bedienen. Wir haben deshalb bedeutende Anstrengungen gemacht, um unter den Erwachsenen und unter den Kindern Bildung zu verbreiten; wir haben die In= stitutionen des Kredits und der Vorsorge mächtig entwickelt, und wir haben durch das Gesetz über die gewerblichen Syndikate den Arbeitern die Möglichkeit gesichert, sich zu vereinigen, ihre Kräfte zu verbinden, anstatt sie vereinzelt und folglich in einem Zustande der Inferiorität und der Schwäche zu lassen.

„So ist der besondere Charakter unserer Gesetzgebung beschaffen; sie wird von dem Gedanken beherrscht, daß sich der Fortschritt durch die Freiheit vollziehe. Derselbe Gedanke hat unsere Abstimmungen in der Konferenz geleitet. Wir haben uns sehr eifrig gezeigt für den Schutz der Minderjährigen, wir haben uns aber enthalten, sobald es sich um Erwachsene handelte.

„Sie werden verzeihen, wenn ich diese Bemerkungen mit einem persönlichen Worte schließe, zu welcher mich vielleicht eine Vergangenheit berechtigt, welche ganz und gar der Vertheidigung der Sache geweiht war, welche uns hier zusammengeführt hat. Wir verfolgen ebensowohl ein sittliches wie ein materielles Ziel; es geschieht nicht allein im physischen Interesse der menschlichen Race, in welchem wir beflissen sind, das Kind, den Jüngling, das Weib einer übermäßigen Arbeitslast zu entziehen; es geschieht auch deshalb, damit zurückgegeben werde das Weib dem häuslichen Herde, das Kind der Mutter, von der allein es die Lehren der Liebe und der Ehrerbietung, welche den Bürger heranbilden, empfangen kann; wir haben Halt machen wollen auf der Bahn der Entsittlichung, wohin die Lockerung der Familienbande den menschlichen Geist führt."

Se. Fürstliche Gnaden Dr. Kopp hielt darauf folgende Ansprache:

„Ich gestatte mir, mich mit einigen Worten der Rede des verehrten Herrn Jules Simon anzuschließen. Meine Amtsverrichtungen bringen es mit sich, daß ich mir vor allem die religiösen, sittlichen und geistlichen Interessen angelegen sein lasse; aber sie hindern mich nicht, mich auch mit den Fortschritten unserer nationalen Oekonomie zu befassen. Die sociale Frage steht thatsächlich derjenigen der Religion und der Moral sehr nahe; deshalb bin ich Sr. Majestät dem Kaiser, meinem allergnädigsten Herrn, aufs tiefste dankbar, daß Er mich in diese erleuchtete Versammlung gesandt hat.

„Wir sind, wie Herr Jules Simon soeben gesagt hat, bestrebt gewesen, die Lage der Familie zu heben. Ist sie doch die Grundlage der Gesellschaft und der Mittelpunkt der Erziehung, wo alle religiösen socialen Tugenden sich entfalten. Wenn diese Keimzelle, um einen Ausdruck zu entlehnen, welchen der belgische Herr Delegirte in seinem Berichte gebrauchte, verletzt wird, so wird der ganze Organismus Schaden leiden.

„Wir haben das Familienleben durch Wiedereinführung der Sonntagsruhe wiederherzustellen versucht, damit der Arbeiter an seinen häuslichen Heerd zurückkehren, die Frau dort wieder ihren Platz und ihre Rolle als Erzieherin der Jugend einnehmen könnte. Wir haben auch die junge Arbeiterin gegen physische und sittliche Zerrüttung zu schützen versucht. Dies sind die großen Probleme, welche uns beschäftigt haben.

„Diese Probleme sind aber so ernster, so delikater und so verwickelter Art, daß man ihre Lösung nicht lediglich durch theoretische Erwägungen, sondern auch durch ein aufmerksames Studium des praktischen Lebens erstreben muß. Der zur Erreichung dieses so sehr herbeigewünschten Zieles zurückzulegende Weg wird lang sein: Man muß auf demselben mit Energie und Muth, aber auch mit Vorsicht und Bedacht vor=schreiten.

„Wir werden unsere Arbeiten der Würdigung unserer Regie= rungen unterbreiten, welchen es nunmehr obliegen wird, unsere Wünsche zu verwirklichen.

„Welches aber auch die Folgen, die Ergebnisse unserer Arbeiten sein mögen, die Einmüthigkeit der uns beseelenden Gefühle, der Geist der Versöhnung, welcher unter uns geherrscht hat, der angestrengte Fleiß, welcher entwickelt wurde, haben unseren Versammlungen einen Charakter gegeben, welcher geeignet ist, auf allen Seiten Vertrauen zu erwecken und unter uns ein Band zu schaffen, welches, wie ich hoffe, von Dauer sein wird."

Herr Jacobs drückt sich folgendermaßen aus:

„Ich werde nicht so vermessen sein, den edlen Worten Seiner Fürstl. Gnaden, des Herrn Dr. Kopp, und des Herrn Simon irgend etwas hinzuzufügen; ich will die Konferenz unter dem tiefen Eindrucke lassen, den dieselben hervorgerufen haben. Man könnte aber aus den Gründen der Enthaltung Frankreichs schließen, daß die Staaten, welche für die beantragten Resolutionen stimmen, einwilligen, auf dem diplomatischen Gebiete eine Verbindlichkeit einzugehen. Dies ist nicht die Meinung Belgiens. Die gestellte Frage konnte wohl den Gedanken entstehen lassen, welcher die den französischen Herren Dele= girten gegebenen Instruktionen geleitet hat, aber die ertheilte Antwort kann nicht in solcher Weise ausgelegt werden. Die Delegirten Belgiens und diejenigen Frankreichs geben also durch die einigermaßen ver= schiedenen Abstimmungen einem gemeinschaftlichen Gedanken Ausdruck."

Der schwedische Delegirte, Herr von Tham, giebt folgende Er= klärung ab:

„Ich war zu einem großen Theil durch die Arbeiten der dritten
Kommission verhindert, den Berathungen der Kommission beizu=
wohnen, welche sich mit der Ausführung der Konferenzbeschlüsse beschäf=
tigte, und ich hatte daher keine Gelegenheit, meine Ansicht über diese Frage
äußern zu können. Deshalb habe ich ums Wort gebeten, um den von
der Kommission beantragten Resolutionen meine Zustimmung zu er=
theilen, jedoch mit diesem Vorbehalte, daß die Ueberwachung der zur
Verwirklichung der Wünsche der Konferenz getroffenen Maßregeln aus=
schließlich den Regierungen der einzelnen Staaten überlassen bleibe und
keine Einmischung von irgend einer fremden Macht zulässig sei."

Herr de Castro bemerkt, daß Spanien es nicht für nöthig hält,
sein Votum über die auf Abschnitt VI des allgemeinen Programms
bezüglichen Fragen näher zu erklären, da er zur Abgabe eines zu=
stimmenden Votums dieselben Gründe habe, wie diejenigen, welche
Herr Jacobs soeben im Namen Belgiens auseinandersetzte.

Herr Christie drückt sich folgendermaßen aus:

„Da Norwegen in der vierten Kommission nicht vertreten war,
so bitte ich, im Protokoll zu bemerken, daß ich glaube, für mein
Land den von der Kommission gefaßten Resolutionen zustimmen zu
können. Ein von der norwegischen Regierung im laufenden Jahre
dem Storthing vorgelegter Gesetzentwurf beantragt die Ernennung von
Arbeitsinspektoren, wie diejenigen, deren in der Resolution der vierten
Kommission Erwähnung geschieht."

Die Konferenz schreitet alsdann zu einer gesonderten Abstimmung
über die Einleitung und jeden einzelnen Paragraphen der ersten Resolu=
tion, welche der Reihe nach angenommen werden, ebenso über die zweite
Resolution. Das Ganze wird mit Stimmeneinheit unter Enthaltung
Frankreichs in folgendem Wortlaut angenommen:

I. „Für den Fall, daß die Regierungen den Arbeiten der Konferenz
Folge leisten sollten, würden sich folgende Bestimmungen em=
pfehlen:

a) Die Ausführung der in jedem Staate getroffenen Maßregeln
   wird überwacht durch eine genügende Anzahl von besonders
   qualifizirten Beamten, welche von der Landesregierung ernannt

werden und sowohl von den Arbeitgebern als den Arbeitern unabhängig sind.

b) Die Jahresberichte dieser Beamten, welche von den Regierungen der verschiedenen Länder veröffentlicht werden, sind von jeder derselben den andern Regierungen mitzutheilen.

c) Jeder dieser Staaten wird von Zeit zu Zeit und in einer möglichst ähnlichen Form statistische Erhebungen hinsichtlich der in den Beschlüssen der Konferenz vorgesehenen Fragen auf= stellen lassen.

d) Die betheiligten Staaten werden diese statistischen Erhebungen, sowie den Text der auf dem Wege der Gesetzgebung oder Verwaltung erlassenen Vorschriften, welche sich auf die in den Konferenzbeschlüssen behandelten Fragen beziehen, unter ein= ander austauschen."

II. „Es ist wünschenswerth, daß die Berathungen der betheiligten Staaten erneuert werden, um sich gegenseitig die Beobachtungen mit= zutheilen, welche sich bei der Befolgung der Konferenzbeschlüsse ergeben haben, und um zu prüfen, ob es angemessen sei, jene Beschlüsse abzu= ändern oder zu ergänzen."

Herr Reichardt bittet um die Erlaubniß, einige nachträgliche Er= klärungen geben zu dürfen: Er theilt zunächst mit, daß die korrekten und definitiven Probeabzüge der Protokolle No. 5 und 6 wahrschein= lich nicht so rechtzeitig fertig sein werden, daß sie die Herren Delegirten mit ihrer Namensunterschrift versehen könnten. Auf den von ihm gestellten Antrag hin genehmigt die Versammlung das Auskunftsmittel, denjenigen Delegirten, welche ihren Wohnsitz in Berlin haben, die nöthigen Vollmachten zur gültigen Unterzeichnung dieser Urkunden zu hinterlassen.

Außerdem erinnert derselbe, daß gemäß dem bei solchen An= lässen üblichen Gebrauche ein Schlußprotokoll, welches alle von der Konferenz angenommenen Resolutionen enthalten soll, vorbereitet und den Delegirten zur Unterschrift vorgelegt werden wird.

Nachdem der Vorsitzende ein Mitglied von jeder Delegation er= sucht hat, sich unverzüglich mit ihm in Verbindung zu setzen behufs

Feststellung des Wortlauts dieser Schlußakte, hebt er die Sitzung auf und erklärt, daß die letzte Plenarsitzung der Konferenz am 29. März um 2 Uhr stattfinden werde.

Freiherr von Berlepsch. Magdeburg. G. Kopp. Reichardt. Lohmann. Hauchecorne. Landmann. Freiherr Heyl von Herrnsheim. Ed. Koechlin.

Weigelsperg. Dr. Migerka. Plappart. Dr. Haberer. Schnierer. Béla von Graenzenstein. Joseph Szterényi.

Greindl. V. Jacobs. Emil Harzé. Baron A. t'Kind de Roodenbeke.

C. F. Tietgen. Haldor Topsöe. Ludwig Bramsen.

Manuel Fern. de Castro. Vte Santamaria de Paredes.

Jules Simon. H. Tolain. A. Burdeau. Linder. V. Delahaye.

John E. Gorst. Charles S. Scott. W. H. Houldsworth. David Dale.

G. Boccardo. V. Ellena. L. Bodio.

A. Brasseur.

F. P. van der Hoeven. Snyder van Wissenkerke. H. W. E. Struve.

Ernesto Madeiro Pinto. J. P. Oliveira Martins.

W. von Tham. E. Christie.

Dr. Kaufmann.

Zur Beglaubigung:

Dr. Kayser.
Dr. Fürst.
Alfred Dumaine.
Graf von Arco-Valley.

Anlage No. 1 zu Protokoll No. 6.

Nachtragsbericht der Kommission

über

die Arbeit in den Bergwerken.

Die Bergwerkskommission trat am 27. März 1890 zu einer Sitzung zusammen, um über die von Belgien beantragte Abänderung in der Fassung des Punktes d) der auf Frage 3 des Programms ertheilten Antwort zu berathen.

Dieser Antrag geht dahin, nach dem Worte „Vorsorge" die Worte „und der Hülfe, welche in Einklang mit den Traditionen und Gewohnheiten eines jeden Landes organisirt und ...." zu setzen.

Nach gepflogener Berathung wurde für den Antrag d) folgende Fassung vereinbart:

d) „daß die Institutionen der Vorsorge und der Hülfe, welche im Einklang mit den Gewohnheiten eines jeden Landes organisirt und dazu bestimmt sind, den Bergarbeiter und seine Familie gegen die Folgen von Krankheit, Unfällen, vorzeitiger Arbeits= unfähigkeit, Alter und Tod zu sichern, Institutionen, welche dazu geeignet sind, die Lage des Bergarbeiters zu verbessern und ihn an seinen Beruf anhänglich zu machen, mehr und mehr ausgebaut werden sollen."

Die Kommission benützte diese Gelegenheit, um den Punkt e) der dritten Frage in folgendem Wortlaut zu berichtigen:

e) „daß zu dem Zweck, eine ununterbrochene Kohlenförderung zu sichern, man sich bemühen solle, Ausständen vorzubeugen. Die Erfahrung scheint zu bestätigen, daß das beste Ver= hütungsmittel darin besteht, daß die Arbeitgeber und die Berg= arbeiter sich freiwillig verpflichten, in allen Fällen, wo ihre Streitigkeiten nicht durch direkte Einigung beigelegt werden können, die Vermittelung eines Schiedsgerichts anzurufen."

Berlin, den 27. März 1890.

Der Berichterstatter der Kommission:
E. Harzé.

Anlage No. 1ᵃ zu Protokoll No. 6.

Bericht der Kommission
über
die Arbeit in den Bergwerken.

Berichtigt in der Sitzung vom 27. März.

Die Kommission, deren Vorsitz Herr Hauchecorne führte, hat die drei Fragen ihres Programms geprüft, welche folgendermaßen lauten:

Erste Frage. Soll die unterirdische Arbeit ver= boten sein:

a) Kindern unter einem gewissen Alter?

b) Personen weiblichen Geschlechts?

Zweite Frage. Soll der Arbeitstag in besonders gesundheitsgefährlichen Bergwerken Beschränk= ungen unterliegen?

Dritte Frage. Kann man die Arbeit in den Berg=
werken im öffentlichen Interesse einer inter=
nationalen Regelung unterwerfen, um eine un=
unterbrochene Kohlenförderung zu sichern?

Trotz einiger prinzipieller Meinungsverschiedenheiten hat die Kom=
mission, von versöhnlichen Gefühlen beseelt, sehr oft in Folge von Zu=
sätzen zu den ursprünglichen Anträgen und unter dem Beneficium
einiger weiter unten aufgeführter Vorbehalte und Enthaltungen fol=
gende Wünsche geäußert:

Es ist wünschenswerth:

(Hinsichtlich der ersten Frage:)

a) Daß die untere Altersgrenze, innerhalb welcher Kinder zu den
unterirdischen Arbeiten in Bergwerken zugelassen werden
können, allmählich auf volle vierzehn Jahre erhöht werde, je
nachdem die Möglichkeit der Erhöhung durch die Erfahrung
erwiesen sein wird.

Für die südlichen Länder jedoch würde diese Altersgrenze
die von zwölf Jahren sein.

b) Daß die Arbeit unter Tage weiblichen Personen verboten
werde.

(Hinsichtlich der zweiten Frage:)

Daß in den Fällen, wo die Bergbaukunst nicht ausreichen
würde, um alle Gefahren für die Gesundheit zu besei=
tigen, welche durch die natürlichen oder zufälligen Bedingungen
des Betriebes gewisser Bergwerke, oder gewisser Bergwerks=
anlagen entstehen, die Dauer der Arbeit eingeschränkt werde.

Es wird jedem Lande überlassen, dieses Resultat auf dem
Wege der Gesetzgebung, oder der Verwaltung, oder durch
Uebereinkunft zwischen den Bergwerksunternehmern und den Ar=
beitern, oder auf eine andere, den Grundsätzen und Gewohn=
heiten einer jeden Nation entsprechende Weise herbeizuführen.

(Hinsichtlich der dritten Frage:)

a) Daß die Sicherheit des Arbeiters und die Salubrität der
Arbeiten durch alle Mittel, über welche die Wissenschaft

verfügt, gesichert und unter die Ueberwachung des Staates
gestellt werden.

b) Daß die mit der Leitung des Betriebes beauftragten Ingenieure
ausschließlich Männer von Erfahrung und von einer gehörig
beurkundeten technischen Befähigung seien.

c) Daß die Beziehungen zwischen den Ingenieuren und den Berg=
arbeitern des Betriebes so unmittelbar wie möglich seien, um
den Charakter des Vertrauens und gegenseitiger Achtung
zu haben.

d) Daß die Institutionen der Vorsorge und der Hülfe, welche im
Einklang mit den Gewohnheiten eines jeden Landes organi=
sirt und dazu bestimmt sind, den Bergwerksarbeiter und seine
Familie gegen die Folgen von Krankheiten, Unfällen, vor=
zeitiger Arbeitsunfähigkeit, Alter und Tod zu sichern, Insti=
tutionen, welche geeignet sind, die Lage des Bergarbeiters zu
verbessern und ihn an seinen Beruf anhänglich zu machen,
mehr und mehr entwickelt werden.

e) Daß zu dem Zweck, eine ununterbrochene Kohlenförderung zu
sichern, man sich bemühen solle, Ausständen vorzubeugen.
Die Erfahrung scheint zu bestätigen, daß das beste Verhütungs=
mittel darin besteht, daß die Arbeitgeber und die Berg=
arbeiter sich freiwillig verpflichten, in allen Fällen, wo ihre
Streitigkeiten nicht durch direkte Einigung beigelegt werden
können, die Vermittelung eines Schiedsgerichts anzurufen.

Rechtfertigende Bemerkungen und Vorbehalte.

1. Frage a) Eine untere Grenze des Alters der Zulassung des
jugendlichen Arbeiters zu den unterirdischen Arbeiten in Bergwerken
wird durch Rücksichten auf den Schutz der Kindheit gerechtfertigt. Vor
seinem Eintritt in die Bergwerkscarriere muß das Kind eine ge=
nügende intellektuelle und physische Entwickelung erlangen.

Es kann von sofort anzuwendenden Maßregeln nicht die Frage sein. Es müssen andererseits die Schwierigkeiten der Rekrutirung und des Anlernens erwogen werden.

Belgien hat kürzlich seine Gesetzgebung über die Kinder- und Frauenarbeit abgeändert. In Anbetracht dessen, daß in Belgien die Produktivität nach der Zahl der Arbeiter bei weitem die geringste ist, ist dieser Staat gesonnen, nur mit der äußersten Vorsicht an den wirthschaftlichen Zuständen seiner Kohleninduftrie zu rütteln, und zwar erst nach einem hinlänglichen Versuch mit seiner neuen Gesetz= gebung, welche das Altersminimum der Zulassung von Kindern zu Minenarbeiten auf zwölf Jahre für die Tagesarbeit und auf vierzehn Jahre für die Nachtarbeit festsetzt. Die Anwendung des Gesetzes wird die nöthigen Erfahrungen liefern, welche unentbehrlich sind, bevor weitergegangen werden kann.

Die belgischen Delegirten haben sich auch bestrebt, die Tragweite des Wortes „Möglichkeit" zu bestimmen. Ihrer Auffassung nach kann es sich nicht um eine a b f o l u t e Möglichkeit handeln, d. h. um das Abhandensein von Hindernissen in einem bestimmten Lande, son= dern vielmehr um eine r e l a t i v e, für ein bestimmtes Land besonders bestehende Möglichkeit, mit anderen Worten: es könnte künftig von einer Erhöhung des Alters für den Eintritt in die Bergwerke nur dort die Frage sein, wo diese Maßregel in dem Augenblicke, wo sie getroffen werden soll, keinen schädlichen Einfluß auf die Rekrutirung der Arbeiter und den Betrieb der Bergwerke üben würde.

Die französischen Delegirten ihrerseits haben, obwohl sie im Prinzip dem Wunsche zustimmen, welcher die Altersgrenze von vierzehn Jahren vorsieht, Vorbehalte gemacht hinsichtlich der gegenwärtigen Bedürfnisse der Rekrutirung der Berglehrlinge, sowie hinsichtlich des Falles von Kindern, welche vor ihrem vierzehnten Jahre eine durch gesetzmäßige Zeugnisse festgestellte genügende intellektuelle und phy= sische Entwickelung erreicht haben. Sie erachten, daß die gewählte Fassung diesem doppelten Vorbehalte Genüge leiste.

Die spanischen und italienischen Delegirten stellten das Verlangen, daß die untere Grenze des Alters der Zulassung für die südlichen Länder auf zwölf Jahre herabgesetzt werde, da das Jünglingsalter in diesen Gegenden früher heranreise. Da die gesetzliche Altersgrenze gegenwärtig neun Jahre für Spanien und zehn Jahre für Italien beträgt, so glauben sie, einen Beweis von ihrer dem Fortschritte zu= gewendeten Gesinnung zu geben, indem sie der Erhöhung dieser Altersgrenze auf zwölf Jahre zustimmen.

Die Abstimmung über diese Herabsetzung der Altersgrenze ergab neun Zustimmungen und zwei Stimmenthaltungen (Frankreich und England). Frankreich enthielt sich der Abstimmung nicht, weil es irgendwelche Einwendungen zu erheben hatte, sondern, weil es in dieser Frage nicht interessirt sei, beschränke es sich darauf, von dem durch die südlichen Staaten ausgesprochenen Wunsch einfach Akt zu nehmen. Großbritannien gab die Erklärung ab, daß es die Ver= antwortung nicht auf sich nehmen könne, den Kindern dieser beiden Staaten die Wohlthat der Erhöhung der Altersgrenze auf vierzehn Jahre zu verweigern.

b) Die Arbeit in den Bergwerken, welche dem jungen Mädchen eine fast männliche Derbheit angewöhnt, bereitet sie schlecht für ihre zukünftige Rolle als Gattin und Mutter vor. Es wurde auch bemerkt, daß die gleichzeitige Verwendung von Männern und Frauen bei unterirdischen Arbeiten ernste sittliche Uebelstände dar= biete.

Die Gesetzgebung fast aller Staaten untersagt die Beschäftigung weiblicher Personen bei unterirdischen Arbeiten. Ein neueres belgisches Gesetz, welches es vermeidet, das Prinzip der persönlichen Freiheit großjähriger Personen anzutasten, schließt die Frauen bis zu einem Alter von 21 Jahren aus. Die Erfahrung lehrt jedoch, daß dieses Alter sehr häufig demjenigen entspricht, in welchem sie der Arbeit in Berg= werken freiwillig den Rücken kehren. Auch die belgischen Delegirten schließen sich dem Wunsche an, daß Frauen bei unterirdischen Arbeiten in Bergwerken nicht mehr verwendet werden sollen, beabsichtigen jedoch nicht, im Namen ihrer Regierung die Verpflichtung einzugehen, das obenerwähnte Gesetz abzuändern, indem sie glauben, daß jener Wunsch durch die Wirkung desselben realisirt werden wird.

2. Frage. Der Wunsch sieht die Fälle offenkundiger gesund= heitsschädlicher Einflüsse vor, welche zu beseitigen die Wissenschaft trotz aller Anstrengungen des Erfindungsgeistes machtlos wäre. Es ist von Wichtigkeit, diesen Wunsch mit dem Vorschlag a) des letzten Gegen= standes der Kommissionsberathung zu vergleichen.

3. Frage. Die Wünsche, welche dieser letzte Gegenstand umfaßt, sind genügend detaillirt und brauchen an dieser Stelle nicht näher entwickelt zu werden. Alle diese Wünsche wurden einstimmig an= genommen mit Ausnahme des zweiten Theils des 1. Wunsches, bei welchem die zwei oben erwähnten Enthaltungen stattgefunden haben.

Im Uebrigen verweist die Kommission auf ihre Sitzungsberichte.

Berlin, den 25. März 1890.

Der Berichterstatter der Kommission:

E. Harzé.

Anlage No. 2 zu Protokoll No. 6.

Bericht
über
die Sitzungen der Kommission für die Bergwerksarbeit.

I.
Sitzung vom 17. März 1890.

Auf Vorschlag des Herrn von Graenzenstein wird Herr Dr. Hauchecorne zum Vorsitzenden gewählt.

Herr Hauchecorne spricht der Versammlung seinen Dank aus.

Herr Harzé wird zum Berichterstatter ernannt. Herr Ingenieur Pellé wird ihm beigeordnet.

Der Herr Vorsitzende entwickelt das Programm der Fragen, welche der Kommission zur Prüfung vorliegen.

1. Frage. Soll die unterirdische Arbeit verboten sein:
   a. Kindern unter einem gewissen Alter?
   b. Personen weiblichen Geschlechts?

2. Frage. Soll der Arbeitstag in besonders gesundheitsgefähr= lichen Bergwerken Beschränkungen unterliegen?

Der Herr Vorsitzende macht darauf aufmerksam, daß die 2. Frage nicht etwa anregen will eine Untersuchung über die gesetzliche Dauer der täglichen Arbeit des Bergarbeiters im Allgemeinen, sondern die Festsetzung der Beschränkungen, welchen diese Arbeit unterworfen werden muß, wenn sich besondere Gefahren darbieten.

3. Frage. Kann man die Arbeit in den Bergwerken im öffent= lichen Interesse einer internationalen Regelung unterwerfen, um eine ununterbrochene Kohlenförderung zu sichern?

Die Tragweite dieser letzteren Frage soll später bestimmt werden.

Die Kommission folgt der Einladung ihres Vorsitzenden zum Besuch der Königlichen Geologischen Landesanstalt und der Berg= akademie.

II.
Sitzung vom 18. März 1890.

Auf der Tagesordnung steht die Arbeit der Kinder unter Tage, der erste Theil der Frage Nr. 1.

Indem der Vorsitzende auf die Arbeit des Herrn Geh. Ober= Regierungsrathes Th. Lohmann Bezug nimmt, ersucht er die Delegirten, in der alphabetischen Ordnung der vertretenen Staaten, Nachweisungen über die Lage ihrer Länder zu geben.

Die Herren Haberer, von Graenzenstein, Harzé, Linder, Dale, Bodio, de Castro, Brasseur, Snyder van Wissenkerke und Hauche= corne entsprechen diesem Wunsche.

Es geht aus ihren Mittheilungen, sowie aus einigen zur Ver= fügung gestellten Notizen das Folgende hervor:

Oesterreich. Für die Arbeit über Tage beträgt das Alters=
minimum der Zulassung des Kindes 12 Jahre, mit den Beschränkungen,
welche seine physische Entwickelung und die Erfüllung der Schulpflicht
sicherstellen. Für die Arbeit unter Tage ist diese Grenze auf 14 Jahre
erhöht.

Ungarn. Das Zulassungsalter für die Bergwerke ist dasselbe
wie für alle die Industrien. Die Fabrikinspektoren sind indeß be=
müht, die Zulassung der Kinder unter 14 Jahren in den Berg=
werken zu beschränken. Die Anzahl der Kinder, welche sich in solchen
Stellungen befinden, beträgt gegenwärtig nur einige Hundert.

Belgien. Für die Tagesarbeit beträgt das Altersminimum
der Zulassung 12 Jahre; für die Nachtarbeit kann der König ihre
Zulassung von einem Alter von 14 Jahren an gestatten.

Früher waren diese Punkte durch das kaiserliche Dekret vom
3. Januar 1813, sodann durch den Artikel 69 der königlichen Ver=
ordnung vom 28. April 1884 geregelt. Das kaiserliche Dekret hatte,
ohne zwischen Tag= und Nachtarbeit zu unterscheiden, das Zulassungs=
alter auf 10 Jahre festgesetzt. Aber, von einigen sehr seltenen Fällen
abgesehen, erfolgte das Einfahren des Kindes erst zwischen seinem 11.
und 12. Jahre nach dem religiösen Akte seiner ersten Kommunion.

Frankreich. Die Verhältnisse sind durch das Gesetz vom
19. Mai 1874 und das Dekret vom 12. Mai 1875 geregelt.
Danach dürfen Kinder unter 12 Jahren, Mädchen bei unterirdischen
Arbeiten überhaupt nicht verwendet werden. Knaben von 12—16
Jahren dürfen nur 8 von 24 Stunden arbeiten, mit einer Ruhepause
von mindestens 1 Stunde; jede anstrengende Arbeit, wie Häuern,
Bohren, Ausfüttern u. s. w., ist ihnen untersagt; wenn sie bei den
Wettermaschinen beschäftigt sind, dürfen sie nur 4 Stunden, mit einer
halbstündigen Unterbrechung beschäftigt werden.

Diese Bestimmungen sollen eine Besserung erfahren. Der Senat
hat einen Gesetzentwurf angenommen, welcher zur Zeit der Deputirten=
kammer vorliegt; wird derselbe angenommen, so wird er einen weiteren
Schritt auf der Bahn des Fortschritts bezeichnen. Das Eintrittsalter
der Kinder bei Bergwerksarbeiten wird auf 13 Jahre erhöht; sie können

nur dann früher eingestellt werden, wenn sie vorschriftsmäßige Zeug=
nisse über Schulkenntnisse und physische Befähigung beibringen. Von
13—16 Jahren werden Kinder nur eine effektive Arbeit von weniger
als 12 Stunden täglich, getheilt durch eine Pause, verrichten dürfen,
wogegen ihnen die Nachtarbeit gänzlich verboten sein wird.

Es wird bemerkt, daß die Zahl der Kinder von 12—16 Jahren,
welche im Jahre 1887 in Frankreich und Algier in Bergwerken be=
schäftigt waren, betrug:

in Kohlenbergwerken: unter Tage   4462
                         über Tage   3243
in anderen Bergwerken: unter Tage   42
                         über Tage   239.

Die vorliegende Frage geht also hauptsächlich Kohlenbergwerke
an. Vom Gesichtspunkte dieser Betriebe ist es nothwendig, daß die
Altersgrenze nicht über 13 Jahre hinaus erhöht werde. Jede gegen=
theilige Maßregel würde thatsächlich die Rekrutirung der Bergarbeiter
in den Ländern erschweren, wo die Arbeitskräfte wenig zahlreich sind,
und wo folglich die Rekrutirung schwierig ist. So würde die Fest=
setzung des Altersminimums der Zulassung der Kinder in Bergwerken
auf 14 Jahre unter Beibehaltung eines Alters von 13 Jahren für
die anderen Industrien die Kinder der Bergarbeiter von dem Eintritt
in Kohlenbergwerken abhalten; sobald die Kinder das arbeitsfähige
Alter erreicht hätten, würden sie von ihren Eltern bei anderen Gewerben
untergebracht werden und würden dabei bleiben.

Das Alter, bis zu welchem der Schutz der jungen Leute reicht,
giebt auch zu einer Bemerkung Anlaß. Dasselbe beträgt gegenwärtig
16 Jahre und es ist beizubehalten. Das Anlernen für das Bergfach
ist von großer Wichtigkeit; es muß frühzeitig damit begonnen werden,
da die Unerfahrenheit des Bergwerksarbeiters einerseits für denselben
wegen geringerer Produktion eine Lohnverminderung nach sich zieht und
andererseits für die Sicherheit verhängnisvoll werden kann. Wenn nun
der Arbeiter erst nach 16 Jahren in die Lehre treten kann, so wird
er zur Zeit seiner Einstellung in's Heer, wo er mehrere Jahre ver=
bleibt, noch nicht ausgelernt haben. Nach erfüllter Dienstpflicht wird

er dem Bergfache, welches er nur unvollkommen kennt, entsagen und sich eine andere leichtere Arbeit wählen.

Großbritannien. Den Knaben unter 12 Jahren ist die unter= irdische Arbeit in den Bergwerken verboten; Knaben unter 16 Jahren dürfen nicht mehr als 54 Stunden wöchentlich, und täglich nicht mehr als 10 Stunden unter Tage arbeiten.

Herr Dale lieferte folgende statistische Nachweisungen für das Jahr 1888:

Bergwerke im Allgemeinen.

Es arbeiteten

über Tage:

Männer und Knaben	121,970
Frauen und Mädchen	5,680

unter Tage:

Männer und Knaben	465,006
Zusammen	592,656

In dieser Gesammtzahl sind 57,711 Arbeiter enthalten, welche in Erzbergwerken und Koaksfabriken beschäftigt waren.

Es verbleiben demnach 534,945 Kohlenbergwerksarbeiter, welche sich folgendermaßen vertheilen:

über Tage:

	Knaben:	Mädchen:	Männer:	Frauen:	
von 12—13 Jahren	228	2	—	—	
„ 13—16 „	8729	303	—	—	96 043
von mehr als 16 Jahren	—	—	83 151	3630	

unter Tage:

	Knaben:	Männer:	
von 12—16 Jahren	42 046	—	
von mehr als 16 Jahren	—	396 730	438 902
unter 12 Jahren vorübergehend be= schäftigt	127	—	

Italien. Die Kinderarbeit steht unter dem Gesetz vom 11. Februar 1886, sowie den Ausführungsbestimmungen vom 17. Sep= tember desselben Jahres.

In Betreff der unterirdischen Arbeit ist das Zulassungsalter auf 10 Jahre festgesetzt. Kinder von 10—12 Jahren dürfen nicht länger als 8 Stunden täglich arbeiten; sie sind von der Nachtarbeit aus= geschlossen, eine Bestimmung, welche überhaupt auf alle Gewerbe= betriebe Anwendung findet. Jünglinge von 12—15 Jahren dürfen Nachts nicht länger als 6 Stunden arbeiten. Das Gesetz wurde bisher nicht strenge beobachtet; es dürfte indeß bald dahin kommen, Dank der Wachsamkeit der Bergingenieure, welche ein Elitecorps bilden und welche auf die Bergwerksunternehmer einen überzeugenden Einfluß ausüben, selbst abgesehen von den Maßregeln der Verwaltungs= behörden.

Herr Bodio theilte einige statistische Angaben mit, welche nach= stehend folgen:

Sizilianische Schwefelbergwerke.

Jahrgang	Männliche Personen		Weibliche Personen	
	Erwachsene	Kinder unter 14 Jahren	Erwachsene	Kinder unter 14 Jahren
1885	20 165	8 460	69	55
1886	17 815	7 613	56	17
1887	17 001	5 836	23	19
1888	19 023	5 966	15	20

Schwefelbergwerke in der Romagna und den Marken.

Jahrgang	Erwachsene	Kinder unter 14 Jahren
1885	3 050	20
1886	3 068	54
1887	2 631	55
1888	2 443	50

Bergwerke auf der Insel Sardinien (fast durchweg Erz=
gruben und einige Braunkohlengruben).

Jahrgang	Männliche Personen		Weibliche Personen	
	Männer	Knaben	Frauen	Mädchen
1885	8 653	606	581	412
1886	8 339	565	645	365
1887	8 726	459	714	231
1888	9 055	499	608	218

Die in diesen Tabellen aufgeführten Frauen werden bei unter=
irdischen Arbeiten nicht verwendet.

Spanien. Hinsichtlich der Kinderarbeit giebt es keine allge=
meinen Regeln, nur bei den Quecksilberminen von Almaden ist die
Arbeit Beschränkungen unterworfen.

Ein in Vorbereitung befindlicher Gesetzentwurf bestimmt, daß
Kinder, die noch nicht 9 Jahre alt sind, nicht einfahren dürfen.

Luxemburg. In Luxemburg giebt es keine anderen als Eisen=
bergwerke. 4500 Arbeiter besorgen den Abbau, welcher zum Theil
offen, zum Theil unterirdisch geschieht.

Die Gesetzgebung des Großherzogthums reicht bis 1876 zurück und
befaßt sich nur mit dem unterirdischen Bau der Eisenbergwerke.

Artikel 2 des Gesetzes vom 21. November 1876 lautet:

„Vor vollendetem 16. Jahre darf kein Kind bei unter=
irdischen Arbeiten in Bergwerken, Erzgruben und Stein=
brüchen verwendet werden."

Es sind hauptsächlich zwei Gründe, welche die luxemburgischen
Gesetzgeber zum Erlaß dieses Verbots bewogen haben. Auf der einen
Seite wurde das Interesse der jugendlichen Arbeiter geltend gemacht,
deren physische, sittliche und intellektuelle Entwickelung man in Schutz
nehmen müsse.

Nun erfordert gerade die Arbeit in der Grube, besonders die Förderung, das Zerschlagen der groben Wände, die Zimmerung u. dgl. einen großen Kraftaufwand, welchen nur ein Mann im Vollbesitz seiner Kraft zu leisten fähig ist.

Auf der andern Seite wurde angeführt, daß auch des Arbeiters Gesundheit in Schutz zu nehmen sei, indem er vor zu frühem Einathmen der schlechten Luft in den unterirdischen Strecken bewahrt wird.

Ein neuer Gesetzentwurf liegt gegenwärtig der Kammer vor; er bezweckt den Schutz der Jünglinge von 16—18 Jahren. Es wird beantragt zu bestimmen: „daß Jünglinge in einem Alter von über 16 und unter 18 Jahren beim unterirdischen Bergbau nur zu leichten Arbeiten herangezogen werden dürfen. Eine Ministerialverfügung wird die Art derselben bestimmen."

Niederlande. Dieser Staat besitzt einige Erzgruben und ein Kohlenbergwerk. Das Gesetz vom 5. Mai 1889 enthält keine beschränkenden Bestimmungen, überträgt aber dem König das Recht, solche zu erlassen. Dies ist jedoch kaum nothwendig, da kein Arbeiter unter 18 Jahren bei den unterirdischen Arbeiten in dem erwähnten Bergwerk beschäftigt ist.

Norwegen. Die norwegische Gesetzgebung enthält keine Vorschriften über diesen Gegenstand. Nach einem Gesetzentwurf werden die Kinder von 12—14 Jahren und weibliche Personen unter 18 Jahren nicht unter Tage arbeiten dürfen. Es arbeiten thatsächlich weder weibliche Personen, noch Kinder in den Bergwerken.

Deutschland. Vor 12 Jahren giebt es keine Kinderarbeit. Kinder dürfen vor vollendetem 14. Jahre nicht einfahren.

Im Jahre 1888 gab es in Preußen unter 295 824 Arbeitern 286 Kinder von 12—14 Jahren, welche über Tage arbeiteten und 9548 von 14—16 Jahren, von welchen 882 unter Tage und 8666 über Tage beschäftigt waren.

Der Herr Vorsitzende stellt den Antrag, das Altersminimum der Zulassung der Kinder in den Bergwerken auf 14 Jahre festzusetzen, ein Desideratum, welches in Deutschland eine vollendete Thatsache ist.

Baron Greindl erinnert, daß das belgische Parlament kürzlich ein noch nicht in Kraft getretenes Gesetz angenommen hat, welches das Altersminimum auf 12 Jahre festsetzt. Die Anwendung des Gesetzes muß erst eine Erfahrung liefern, welche unerläßlich ist, bevor man weiter gehen kann.

Der Herr Vorsitzende besteht auf diesem Punkte, weil es sich nur darum handelt, Wünsche zum Ausdruck zu bringen.

Nach Herrn de Castro kann man nicht für alle Länder dieselbe Altersgrenze bestimmen, da das Jünglingsalter nach den Zonen ver= schieden ist.

Herr Bodio unterstützt die Ansicht des Herrn de Castro und fügt hinzu, daß auch die Erhöhung des Familieneinkommens, welches aus der Kinderarbeit fließt, in Erwägung zu ziehen sei.

Herr Burdeau stellt fest, daß Frankreich sich nicht in einer ex= tremen Lage befinde. Er beschränkt sich darauf, die Ausführungen der Herren de Castro und Bodio gelten zu lassen. Auf den Grund der Frage übergehend, theilt er mit, daß ein vom Senat abgeänderter Gesetzentwurf demnächst der Deputirtenkammer zugehen wird. Dieser Entwurf bestimmt das Zulassungsalter der Kinder bei einer indu= striellen Arbeit auf 13 Jahre. Das Gesetz verfolgt ein humanitäres Ziel. Es handelt sich darum, die Gesundheit des Kindes zu schützen, aber andererseits hängt sein Wohlergehen zum Theil von der Erhöhung des Familieneinkommens ab, zu welcher es mit dem Lohne für seine Arbeit beiträgt. Nur nach dem Verhältnisse, in dem sich die Lohn= verhältnisse der erwachsenen Arbeiter günstiger gestalten, könnte man unbehindert die Altersgrenze erhöhen.

Die Herren von Graenzenstein und Haberer erklären sich mit dem Antrage des Vorsitzenden einverstanden.

Auf Verlangen des Herrn Baron Greindl wird die Abstimmung vertagt.

Der Herr Vorsitzende befragt die Versammlung, ob es ihr ge= nehm sei, die Beschränkungen zu untersuchen, welche die Arbeit der jugendlichen Arbeiter von 14—16 Jahren erfordern möchte.

Die Kommission entscheidet auf den Antrag des Herrn Brasseur, daß die Regelung dieses Punktes jedem einzelnen Staate zu über= lassen sei.

III.

Sitzung vom 19. März 1890.

Der Vorsitzende resumirt die Diskussion der vorigen Sitzung. Er weist darauf hin, daß die Grenze des Alters der Zulassung der Kinder im Innern der Bergwerke je nach den Ländern zwischen 9—16 Jahren schwankt. Deutschland hat 14 Jahre beantragt. Diese Ziffer würde sicherlich zahlreiche Zustimmungen erhalten, es wäre aber wünschenswerth, eine Lösung zu finden, welche allgemeine Zustimmung erlangen würde. Es ließe sich vielleicht eine verschiedene Altersgrenze für die nördlichen und die südlichen Länder bestimmen.

Herr de Castro (Spanien) würde es lieber sehen, wenn zwei Altersgrenzen, z. B. 12 und 16 Jahre festgesetzt würden. Jede Regierung würde demnächst eine zwischen beiden Grenzen liegende Ziffer bestimmen.

Herr Brasseur (Luxemburg) bemerkt, daß diese Lösung nicht zweckentsprechend wäre; deren Annahme würde bewirken, daß das Alter von 12 Jahren als Minimum angesehen wird.

Herr Dale sagt, daß die großbritannischen Delegirten keinem Antrage zustimmen könnten, welcher das Versprechen unverzüglichen gesetzgeberischen Vorgehens in sich schlösse. Indessen hält er folgenden Antrag für annehmbar: „Die Kommission spricht den Wunsch aus, daß das Alter der Zulassung der Kinder in Bergwerken nach und nach auf 14 Jahre erhöht werde, wenn die Erfahrung die Möglichkeit der Erhöhung dargethan haben wird."

Dem stellt Herr Brasseur folgende Frage gegenüber:

„Würde es wünschenswerth sein, das Alter, unter welchem das Kind bei unterirdischen Bergwerksarbeiten beschäftigt werden kann, auf 14 Jahre festzusetzen?"

Herr von Graenzenstein nimmt die Fassung des Herrn Brasseur an und beantwortet die Frage zustimmend. In den ungarischen Bergwerken arbeiteten im Jahre 1889 nur 9 Kinder von 12 Jahren und 780 von 12—14 Jahren.

Herr Harzé führt aus, daß die Verhältnisse des Kohlenbergbaues von denjenigen anderer Bergwerke verschieden sind. In Belgien giebt es, ohne Inanspruchnahme des Gesetzes, unter den in Erzgruben unterirdisch beschäftigten Arbeitern (1070 an der Zahl), keine einzige weibliche Person und nur 15 jugendliche Arbeiter unter 18 Jahren. Dagegen ist in den Kohlenbergwerken ein ziemlich zahlreiches Personal von jugendlichen Arbeitern unumgänglich nothwendig, da bei dünneren Schichten das Zuschütten zur Sicherung der gesundheit= lichen Verhältnisse, des Aufenthalts im Bergwerk, sowie der Be= festigung der Abbausohlen denselben obliegt. Diese Arbeit wird zwar durch die Nachtschicht besorgt, bei welcher bald Kinder unter 14 Jahren ausgeschlossen sein werden. Trotzdem wird die Heranziehung eines größeren Theils der verfügbaren jugendlichen Arbeitskräfte noth= wendig sein, dessen Bestände noch durch das bevorstehende Verbot der Mädchenarbeit eine weitere Einschränkung erfahren werden.

Auf eine Anfrage des Herrn Brasseur erwidert der belgische Delegirte, daß in Belgien 2747 Kinder von 12—14 Jahren · und 4792 von 14—16 Jahren in den Kohlenbergwerken arbeiten. Der große Unterschied im Zahlenverhältniß beweist, daß die Kinder nicht ausschließlich zwischen 12—14 Jahren eingestellt werden.

Herr Bodio sagt, daß es in Italien vor der Hand nicht möglich sein würde, die gesetzgebenden Faktoren zu einer Erhöhung des Altersmini= mums für Verwendung der Kinder bei unterirdischen Arbeiten zu be= wegen, weil das bestehende Gesetz erst seit zwei Jahren in Kraft steht. Er legt der Versammlung einen amtlichen Bericht über die Ausführung des Gesetzes vom 11. Februar 1886 vor. Jedenfalls besteht er darauf, daß das den südlichen Staaten anzuempfehlende Minimum auf 12 Jahre lauten soll. Redner führt des Weiteren aus, daß die Beschäftigung der Kinder bei den unterirdischen Arbeiten der Schwefelbergwerke in dem Hinaufschaffen des Schwefelerzes an die Oberfläche, ein Verfahren, dessen baldiges Aufhören wünschenswerth sei, besteht. Nichtsdesto= weniger sind Kinder unentbehrlich. Man müßte die Technik des Bergbaues von Grund aus umgestalten, wollte man ganz und gar auf deren Verwendung verzichten. Dieses Resultat könne erst mit

Hülfe bedeutender Kapitalien und einer Besserung der Marktverhält= nisse erreicht werden. Dazu bedarf es eines mächtigeren Hebels als desjenigen, welchen ein Kinderschutzgesetz gewähren kann. Herr Bodio weist noch darauf hin, daß der Schwefelbergbau dem Berg= bau anderer Länder keinen Abbruch thut, da die größten Schwefel= lager Europas hauptsächlich in Italien und besonders in Sizilien liegen.

Herr Haberer (Oesterreich) ist mit dem Antrage des Herrn Brasseur einverstanden.

Der Herr Vorsitzende schlägt folgenden Wortlaut vor: „Es ist wünschenswerth, daß die untere Grenze des Alters der Zulassung der Kinder bei unterirdischen Arbeiten allmählich auf 14 Jahre erhöht werde. Für die südlichen Länder, wie Spanien und Italien, kann ein niedrigeres Alter festgesetzt werden."

Herr Burdeau (Frankreich) bemerkt, daß dieser Antrag eine zu scharfe Grenze zwischen dem System der nördlichen und südlichen Länder zieht. Frankreich befindet sich in einer mittleren Lage; es grenzt an Spanien und Italien. Man könne sagen, daß es wün= schenswerth sei, die Altersgrenze von 14 Jahren anzustreben, und unter diese Grenze nur auf Grund von Zeugnissen über körperliche und intellektuelle Befähigung herunter zu gehen.

Herr Baron Greindl verlangt, daß die Worte: „wenn die Er= fahrung die Möglichkeit der Erhöhung dargethan haben wird" beibe= halten werden, um die Absicht des von Herrn Dale gestellten An= trags sicherzustellen. Es kommt darauf an, in den Köpfen der Ar= beiter, wenn sie von den Wünschen der Konferenz Kenntniß erhalten, jede Zweideutigkeit zu vermeiden.

Redner stützt sich darauf, daß Belgien unter allen produzirenden Ländern die unvortheilhaftesten Kohlenbergwerke habe. Sein Haupt= absatzgebiet ist Frankreich, wo die belgische Kohle mit einem hohen Schutzzoll belegt ist. Daher darf Belgien eine Aenderung in den Zu= ständen seiner Kohlenindustrie nur mit äußerster Vorsicht, mithin erst nach einem genügenden Versuch mit seiner neuen Arbeitsgesetz= gebung vornehmen.

Der Vorsitzende hat nichts dagegen einzuwenden, daß dem Ver= langen des ehrenwerthen belgischen Delegirten entsprochen werde.

Herr Burdeau ist bereit, seine Bemerkung bezüglich der Be= fähigungszeugnisse zurückzunehmen, wenn die Kommission dem Antrag des Herrn Dale beitritt, da dieser Antrag seinem Wunsche still= schweigend gerecht wird.

Herr de Castro (Spanien) acceptirt die Altersgrenze von 12 Jahren für die südlichen Länder, unter dem Vorbehalte, daß die Altersgrenze für die nördlichen Länder auf 14 Jahre festgesetzt werde.

Der Vorsitzende ändert den Wortlaut seines Antrages wie folgt: „Es ist wünschenswerth, daß die untere Grenze des Alters inner= halb welcher Kinder bei unterirdischen Arbeiten beschäftigt werden dürfen, allmählich auf volle 14 Jahre erhöht werde, je nachdem die Erfahrung die Möglichkeit der Erhöhung dargethan haben wird.

„Für die südlichen Länder jedoch würde diese Altersgrenze die von 12 Jahren sein."

Herr Dale und Sir John Gorst beantragen die Unterdrückung des letzten Satzes.

Der Herr Vorsitzende veranlaßt die Abstimmung über den ersten Theil seines Antrages, welcher von der Versammlung einstimmig an= genommen wird.

Herr Burdeau erklärt, daß die französischen Delegirten, indem sie ein zustimmendes Votum abgaben, dem in dem Antrage liegenden Vorbehalt den Sinn beilegen, daß die Zulassung unter 14 Jahren und von 12 Jahren an ausnahmsweise Kindern gestattet werden kann, welche Zeugnisse über eine genügende intellektuelle und körper= liche Entwickelung beibringen.

Die Abstimmung über den zweiten Theil des Antrages erfolgt durch den Aufruf der Staaten. Es werden 9 Stimmen für denselben abge= geben. Frankreich und Großbritannien enthalten sich der Abstimmung.

Herr Baron Greindl bemerkt, daß er keinen Grund habe, die beantragte Ausnahme zu bekämpfen, da die Frage Belgien nicht berührt.

Herr Burdeau setzt auseinander, daß Frankreich sich der Abstimmung enthalte, nicht weil es Einwendungen zu erheben hätte; da es in dieser Frage nicht interessirt sei, so beschränke es sich darauf, von dem durch die südlichen Länder ausgesprochenen Wunsch Akt zu nehmen.

Die großbritannischen Delegirten sprechen sich dahin aus, daß sie die Verantwortung nicht auf sich nehmen können, den Kindern in den südlichen Ländern die Wohlthat der Erhöhung der Altersgrenze auf 14 Jahre vorzuenthalten.

Nach den belgischen Delegirten kann es sich beim Wort Möglichkeit (erster Theil des Antrages) um keine absolute Möglichkeit handeln, d. h. um die Abwesenheit von Hindernissen in einem bestimmten Lande, sondern vielmehr um eine relative Möglichkeit, welche jedem Lande eigenthümlich ist; mit andern Worten: es könnte von einer Erhöhung des Alters für den Eintritt in die Bergwerke nur dort die Rede sein, wo diese Maßregel in dem Augenblicke, da sie getroffen werden soll, keinen schädlichen Einfluß auf die Rekrutirung der Arbeiter und den Betrieb der Bergwerke üben würde.

Der Vorsitzende geht nun über zur Frage der Arbeit von Personen weiblichen Geschlechts in Bergwerken und ertheilt Herrn Harzé das Wort.

Herr Harzé giebt an, wie in Belgien das neue Gesetz vom 13. Dezember 1889 diese Frage gelöst hat. Artikel 9 lautet:

„Vom 1. Januar 1892 an dürfen Mädchen und Frauen unter 21 Jahren bei unterirdischen Arbeiten in Bergwerken, Erzgruben und Steinbrüchen nicht beschäftigt werden."

Diese Bestimmung läßt das Prinzip der individuellen Freiheit der erwachsenen Frau unberührt. Sie dürfte nichtsdestoweniger binnen Kurzem das vollständige Aufgeben der Arbeit unter Tage seitens der Frauen zur Folge haben, ein Maßregel, die übrigens im Lütticher Revier ohne Intervention des Gesetzes nahezu verwirklicht ist.

Vor Erlaß der Bergwerksordnung vom 24. April 1884 wurden die Mädchen in einem Alter von 12 Jahren zu unterirdischen Arbeiten zugelassen. Nach dem Wortlaut des kaiserlichen Dekrets vom 3. Januar 1813 konnte es schon vom 10. Jahre an

12*

geschehen. Die bloße Anwendung des Artikels 69 besagter Bergwerks=
ordnung, welcher Knaben unter 12 Jahren und Mädchen unter 14 Jahren
von unterirdischen Arbeiten ausschloß, brachte es in 3 Jahren dahin,
daß die Zahl der Mädchen und Frauen um 38 % abnahm.

Ende 1887 beschäftigten die Kohlenbergwerke in Belgien 77 490 Ar=
beiter, darunter 3961 Frauen und Mädchen, unter Tage. Es kommt
selten vor, daß eine verheirathete Frau verwendet wird, während
unter dem gegenwärtigen System die Frau in den Altern zwischen 20
und 25 Jahren, und selbst früher, der Bergwerksarbeit in der Regel
entsagt.

Wenn nun demnächst das Mädchen, ohne den Aufenthalt in den
Bergwerken versucht zu haben, das Alter erreicht haben wird, in dem
seine Zulassung legal wäre, so wird es bereits einen anderen Beruf
erwählt haben und sehr häufig schon verheirathet sein. Auf jeden Fall
wird sie, wenn nicht durch das Beispiel anderer dazu verleitet, Berg=
mannstracht nicht mehr anlegen wollen.

Herr Harzé erklärt, daß er seit geraumer Zeit mit vielen Berg=
ingenieuren und Bergwerksunternehmern die Verwendung von Frauen
in Bergwerken lebhaft bedauert; indessen ist Redner, ohne die sitt=
lichen Uebelstände zu verkennen, welche sich aus der gleichzeitigen An=
wesenheit von Männern und Frauen in Bergwerken ergeben, der
Meinung, daß die in Kohlenbergwerken beschäftigten Mädchen, bei
einem Vergleich mit anderen Fabrik= oder landwirthschaftlichen Ar=
beiterinnen, nicht schlecht fahren. Die Bergarbeiterin giebt sich bis=
weilen hin, verkaufen thut sie sich nie. Hat der Umgang Folgen
gehabt, so bleibt selten die schuldige Genugthuung aus. Unsittlichkeit
wird mehr durch Müßiggang als durch gemeinschaftliche Grubenarbeit
mit Männern erzeugt. Aber der Aufenthalt im Bergwerk theilt dem
Weibe eine fast männliche Derbheit mit und bereitet das junge
Mädchen sehr schlecht für seine zukünftige Rolle als Gattin und
Mutter vor.

Das Verbot der Arbeit unter Tage für junge Mädchen macht die
Gründung von Schulen nöthig, wo sie die Hauswirthschaft erlernen
können, ein Bedürfniß, für welches bereits Vorsorge getroffen worden ist.

Herr de Castro giebt bekannt, daß nach dem Gesetze vom Jahre 1873 in Spanien Frauen in den Bergwerken arbeiten dürfen; dieser Fall käme jedoch sehr selten vor.

Herr Linder erinnert, daß das Gesetz vom 19. Mai 1874 Personen weiblichen Geschlechts in Frankreich jede unterirdische Arbeit in Berg=werken, Erzgruben und Steinbrüchen verbietet; in Folge dessen habe Frankreich über diese Frage keine Bemerkungen vorzubringen.

Herr Dale stellt fest, daß seit ungefähr 50 Jahren in England Frauen unter Tage nicht arbeiten dürfen.

Herr Bodio bemerkt, daß diese Arbeit in Italien zwar nicht gesetzlich verboten sei, dort aber thatsächlich nicht stattfindet.

Herr Snyder van Wissenkerke führt aus, daß in den Nieder=landen weder eine Person unter 18 Jahren, noch eine einzige weib=liche Person unter Tage arbeitet, obgleich ein gesetzliches Verbot in dieser Hinsicht nicht besteht. Nach einem kürzlich erlassenen Gesetz kann ein solches Verbot für Frauen und Mädchen in jedem Alter, sowie für Knaben unter 16 Jahren vom Könige erlassen werden. Folglich ist die niederländische Delegation ermächtigt, der ersten Frage des Programms ihre Zustimmung zu ertheilen.

Der Vorsitzende bringt die Frage des Arbeitsverbots für Frauen in Bergwerken zur Abstimmung.

Dieselbe wird einstimmig angenommen mit Eintragung folgender Note, welche das Votum der belgischen Delegirten erklärt:

„Indem die Delegirten Belgiens dem Wunsche der Ausschließung der Frauen von unterirdischen Arbeiten beitreten, beabsichtigen sie damit nicht, im Namen ihrer Regierung die Verpflichtung einzugehen, eine Abänderung des kürzlich erlassenen belgischen Gesetzes zu be=antragen; sie drücken aber die Meinung aus, daß das von der Kom=mission gewünschte Resultat durch die Wirkung des Gesetzes vom 13. Dezember 1389, nach welchem Frauen unter 21 Jahren nicht ein=fahren dürfen, erreicht werden wird.“

Herr Brasseur (Luxemburg), welcher in einer anderen Kommission beschäftigt war, reichte nach der Sitzung folgende Note ein:

„Nach den in Luxemburg in Kraft stehenden Gesetzen darf kein Kind (beiderlei Geschlechtes) zu den unterirdischen Arbeiten in Bergwerken und Erzgruben zugelassen werden, und nach einem der Abgeordnetenkammer vorliegenden Gesetzentwurfe dürfen Mädchen und Frauen jedes Alters als Arbeiterinnen in Bergwerken und Erzgruben nicht zugelassen werden.

„Die Ausschließung der Mädchen und Frauen ist im Interesse der Sitten erforderlich. In allen Ländern lehrt die Erfahrung die unheilvollen Wirkungen der Zulassung von Mädchen und Frauen zu unterirdischen Arbeiten; die darüber in gewissen Ländern angestellten Untersuchungen sind zu einer traurigen Berühmtheit gelangt. Die Ausschließung ist auch vom socialen Gesichtspunkt der Entwickelung der Länder erforderlich, denn es darf nicht vergessen werden, daß Mädchen und Frauen zur Fortpflanzung des menschlichen Geschlechtes bestimmt sind. Endlich ist diese Ausschließung nothwendig im eigenen Interesse der arbeitenden Klasse. Der Arbeiter braucht in der That eine Häuslichkeit. Er kann das Glück einer solchen nicht finden, wenn sie nicht von einer wirthschaftlichen und sparsamen Gattin, von der Mutter der Familie, welcher die Pflege und Beaufsichtigung der Kinder obliegt, geführt wird.“

IV.

Sitzung vom 20. März.

Der Herr Vorsitzende bringt die zweite Frage zur Berathung:
„Soll der Arbeitstag in besonders gesundheitsgefährlichen Bergwerken Beschränkungen unterliegen?“

Er setzt die Umstände auseinander, welche in Deutschland gewisse Bergwerke für die Gesundheit des Arbeiters schädlich machen können: zu große Hitze, welche in der Tiefe oder durch Feuersbrünste entsteht; ungenügende Ventilation u. s. w. — Die Arbeit in komprimirter Luft oder im Wasser kann auch ernste Uebelstände nach sich ziehen. Schließlich können besondere Gefahren aus der Beschaffenheit der Erze entstehen.

Die Aufmerksamkeit der Bergverwaltungen könnte auf diese ver=
schiedenen Punkte hingelenkt werden.   Einem Beispiele besonderer
Vorschriften über die Salubrität der Bergwerksarbeit begegnet man
in Westfalen, wo der Arbeiter nicht länger als 6 Stunden täglich im
Schacht arbeiten darf, wenn die Temperatur 29⁰ erreicht.

Der Herr Vorsitzende ersucht die Delegirten, Auskunft zu geben
über das, was in ihrer Heimath unter solchen Umständen zu ge=
schehen pflegt.

Herr Harzé erinnert, daß in seiner Heimath keine giftigen Stoffe
gewonnen werden.   Bergwerke werden hauptsächlich auf Kohlen=
förderung betrieben, und für diese Industrie, über welche die Wissen=
schaft so viel Licht verbreitet, giebt es eine noch gründlichere Lösung
als diejenige, welche aus dem Antrage hervorzugehen scheint.   Diese
Lösung gipfelt darin, die Verwaltungsbehörde mit genügenden Macht=
befugnissen zur Beseitigung der Gefahr auszustatten; sie kann sogar
nöthigenfalls die Schließung eines Betriebes verfügen.   Selbstver=
ständlich schließt eine vernünftige Strenge die vorherige Anwendung
von Ermahnungen und Rathschlägen nicht aus.

Das Reglement der Bergwerkspolizei in Belgien, erlassen durch
eine königliche Verfügung vom 28. April 1884, bestimmt Folgendes:

„Artikel 17.   In jedem unterirdischen Betrieb muß der Sanitäts=
Zustand an allen von den Arbeitern betretenen Punkten durch einen
ausreichenden Strom frischer Wetter sichergestellt werden.

„Die Geschwindigkeit dieses Luftstroms und der Unterquerschnitt
der Strecken wird überall nach der Arbeiterzahl, der Ausdehnung des
Betriebes, sowie den natürlichen Ausdünstungen der Gruben bemessen.

„Die Strecken, welche für den Wetterzug dienen, müssen in allen
Theilen leicht zugänglich sein.

„Artikel 18.   Die Ventilation hat durch wirksame, regelmäßige,
ununterbrochen wirkende und vollständig gefahrlose Mittel zu erfolgen.

„Artikel 19.   Jeder Wetterstrom, welcher mit einem Gemisch von
schädlichen oder entzündlichen Gasen verschlechtert ist, und zwar in

einem Maße, welches die Gesundheit oder Sicherheit der Arbeiter gefährden könnte, muß sorgfältig von allen Betriebspunkten und benutzten Strecken ferngehalten werden.

„Die Ausdehnung des Betriebes in einer Wetterabtheilung muß nöthigenfalls so beschränkt werden, daß die Arbeiter, welche sich in dem ausziehenden Wetterstrom befinden, vor den schädlichen Wirkungen einer zu großen Verderbniß der Wetter geschützt sind.

„Artikel 20. Der Bergversatz, welcher theils zur Offenerhaltung der Baue, theils zur Trennung der Förderung von den entsprechenden Wetterwegen angebracht wird, muß überall so dicht hergestellt und so undurchdringlich erhalten werden als irgend möglich.

„Artikel 21. Dieser Bergversatz muß jeder Zeit in solcher Entfernung von den Arbeitsstößen herangerückt werden, daß der Wetterstrom immer genügend stark sei, um eine Ansammlung schädlicher Gase daselbst zu verhindern; indessen muß eine zu große Beschleunigung der Wettergeschwindigkeit vermieden werden."

Man sieht also, daß die neuen Vorschriften nicht die Abführung der schlagenden Wetter allein für hinreichend ansehen, um gute gesundheitliche Verhältnisse in Bergwerken herzustellen. Sie fassen vielmehr ebenso die Sicherheit des Betriebes wie die Gesundheit des Bergmanns in's Auge. Und nun wird obenerwähnter Artikel 17 zur Erreichung dieses Doppelzwecks in einem Rundschreiben des Generaldirektors der Bergwerke in Belgien unterm 8. Juni 1886 in folgender Weise ausgelegt:

„Artikel 17 führt den Grundsatz ein, daß unterirdische Betriebe in der Weise ventilirt werden müssen, daß die Ansammlung von entzündlichen oder giftigen Gasen in einem die Sicherheit des Betriebes und die Gesundheit der Arbeiter gefährdenden Maße nicht stattfinden kann. In dieser Beziehung ist es kaum möglich, genaue und in der Praxis leicht zu überwachende Vorschriften zu erlassen. Aber gewisse Erscheinungen an der Flamme der Lampe, eine zu hohe Temperatur in den Betriebspunkten, ein gewisses Unbehagen beim Athemholen sind ebensoviele Anzeichen, welche die Aufmerksamkeit des Bergingenieurs erwecken und ihn, wenn nöthig, veranlassen müssen, eine Verbesserung der Wetterführung zu fordern. Auf alle Fälle ist es von Wichtigkeit, daß das Luftquantum nie unter 10 bis 12 Liter in der Sekunde auf jeden in den Bauen und den Strecken, welche zu denselben führen, beschäftigten Arbeiter sinkt, wobei jedes in diesen Strecken arbeitende Pferd gleich drei Arbeitern zu rechnen ist. Im Allgemeinen ist eine Beschleunigung der Ventilation nöthig, sobald die Temperatur in den unterirdischen Bauen 25° übersteigt, ohne daß jedoch in sehr schlagwetterreichen Gruben die Geschwindigkeit des Luft-stromes mehr als 2,50 m in den Arbeitsstößen auf den flachen Flöz-flügeln beträgt; es empfiehlt sich indessen, eine merklich geringere Geschwindigkeit in den Arbeitsstößen auf den steilen Flözflügeln anzuwenden."

Belgien hat wie andere bergbautreibende Länder ungesunde Betriebe gehabt. Aber Dank der mächtigen Ventilation auf mecha-nischem Wege, für welche dieses Land bahnbrechend gewesen ist, und Dank den Schächten mit großem Durchschnitt haben heutzutage diese Betriebe gesunde Lungen und gute Athmungswege.

Viele belgische Bergwerke haben bereits die Tiefe von 700 m überschritten. Eins hat sogar den Betrieb in einer Tiefe von 940 m eröffnet. Ein Schacht wurde behufs Untersuchung bis 1100 m ab-geteuft. Sind auch durch die großen Tiefen sicherlich Schwierigkeiten entstanden, so wurden sie doch in sehr befriedigender Weise über-wunden.

Was die Gefahren der Arbeit in komprimirter Luft bei wasser-haltigem Gebirge betrifft, so erkennt Herr Harzé dieselben an. In solchen Fällen ist es nach seiner Ansicht besser, zu anderen Ab-teufungsverfahren überzugehen, wie diejenigen von Kind und Chau-dron, von Pötsch und Anderen.

Das Wasser macht die Arbeit beschwerlich, wenn die Arbeiter nicht dagegen geschützt werden können. Deshalb muß der Bergwerks-unternehmer bei Festsetzung der Dauer des Arbeitstages diesen Um-stand wohl berücksichtigen. Es würde schwer halten, eine passende Norm für eine solche Festsetzung zu finden, da die Verhältnisse je nach

den Fällen sicher verschieden sind. In Belgien sind die Gruben in
der Regel trocken.

Herr Haberer sagt, daß es in Oesterreich keine besonderen Ein=
schränkungen gebe. Die Länge des Arbeitstages sei sehr verschieden.
Zwar könne etwas geschehen, um sie zu beschränken, aber es würde
sehr schwer sein, alle Fälle vorauszusehen und gesetzliche Vorschriften
darüber zu erlassen. Es würde sich empfehlen, auf dem Verwaltungs=
wege vorzugehen.

Herr de Castro führt aus, daß in Spanien besondere Verhält=
nisse in einigen Bergwerken herrschen. In den Bergwerken von Al=
maden (Provinz Ciudad=Real) machen die Quecksilberausdünstungen
die Anwendung von besonderen Vorsichtsmaßregeln nöthig. Der
Bergarbeiter darf nicht länger als 6 Stunden arbeiten, ein Maximum,
welches nicht immer erreicht wird.

Im unterirdischen Betriebe arbeiten die Leute nur 14 Tage im
Monat, an den anderen Tagen werden sie in der Regel über Tage
beschäftigt.

In den an silberhaltigen Bleierzen reichen Bergwerken der Sierra
Almagrera ist der Abbau sehr schwer geworden, seit er das Niveau
des Meeresspiegels erreicht hat. Die dortige Temperatur ist eine sehr
hohe, hauptsächlich wegen des Vorhandenseins von warmen Quellen,
welche mehr als 45° aufweisen.

Unter diesen Umständen mußte die Zahl der Arbeitsstunden
eingeschränkt werden.

In Betreff der anderen Bergwerke liegt kein Grund vor, besondere
Maßregeln zu treffen. Uebrigens wird demnächst die Regierung mit
einem Gesetz ausgerüstet sein, welches sie in den Stand setzen wird,
alle für nothwendig erachteten Maßregeln zu erlassen.

Herr Linder setzt auseinander, daß Frankreich keine Bergwerke
von der Art wie die eben besprochenen besitzt. Seine wenigen Blei=
glanzwerke sind nicht besonders ungesund.

Was die Gesammtheit der Bergwerksbetriebe betrifft, so kann
die Aufsichtsbehörde an der Hand der bestehenden Gesetze und Ver=

ordnungen eingreifen sowohl bezüglich der Sicherheit des Betriebes, als in sanitärer Hinsicht.

Die französischen Gesetze gestatten es überdies in dem Falle, daß Unternehmer sich weigern sollten, gewisse ihnen auferlegte Arbeiten auszuführen, dieselben von Amtswegen vollziehen zu lassen. Versteht sich der Unternehmer nicht zur Zahlung der entstandenen Kosten, so wird das Bergwerk als verlassen angesehen, worauf eine gerichtliche Versteigerung desselben zu erfolgen hat.

Der Punkt, auf welchen es hauptsächlich ankommt, ist die Wetter= versorgung. Zu dem Zweck, eine gute Ventilation zu sichern, sowie zugleich den Bergarbeitern einen zweiten Ausgang für den Fall offen zu halten, daß der erste versperrt sein sollte, werden heut zu Tage für jeden Betrieb zwei in gehöriger Entfernung von einander liegende Schächte gefordert. Man ist bestrebt, Luft in hinreichender Menge allen Betriebspunkten zuzuführen. Die Anwendung komprimirter Luft als Betriebskraft für verschiedene Verrichtungen trägt auch zur Herbeiführung besserer gesundheitlicher Verhältnisse in den Gruben bei.

Die Ventilation wird vermittelst häufiger anemometrischer Messungen kontrolirt. Wetterrisse werden mit großer Sorgfalt ge= führt. Die Bergbehörde erlangt sehr viel von den Unternehmern meist durch bloße Ratschläge, ohne Anwendung von Zwangsmaß= regeln.

Die Frage des Kohlenstaubs ist gründlich untersucht worden. Es wurden zur Abwehr der von dieser Seite her drohenden Gefahren Vorkehrungen getroffen. Endlich wurde die Beleuchtungsfrage sowie die Anwendung von neuen Sprengstoffen, durch welche die Gefahr der Zündung der Schlagwetter vermieden werden soll, von Seiten der Bergingenieure eingehenden Studien unterzogen; dieselben dauern zur Stunde noch fort.

Herr Linder verlangt dringend, daß die Werksdirektoren häufig selbst die Gruben befahren und dies nicht den Obersteigern allein überlassen.

Dank den so beschaffenen Mitteln sank die Zahl getödteter Berg=
leute, welche von 1861—1870 30,11 auf je 10 000 betragen hatte,
bis zu 15,74 für die Zeit von 1881—1888, wie einer der belgischen
Kollegen es auf dem jüngsten Pariser internationalen Unfallkongreß
festzustellen die Güte hatte.

Herr Dale erkundigt sich danach, ob den Arbeitern in Belgien
das Recht zusteht, die den Gruben zu Gebote stehenden Maßregeln
zur Sicherung des Betriebes durch Arbeiterdelegirte prüfen zu lassen.

Herr Harzé erwidert, daß es keine derartige Bestimmung giebt,
daß jedoch der Arbeiter das Eingreifen der Bergingenieure niemals
vergebens anruft, so oft er irgend eine Gefahr fürchtet. Die Ver=
mittelung der Ingenieure wird auch bei gewissen Streitfragen be=
züglich der Versorgungskassen, Ausstände u. s. w. in Anspruch ge=
nommen.

Herr Brasseur bemerkt, daß beim Betrieb der Eisenbergwerke
sich noch keine besonderen Gefahren für die Gesundheit der Berg=
arbeiter herausgestellt haben.

Herr Burdeau bemerkt, daß wahrscheinlich diese Aufsicht seitens
der Arbeiter demnächst in Frankreich eingeführt werden wird.

Der Vorsitzende weist auf die Einsetzung von Arbeiterdelegirten
in den Bergwerken des Saarbrückener Reviers hin, welchen unter
Anderem die Aufgabe zufällt, darauf zu sehen, daß das Arbeits=
reglement, sowie die Vorschriften bezüglich der Gesundheit und Sicher=
heit der Arbeiter seitens ihrer Kameraden genau befolgt werden.

Herr Dale theilt mit, daß die Betriebsleiter ein von einer Prü=
fungskommission ausgestelltes Befähigungszeugniß erwerben müssen.
Was die Arbeiter betrifft, so haben sie das Recht, zwei bis drei ihrer
Kameraden zu ernennen, mit dem Auftrage, den Betrieb in Rücksicht
auf dessen Sicherheit bei der Arbeit zu prüfen, sowie Bericht darüber
zu erstatten.

Die englischen Gesetze enthalten keine Bestimmungen zur Be=
schränkung der Stundenzahl hinsichtlich der Arbeit Erwachsener in
den Bergwerken.

Sir John Gorst setzt auseinander, daß die Bergwerke in Groß=
britannien dem Gesetze vom Jahre 1887 unterworfen sind, welches
von den Bergwerks=Arbeiterverbänden selbst verlangt wurde. Die
englischen Vertreter könnten sich einem Wunsche nicht anschließen,
welcher die Stundenzahl der täglichen Arbeit der Erwachsenen männ=
lichen Geschlechts beschränken würde.

Der Vorsitzende wiederholt seine Bemerkung, daß die Frage sich
nur auf Bergwerke bezieht, welche besondere Gefahren bieten.

V.

Sitzung vom 22. März 1890.

Der Herr Vorsitzende bittet die Kommission, in die Berathung
über die Fortsetzung der Tagesordnung einzutreten; er ertheilt Herrn
Bodio das Wort.

Herr Bodio setzt auseinander, daß der Bergbau in Italien, auf
den Inseln Sardinien und Sizilien, eine gewisse Bedeutung hat.

In dem Bezirk Iglesias (Provinz Cagliari) werden Galmei= und
Bleiglanzerze zu Tage gefördert.

Alle Jahre reicht der Inspektor des Bezirks einen Bericht über
die Bergwerke in Sardinien ein.

Die Gesellschaften, welchen diese Bergwerke konzessionirt wurden,
sorgen für gute Versorgungs= wie Unterstützungsanstalten unter den
Arbeitern.

Sizilien hat seine großen Schwefellager, welche zahlreiche Be=
triebe haben entstehen lassen. Im Jahre 1889 betrug der Förde=
rungswerth 23 000 000 Frcs. Die Arbeit ist für Erwachsene nicht
übermäßig anstrengend; sie ist dagegen ganz besonders erschöpfend
für die Kinder, welche Erzblöcke auf dem Rücken zu tragen haben,
und zwar an schmalen Leitern, welche in Schächten von 150 Meter
Tiefe und darüber angebracht sind, entlang.

Die Aufbereitung der Erze geschieht größtentheils durch das
primitive Verfahren der Kalzinirung. Von 300 000 Tonnen Schwefel
werden 30 000 Tonnen durch das Wasserdampfverfahren hergestellt

und 15 000 durch die Gills'schen Oefen, welche den Vortheil bieten,
die Gase vom schwefeligen Anhydrit zu befreien, während das alte
Calcaroni=Verfahren den Ackerbau in einem Umfang von mehreren
Kilometern vernichtete.

Was den Arbeiterschutz anbelangt, so muß vor allem bemerkt
werden, daß Italien keine einheitliche Bergwerksgesetzgebung hat.
In Toscana (mit Ausnahme der Insel Elba, wo die Bergwerke
Staatseigenthum sind) ist der Besitz des Untergrundes von demjenigen
des Obergrundes nicht getrennt. In den anderen Provinzen herrscht
das System der Konzessionirung. Im Venezianischen ist das Gesetz
vom Jahre 1854 noch immer in Kraft. Im ehemaligen Königreich
Neapel und beider Sizilien reicht das Gesetz auf das Jahr 1826
zurück. Ein jüngeres Gesetz ist dasjenige vom Jahre 1859, welches
in Piemont, Ligurien, der Lombardei, den Marken und auf der Insel
Sardinien zur Anwendung kommt.

In Betreff Siziliens ist es wichtig anzuführen, daß laut könig=
licher Verfügung vom Jahre 1808 die Schwefelbergwerke als Zu=
behör des Obergrundes angesehen werden, wonach der Besitzer die=
selben betreiben kann, ohne dafür eine Konzession in des Wortes
wirklicher Bedeutung zu erlangen und unter der einzigen Bedingung,
eine Steuer als Anerkennung des Hoheitsrechts des Staates zu ent=
richten. In Folge dieses Systems stehen den Bergingenieuren den
Schwefelbetrieben gegenüber nicht dieselben Befugnisse zu Gebote, mit
welchen sie bezüglich der andern Bergwerke bekleidet sind.

In Betreff dessen, was sich auf den Arbeiterschutz bezieht, hält
Herr Bodio es für nützlich, die Hauptbestimmungen des Gesetzes vom
20. November 1859 anzuführen. Jedem Ingenieur vom Berg=
ingenieurcorps steht das Recht zu, Maßregeln sowohl der Sicherheit
der Personen wegen, als im Interesse der Erhaltung des Mineral=
reichthums in Vorschlag zu bringen. Er wendet sich zunächst an den
Unternehmer, dem er die zu befolgenden Weisungen schriftlich bekannt
giebt. Sollte dieser sich nicht danach richten, so erstattet der Ingenieur
dem Präfekten Bericht, welcher darauf die auszuführenden Arbeiten
anordnet.

Besagtes Gesetz setzte das Minimalalter für die Zulassung der
Kinder zu unterirdischen Arbeiten auf zehn Jahre fest.

Ein Gesetzentwurf ist kürzlich vom Minister für Handel und
Gewerbe dem Abgeordnetenhause vorgelegt worden. Dieser Entwurf
bezweckt die Einführung der obligatorischen Unfallversicherung auf
Grundlage des Berufsrisikos, d. h. der Verantwortlichkeit des Unter=
nehmers nicht nur wegen des eigenen Verschuldens, sondern auch für
den unvermuthet oder durch höhere Gewalt eintretenden Fall.

Endlich wurden die Lücken der besonderen Gesetze in Regionen
und Provinzen, wo das Gesetz vom Jahre 1859 nicht veröffentlicht
worden war, dadurch ausgefüllt, daß dieselben im Jahre 1865 auf
dem Verwaltungswege auf alle Bestimmungen des betreffenden Ge=
setzes, welche mit der Verantwortlichkeit der Unternehmer, sowie der
den Verwundeten sofort zu leistenden Hülfe im Zusammenhang stehen,
ausgedehnt wurden.

Man ist sogar so weit gegangen, die niedrigste Altersgrenze
(10 Jahre) für Zulassung der Kinder zu unterirdischen Arbeiten zu
verallgemeinern. Da diese Bestimmungen nicht Gesetzeskraft hatten,
so stand manchmal die Verwaltung machtlos denjenigen gegenüber,
welche danach zu handeln sich weigerten. Nichtsdestoweniger bildeten
sie in den meisten Fällen ein wirksames Auskunftsmittel bis zum
Erlaß eines allgemeinen Gesetzes für das ganze Königreich.

Herr von Graenzenstein stellt fest, daß die Frage der Sicherung
eines gesunden Zustandes in Bergwerken eifrig studirt wird, besonders
in Belgien, Frankreich und Deutschland. Jedoch reichen die gemachten
Anstrengungen noch nicht hin, die Arbeiter wirksam zu schützen.

Er stellt daher folgenden Antrag:

> „Es ist wünschenswerth, daß die Dauer des Arbeitstages
> in den Bergwerken oder Betriebspunkten, welche besondere
> Gefahren für die Gesundheit bieten, Einschränkungen unter=
> worfen werde in den Fällen, wo die Betriebsverhältnisse der=
> artige sind, daß trotz aller getroffenen Vorkehrungen die Ge=
> sundheit der Arbeiter nichtsdestoweniger in Gefahr schwebt."

Herr Harzé meint, daß die Annahme dieses Antrages zum Er=
schlaffen des Forschungsgeistes führen könnte. Er erinnert an die in

Belgien in der Ventilation der Bergwerke vor sich gegangenen Fort=
schritte, welche den Abbau in ungeheurer Tiefe bei einer merklich
niedrigeren Temperatur gestatten, als diejenige, welche in Westfalen
eine Beschränkung der Dauer der täglichen Arbeit rechtfertigt. Und
nun sollte ein System, welches mit dem industriellen Genie des
Landes übereinstimmt und sich durch wunderbare Resultate bewährt
hat, abgeändert werden? Herr Harzé würde diese Aenderung für eine
Unvorsichtigkeit den Arbeitern gegenüber halten. Es muß vielmehr
behauptet werden, daß der Unternehmer verpflichtet ist, alle Mittel,
welche die Wissenschaft der Bergbaukunst an die Hand giebt, anzu=
wenden, um die sanitären Anforderungen bei unterirdischen Arbeiten zu
sichern und dadurch die Gesundheit der Arbeiter vor Schaden zu be=
wahren. Nöthigenfalls muß der Unternehmer sich der Anwendung
solcher Mittel befleißigen. Das Prinzip müßte in der zu be=
schließenden Resolution ausgesprochen werden.

Der Herr Vorsitzende erwidert, daß die tiefen Bergwerke, von
welchen Herr Harzé sprach, von obenerwähnter Resolution nicht ge=
troffen werden und, was das Prinzip anbelangt, könnte eher desselben
gelegentlich der Prüfung der dritten Frage Erwähnung geschehen.

Herr Harzé giebt zu, daß besagte Bergwerke heutzutage nicht
getroffen werden können. Wenn aber der Betrieb neuen Schwierig=
keiten gegenüberstehen wird, wer weiß, ob der Unternehmer nicht eine
Einschränkung in der Stundenzahl des Arbeitstages einem Radikal=
mittel vorziehen wird. Herr Harzé ist vor schleichenden Giften auf
der Hut.'

Herr Baron Greindl spricht vom Gesichtspunkt des Gesetzes wie
der Verfassung. 'Das Prinzip der individuellen Freiheit und der
Verantwortlichkeit der Erwachsenen beherrscht die ganze belgische Ge=
setzgebung.'

Der Vorsitzende macht darauf aufmerksam, daß der Antrag die
individuelle Freiheit nicht beschränkt,

Herr Baron Greindl erwidert, daß es des Arbeiters Sache ist,
in seinem Kontrakt die der Arbeit anhaftenden besonderen Schwierig=
keiten vorzusehen.

Herr de Castro (Spanien) lenkt die Aufmerksamkeit auf den Um=
stand hin, daß die Reglementirungsgesetze gewöhnlich von Personen
geschaffen werden, welche vom Bergwesen wenig verstehen. Er
möchte, daß in den Wortlaut ein Satz eingeflochten würde, welcher
besagt, daß die Beschränkungen von den technischen Behörden an=
gegeben werden müßten.

Herr von Graenzenstein hätte nicht gedacht, daß der so all=
gemein gehaltene Text seines Antrages Einwendungen begegnen könnte.
Dieser Text hat thatsächlich nur diejenigen Bergwerke im Auge, in
welchen gesunde Zustände nicht eintreten können, obgleich alle Vor=
sichtsmaßregeln getroffen wurden.

Herr Dale (Großbritannien) billigt die von den belgischen Ver=
tretern geäußerte Meinung. Die Grundsätze der englischen Gesetzgebung
stehen auch dem Antrage entgegen. Es kann Umstände geben, welche
eine Beschränkung des Arbeitstages rechtfertigen würden. Es muß
aber jedem Lande überlassen bleiben, dieses Ziel durch eine Einigung
zwischen Arbeitgebern und Arbeitern zu erreichen.

Herr Linder theilt Herrn Harzé's Anschauung. Er bringt außer=
dem in Erinnerung, daß die französische Gesetzgebung die Verwaltungs=
behörde mit ausreichenden Machtbefugnissen ausstattet, um eine andere
Art des Betriebes herbeizuführen, den Unternehmer zur Ergreifung
von Sicherheitsmaßregeln anzuhalten und selbst zur Konzessionsent=
ziehung zu schreiten.

Herr de Castro beantragt folgende Lösung: „Die Delegirten
halten dafür, daß Beschränkungen des Arbeitstages in Bergwerken
nur nach dem Urtheil von Fachbeamten nach Maßgabe des Gesetzes
eines jeden Landes zulässig sind."

Herr Burdeau präcisirt den Gedanken, von welchem die fran=
zösischen Vertreter ausgehen. Hier handelt es sich um die Frage,
ob der Staat ein Recht hat, den Arbeitstag der Erwachsenen zu be=
schränken. Kann auch der Staat zum Schutze der Kinder und Jüng=
linge eingreifen, den Erwachsenen muß er freie Bestimmung über ihre
Arbeit lassen. Seit sechs Jahren hat der Staat die Arbeiter=Syn=
dikate anerkannt auf Grund eines Gesetzes, dessen Anwendung nicht

gefährdet werden darf. Es muß im Gegentheil dahin gestrebt werden, mehr und mehr dem Arbeiter die Freiheit zu lassen, im Einvernehmen mit dem Arbeitgeber die Bedingungen seiner Arbeit zu organisiren.

Der Herr Vorsitzende erwidert, daß Deutschland im weitgehendsten Maße der Freiheit des Arbeiters Rechnung trägt.

Auf Wunsch einiger Mitglieder wird die Sitzung unterbrochen.

Nach der Pause verliest der Vorsitzende folgenden Antrag, über welchen er sich mit einigen Delegirten berathen hat:

„Es ist wünschenswerth, daß in den Fällen, wo die Bergbau=kunst nicht hinreichen würde, um alle Gefahren für die Gesundheit zu beseitigen, welche durch die natürlichen oder zufälligen Bedingungen des Betriebs gewisser Bergwerke oder Betriebspunkte entstehen, die Dauer der Arbeit eingeschränkt werde. Es wird jedem Lande über=lassen, dieses Resultat auf dem Wege der Gesetzgebung, oder der Ver=waltung, oder durch Uebereinkunft zwischen Unternehmern und Arbeitern, nach den Grundsätzen und der Praxis einer jeden Nation zu sichern."

Herr Baron Greindl beantragt, vor „nach den Grundsätzen" die Worte „oder auf eine andere Weise" zu setzen.

Herr von Graenzenstein zieht seinen Antrag zurück und schließt sich dem Antrag des Herrn Vorsitzenden an. Herr de Castro thut ein Gleiches.

Die Resolution wird einstimmig angenommen mit dem vom Baron Greindl beantragten Zusatz.

Die Kommission geht zur Prüfung der dritten Frage über, welche folgendermaßen lautet:

„Kann man die Arbeit in den Bergwerken im öffentlichen Interesse einer internationalen Regelung unterwerfen, um eine ununterbrochene Kohlenförderung zu sichern?"

Der Vorsitzende führt aus, daß diese Frage alle Nationen an=geht, selbst diejenigen, die keine Kohle produziren. Zur Erreichung des in Aussicht genommenen Zieles bedarf es eines internationalen Einvernehmens. Ein vollständiges Studium der Frage könnte die

Kommission zu sehr langen Berathungen über die Löhne und die sociale Oekonomie führen.

Auch die Organisation humanitärer Anstalten steht mit dieser Frage in Verbindung.

Regelmäßige Beziehungen zwischen den Bergbeamten und den Bergarbeitern könnten von Nutzen sein zur Beilegung von Streitig=keiten.

Eine Verlängerung der Kündigungsfrist würde loyale Ausstände erschweren und ihre Folgen weniger unheilvoll gestalten. Aber ein solches Mittel hat geringe Aussicht auf Erfolg, denn es würde das Eingreifen der gesetzgebenden Gewalt nöthig machen.

Ein Mitglied der Konferenz möchte den Arbeiter durch eine Versicherung an den Betrieb fesseln, deren Wirkung aufhören würde, sobald der Bergmann die Arbeit einstellen würde.

Der Vorsitzende schließt diese Mittheilung und ersucht die Mit= glieder der Kommission, ihre Ansichten über diesen Gegenstand in der nächsten Sitzung auseinanderzusetzen.

VI.
Sitzung vom 24. März 1890.

Der Herr Vorsitzende ertheilt Herrn Dale das Wort zu einer Darlegung, in welcher Weise Streitigkeiten bezüglich der Bergwerk= arbeit in Nord=England zwischen Arbeitgebern und Bergleuten durch gütliches Abkommen beigelegt werden.

Herr Dale bringt in Erinnerung, daß vor ungefähr 25 Jahren zahlreiche und lange Ausstände in diesem Revier ausbrachen. Aus diesem Anlaß traten die Unternehmer (employers) zusammen, um die Mittel einer Regulirung der Lohnsätze zu erörtern. Zunächst weigerten sie sich, mit den Arbeitern in corpore zu unterhandeln, entschlossen sich jedoch endlich, auf den Rath einiger der ihrigen, welche weitsichtiger waren, den Arbeiterverband aus einem und dem= selben Bergrevier anzuerkennen. Dieses einmal aufgestellte Princip bildete nunmehr die wesentliche Grundlage des derzeit herrschenden Systems zur Beilegung entstandener Streitigkeiten. Dasselbe besteht

13*

seit 20 Jahren. Anfangs beschränkten sich die Beziehungen auf Zu=
sammenkünfte zwischen den Vertretern der Arbeitgeber und der Arbeiter
behufs Verhandlung über eine Spezialfrage. Sodann wurde für alle
Fragen das Prinzip des schiedsrichterlichen Spruches zugelassen,
welches folgendermaßen angewandt wird: Jede Partei ernennt eine
gleiche Anzahl Schiedsrichter, gewöhnlich zwei, und diese erwählen
einen Obmann; dieses letztere Amt wird von hochstehenden Persönlich=
keiten gerne angenommen.

Da die Frage, welche dem Spruch dieser Schiedsgerichte unter=
breitet wurde, am häufigsten das Verhältniß der Lohnsätze zu den
Verkaufspreisen der Kohlen betraf, so wurde man zur Entscheidung
solcher Fragen dahin gebracht, letztere aus den Büchern der Unter=
nehmer durch einen gerichtlichen Bücherrevisor ermitteln zu lassen.

Das wichtigste Mittel, welches zur Regulirung des Verhältnisses
zwischen den Lohnsätzen und den Verkaufspreisen angewandt wurde,
war die Einführung einer „sliding scale", einer gleitenden Skala.

Die sliding scale bezweckt die Herstellung eines numerischen Ver=
hältnisses zwischen den Lohnsätzen und den Preisen der Kohle.

Anfangs wurde zur Bestimmung derselben bisweilen folgendes
Verfahren angewendet: Es werden fünf auf einander folgende Be=
triebsjahre herausgenommen, in deren Verlauf bedeutende Ver=
schiebungen der Verkaufspreise wie der Löhne (letztere durch Aus=
stände, Vergleiche, Schiedsspruch zu Stande gekommen) stattfanden.
Diese fünf Jahre werden in 20 Vierteljahre eingetheilt. Für jedes
Vierteljahr wird der Durchschnitt der Kohlenpreise wie der Löhne
ermittelt, worauf das numerische Verhältniß beider Zahlen zu ein=
ander festgestellt wird. Der Durchschnitt dieses numerischen Verhält=
nisses wird als Ausdruck des Normalverhältnisses, welches zwischen
den Löhnen und dem Verkaufspreise der Kohle bestehen muß, an=
gesehen.

Nachdem die Skala so bestimmt ist, wird der Durchschnitts=
verkaufspreis für alle Betriebe des Reviers zum Kurse des letzt=
verflossenen Vierteljahres ausgerechnet. Dieser Basis wird nun das
obenbestimmte numerische Normalverhältniß zu Grunde gelegt und so

werden die Lohnsätze für das laufende Vierteljahr ermittelt. Die= selbe Berechnung findet für jedes weitere Vierteljahr statt.

Diese Berechnungen erfolgen durch zwei gerichtliche Bücher= revisoren, welche von dem Arbeiterverband und von dem Verband der Arbeitgeber ernannt werden. Diese Sachverständigen lassen sich in allen Betrieben die Bücher vorlegen, bewahren aber strenges Stillschweigen über ihre Wahrnehmungen. Sie beschränken sich darauf, zu be= scheinigen: 1. daß der Durchschnittspreis für Kohle im Revier während des letztverflossenen Vierteljahres auf den und den Preis festgesetzt ist; 2. daß sich die und die Lohnsätze daraus ergeben.

Auf diese Weise erlangen die Arbeiter ohne Unterhandlungen, ohne Ausstände, ohne Schiedsspruch), dieselben Löhne, die zu be= kommen sie nicht anders als durch mannigfaltige Anstrengungen hätten hoffen können.

Das numerische Gesetz, welches die Löhne mit den Verkaufs= preisen verbindet, wird im allgemeinen auf zwei Jahre festgesetzt. Von diesem Zeitpunkt an steht jeder Partei eine halbjährige Kündi= gungsfrist zu; aber seit sechs Jahren hat die erste gleitende Skala nur wenige Veränderungen erfahren.

Sie wurde kürzlich von den Unternehmern der Grafschaft Northumberland, sowie den Arbeitern der Grafschaft Durham ge= kündigt.

Herr Dale glaubt, daß diese doppelte Kündigung nicht auf die Abschaffung des Systems, sondern nur auf eine Revision der be= stehenden Skala hinzielt.

In den Revieren, wo die sliding scale augenblicklich aufgehoben ist, sucht man anstatt der Preise des vorigen Vierteljahres möglichst die muthmaßlichen Preise für das laufende Vierteljahr als Grund= lage zu nehmen. So erhalten die Arbeiter offiziell von den Ver= kaufspreisen des Tages Kunde, und das ist ein Vortheil, denn die Arbeitseinstellungen entstanden öfter aus der Unkenntniß des Arbeiters hinsichtlich der wirklichen Lage des Kohlenhandels.

Was die Lokalfragen betrifft, welche nicht das ganze Revier an= gehen, so werden sie von sogenannten „joint committees" oder ge=

mischten Ausschüssen, welche zu gleichen Theilen aus Arbeitern und Arbeitgebern gebildet sind, erledigt; zum Vorsitzenden wird entweder der Präsident des Gerichtshofes der Grafschaft oder eine andere hohe Persönlichkeit gewählt.

Diese Ausschüsse treten ungefähr alle 14 Tage zusammen; ihre Entscheidungen gelten vom Tage der Reklamation an.

Herr Dale stellt fest, daß im allgemeinen intelligente Männer an der Spitze der Arbeiterverbände stehen, in welchem Falle die Be= ziehungen zwischen Arbeitern und Arbeitgebern sich leicht gestalten: in der Grafschaft Durham z. B. zählt der Arbeiterverband vier Schriftführer, welche ihre ganze Zeit den Angelegenheiten der Ge= nossenschaft widmen; in diesem Revier erledigt der gemischte Aus= schuß über fünfhundert Streitsachen jährlich.

Auf Ersuchen des Herrn Vorsitzenden macht Herr Dale einige Mittheilungen über den Ausstand dieser letzten Tage: derselbe ließ die nördlichen Bezirke unberührt, wo gute Beziehungen bestehen, obwohl die sliding scale vorläufig gekündigt worden ist.

Er weist ferner darauf hin, daß die früheren Ausstände öfters durch die Schuld der Obersteiger hervorgerufen wurden, welche manchmal die Arbeiter hart behandelten. Die Einführung der joint committees, wo der Arbeiter gleichberechtigt ist, hat den Erfolg ge= habt, ein besseres Verhältniß zwischen den Obersteigern und den Berg= arbeitern herzustellen.

Herr Dale hält dieses System für das Beste zur Vermeidung von Krisen. Die von den schiedsrichterlichen Ausschüssen wie den joint committees getroffenen Entscheidungen werden gewöhnlich an= erkannt; es tritt somit das Prinzip des schiedsrichterlichen Spruches an Stelle des Kampfes durch Arbeitseinstellung.

Herr Haberer weist im Namen Oesterreichs und Ungarns auf die beiden Punkte hin, unter welchen die Frage anzusehen sei: einer= seits kommt es darauf an, Ausstände zu vermeiden, andererseits deren Wirkungen zu paralysiren.

Zur Vermeidung von Ausständen handelt es sich darum, durch verschiedene Vortheile den Bergmann an die Zeche zu fesseln; man kann ihm z. B. Häuser und Gärten zur Verfügung stellen, welche er billig erwirbt. Es empfehlen sich auch die Dienstalterprämien an die Arbeiter in Gestalt von Lohnzulagen. Dieses System ist in Oesterreich versucht worden, es ist aber eine Frage, welche von Privat= leuten erledigt werden muß; das Gesetz kann nicht dazwischen treten.

Zu demselben Zweck müssen die Unterstützungskassen für die durch Unfall erwerbsunfähig gewordenen Arbeiter, sowie für Wittwen und Waisenkinder verbreitet werden. Diese Anstalten sind zur Erreichung des gesuchten Zweckes wirksam, wofern die Statuten bestimmen, daß Arbeiter, welche von einem Betriebe abgehen oder die Arbeit nieder= legen, der geleisteten Beiträge verlustig gehen. Dies ist in Ungarn der Fall, aber in Oesterreich bestimmt das Gesetz vom 28. Juli 1889, daß die Rechte, welche ein Arbeiter durch früher geleistete Beiträge erworben hat, nicht verwirkt werden können, wenn er von einem Betriebe abgeht; vielmehr müssen diese Beträge entweder ihm zurückgezahlt oder an die Kasse des neuen Betriebes, in welchen er eintritt, abgeführt werden.

Es könnte auch nützlich sein, daß die Kündigungsfrist des Ar= beitskontrakts auf vier Wochen verlängert würde; diese Maßregel dürfte aber keine große Wirkung üben, denn im Falle eines Aus= standes halten die Arbeiter überhaupt diese Frist nicht inne; über= dies würde es schwer halten, ein derartiges Gesetz auszuführen.

Endlich besteht ein anderes Mittel, Ausstände zu verhüten, in der Einsetzung von gemischten Ausschüssen, in welchen Arbeitgeber und Arbeiter vertreten sein würden. Dieselben hätten vermittelnd aufzutreten und die Reklamationen zu prüfen, da sie als Schieds= gerichte amtiren würden.

Aber alle diese Mittel sind unwirksam, sobald allgemeine Aus= stände ausbrechen; es muß dann versucht werden, deren Wirkungen zu paralysiren. Zu diesem Zweck ist es nützlich, über bedeutende Vorräthe zu verfügen; man kann aber auch die Folgen eines Streiks durch momentane Heranziehung von Kohlen aus den Nachbarländern abschwächen, indem Erleichterungen an der Grenze für deren Einfuhr angeordnet und die Eisenbahntarife ermäßigt werden.

Herr Harzé bemerkt, daß Ausstände unter den verschiedensten Verhältnissen, ebenso in blühenden Zeiten wie in solchen der Noth eintreten. Man sieht, wie sie in England, in Deutschland, in Belgien und in Frankreich unter sehr verschiedenen politischen und volkswirthschaftlichen Systemen ausbrechen.

Was dem Arbeiter gesichert werden muß, ist vor Allem die Salubrität und die Sicherheit der Arbeit, Schadloshaltung bei vorkommenden Unfällen, sowie Linderung bei Krankheiten, vorzeitiger Arbeitsunfähigkeit und Altersgebrechen. In wirthschaftlicher Hinsicht fordert er auch einen angemessenen Lohn für eine tägliche Arbeit von nicht übermäßiger Dauer.

In Belgien wie anderswo ist man bestrebt, Unfälle zu verhüten. Es wurde sogar eine besondere Behörde zur wissenschaftlichen Untersuchung dieser bedauernswerthen Ereignisse errichtet. Herr Harzé weist darauf hin, daß auf der letzten Berliner Ausstellung graphische Darstellungen aus Belgien zu sehen waren, die eine Abnahme der Berufsgefahren für den Bergarbeiter in den belgischen Gruben in der langen Zeit von 1831—1888 aufwiesen. Redner ist glücklich, feststellen zu können, daß dieselben die wohlwollende Aufmerksamkeit Sr. Maj. des deutschen Kaisers erregt haben.

In Betreff der Schadloshaltung bei Unfällen gewährt das in Belgien den zu Schaden gekommenen Arbeitern oder ihren Rechtsnachfolgern zustehende Recht, von den Untersuchungsprotokollen der Bergingenieure Mittheilung zu bekommen, eine Erleichterung zur Geltendmachung von etwaigen rechtlichen Ansprüchen.

Einen angemessenen Lohn für einen Arbeitstag von nicht übertriebener Dauer zu erhalten ist für den Arbeiter ein wichtiger Gegenstand. Der jährliche Durchschnittslohn eines belgischen Bergarbeiters, sehr verschieden in den einzelnen Bergrevieren des Landes, ist nicht so hoch wie in Nord=Frankreich und im Ruhrrevier, aber höher als in Schlesien. Im Jahre 1888 betrug derselbe 869 Frcs. für das ganze Land bezw. 910 Frcs. für das Lütticher Revier[1]. Seitdem sind die

---

[1] Allgemeiner Lohn der Männer, Frauen, Knaben und Mädchen, sowohl unter als über Tage.

Löhne merklich gestiegen. Uebrigens muß der Umstand berücksichtigt werden, daß die Verwendung von zahlreichen Halbarbeitern in Belgien den allgemeinen Durchschnittslohn abschwächt. Sodann ist es von besonderer Wichtigkeit, die Kaufkraft des Lohnes in's Auge zu fassen. In Belgien ist das Brot verhältnißmäßig billig, die Wohnungen sind es auch, sowie die übrigen Bedürfnisse der Hauswirthschaft, z. B. Petroleum.

Es sei nicht überflüssig, an dieser Stelle daran zu erinnern, daß die Verhältnisse der Kohlenförderung von einem Lande zum andern sehr verschieden sind.

Von 1885—1887 betrug die jährliche Kohlenförderung für jeden Arbeiter unter Tage:

in England . . . 410 Tonnen,
in Preußen . . . . 352 „
in Nord-Frankreich . 295 „
in Belgien . . . . . 232 „

Diese Ziffern sind von einer brutalen Beredtsamkeit und, was die Sache noch bedauernswerther macht, ist der Umstand, daß die nützliche Wirkung des Arbeiters in den alten kohlenreichen Landstrichen Belgiens geringere Fortschritte als in den jüngeren Revieren des Auslandes macht. Indem letztere sich die den Betriebsverhältnissen anhaftenden Vortheile zu Nutze machen, bilden sie zugleich einen immer tüchtigeren Arbeiterstamm für unterirdische Arbeiten heran.

Man könnte einwenden, daß die schwache Leistungsfähigkeit des Bergarbeiters in Belgien auf die Verwendung einer zu großen Anzahl von Halbarbeitern zurückzuführen sei. Aber es giebt überall Halbarbeiter.

Uebrigens, selbst wenn man diejenigen der belgischen Arbeiterbestände (d. h. 13 000 Knaben und weibliche Personen) in Abzug bringt und annimmt, daß die Gesammtförderung von den übrigen 63 000 männlichen Bergarbeitern im vollen Umfange erhalten wird, so würde die nützliche Wirkung letzterer immerhin nur noch 280 Tonnen im Jahre betragen.

Und dennoch wird der belgische Arbeiter, wenn er Beschäftigung in den Kohlenrevieren des Nord- und Pas-de-Calais-Departement findet, als ein Arbeiter ersten Ranges angesehen. Nämlich dort hat er lauter regelmäßige Flöße abzustoßen, während er namentlich im Couchant de Mons häufig auf Abern stößt, welche in den Konkurrenzländern als nicht bauwürdig gelten würden.

Zum Förderungsertrage des englischen Bergarbeiters kommt noch eine gewisse Menge Eisenerze und feuerfeste Thone hinzu und es ist zu bemerken, daß der Kohlenverbrauch der deutschen und französischen Kohlenbergwerke nur 6 % der Gesammtförderung, wogegen der belgische beinahe 10 % beträgt.

Um Ausstände zu verhüten, wurde das Vermittelungssystem in Vorschlag gebracht. In dieser Beziehung weist Herr Harzé darauf hin, daß das belgische Gesetz vom 16. August 1887 Industrie- und Arbeitsräthe geschaffen hat, welche zu gleichen Theilen aus Gewerbetreibenden und Arbeitern bestehen; dieselben haben sich über die gemeinschaftlichen Interessen der Arbeitgeber und der Arbeiter zu berathen, etwaigen Streitigkeiten unter denselben vorzubeugen und sie nöthigenfalls zu schlichten. Diese Einrichtung sei noch zu jung, als daß es möglich wäre, deren praktische Bedeutung zu beurtheilen. Es ist zu hoffen, daß sie der Absicht ihrer Urheber entsprechen möge.

Der Herr Vorsitzende sagt, daß er im Besitze des Herrn Harzé sehr interessante Tabellen über vergleichende Statistik gesehen hat und fordert den belgischen Vertreter auf, dieselben der Kommission vorzulegen. Herr Harzé erklärt sich bereit, dieser Aufforderung nachzukommen und bemerkt, daß diese Tabellen unter Oberleitung des Herrn Generaldirektors Arnould zusammengestellt worden sind.

Herr de Castro führt aus, daß Spanien bisher keine Kohlenbergwerke von der Bedeutung der soeben besprochenen Betriebe besitzt. Dieses Land hat keine Kohlenausfuhr, und es sind keine Ausstände in den dortigen Bergwerken vorgekommen. Er habe daher über die letzte Frage des Programms keine besondere Bemerkung zu machen.

Herr Linder bringt anläßlich der von Herrn Dale erörterten Schiedsgerichtsfrage die Rolle in Erinnerung, welche die französische

Bergverwaltung vor drei Jahren bei dem Ausstand in Decazeville gespielt hat. Der Ausstand endete nämlich mit einem die Parteien allgemein zufriedenstellenden Schiedsspruch.

Zum eigentlichen Kern der Frage übergehend, bezeichnet Redner die gewöhnlichen Ursachen der Ausstände und erörtert die Mittel, dieselben zu verhüten. Als solche empfiehlt er: eine gute Organisation zu dem Zweck, die Sicherheit der Arbeiten zu bewirken, sowie das Entstehen von gerechtfertigter Unzufriedenheit unter den Bergleuten zu verhindern; ferner Institutionen der Vorsorge und die Stabilität der Löhne.

In einem gut geleiteten Bergwerk muß der Bergingenieur häufig in den Betrieb hinabsteigen, um alle Einzelheiten desselben kennen zu lernen, sowie in direkten Verkehr mit den Arbeitern zu treten, deren Interessen er nach den Gesichtspunkten der Arbeit, der Löhne, der Re=krutirung, selbst der zu verhängenden Strafen persönlich wahrnehmen soll, lauter Dinge, welche nur zu oft den Obersteigern überlassen würden, obgleich letztere lediglich als Aufsichts= und Ausführungs=beamten zu gebrauchen seien.

Die Löhne können nach verschiedenen Grundsätzen festgesetzt werden: ein fester Tagelohn soll nur in Ausnahmefällen bezahlt werden; der Lohn für eine bestimmte täglich festzusetzende Arbeit ist, wie der vorige, nachtheilig für tüchtige Arbeiter. Der Akkordlohn, welcher zwischen Arbeitgeber und Arbeiter vereinbart wird, ist der beste; er setzt den befähigten Bergmann in den Stand, sich einen hohen Tagelohn zu verdienen, was nur gerecht ist; in diesem Falle ist ein Interesse vorhanden, daß die Dauer des Kontrakts so lange wie möglich sei, da der Arbeiter sich dann um so mehr für seine Arbeit interessirt. Herr Linder stützt diese seine Bemerkungen auf Zahlen, welche verschiedenen Betrieben entlehnt sind.

Ein anderer wichtiger Faktor bei der Frage der Ausstände ist ferner ein regelmäßiger Betrieb und Beständigkeit der Löhne, so daß jede bedeutende oder plötzliche Herabsetzung derselben vermieden wird. Man müsse sich hierbei bestreben, eine so große Regelmäßigkeit wie möglich aufrecht zu erhalten, oder vielmehr die Löhne langsam, jedoch stetig zu erhöhen. Herr Linder belegt obige Ausführungen mit zahlreichen Ziffern.

In Frankreich, wenn der Kohlenabsatz sich verringert oder die Produktion abnimmt, so vermeidet es der Unternehmer, die über= zähligen Arbeiter zu entlassen. Er verwendet die mit kluger Vorsicht in günstigen Jahren zurückgelegten Reserven dazu, diese Leute bei der Ausführung von Arbeiten, welche auf die Zukunft berechnet sind, weiter zu beschäftigen.

Herr Linder verbreitet sich sodann über verschiedene zu Gunsten der Arbeiter getroffene Einrichtungen: Heizung, Wohnungen, Schulen und andere Vortheile, als Konsumvereine, Unterstützungs= und Altersver= sorgungskassen, deren Thätigkeit und Zusammensetzung, veränderlich in Bezug auf Verwaltung, Redner kurz schildert.

Was die Institutionen der Vorsorge insbesondere betrifft, so zeigt Redner durch einige Beispiele, welch bedeutende Geldopfer viele Kohlen= bergbaugesellschaften sich auferlegen. Oefter machen diese Geldopfer einen bedeutenden Bruchtheil der unter die Aktionäre zu vertheilenden Dividende aus und sie bezwecken eine Hebung der körperlichen und sittlichen Wohlfahrt des Arbeiters. Dahin soll man streben, denn man schuldet den Arbeitern noch etwas mehr als den Lohn.

Zum Schluß gedenkt Herr Linder mit einigen Worten der Ar= beiter=Syndikate, sowie des beabsichtigten Unfallgesetzes zu Gunsten verunglückter Arbeiter, welches die Berufshaftpflicht als neuen Grund= satz in die Gesetzgebung einführt.

Herr Burdeau betont, daß die Hauptaction zur Verhütung von Ausständen in der Anwendung der soeben von Herrn Linder ange= gebenen Mittel seitens der Arbeitgeber liege: diese Mittel bestehen darin, die Löhne möglichst vor Schwankungen zu bewahren, die Arbeiter in kritischen Zeiten wie im Alter zu behalten, dieselben in ihrer Jugend an sich zu fesseln, indem man den Kindern im arbeits= fähigen Alter eine genügend bezahlte Arbeit giebt. Ferner soll man ihnen billige Wohnungen, leicht zu erwerbende Häuser, welche sie seßhaft machen, zur Verfügung stellen; unter ihrer Mitwirkung Konsumver= eine gründen, Kranke und Verwundete, sowie Wittwen und Waisenkinder unterstützen, Arbeitsinvaliden und Greisen Ruhegelder auszahlen: so können angestammte Bergarbeiterfamilien gegründet werden.

Was den Staat betrifft, so besteht seine eigene Rolle darin, daß er für die Sicherheit der Arbeiter, für die Freiheit der Personen und für die Ausführung der Kontrakte sorgt.

Die Sicherheit bildet den Gegenstand der Aufsicht seitens der Verwaltungsbehörde, welche das Gesetz mit den nöthigen Macht= befugnissen ausstattet; außerdem wird das in der Vorbereitung be= griffene Gesetz über die Unfälle dem Arbeiter größere Bürgschaften bieten, indem zu seinen Gunsten das Prinzip der Berufshaftpflicht anerkannt wird.

In Betreff der Freiheit wurde seit 1884 ein bedeutender Fort= schritt gemacht, indem es den Arbeitern gestattet wurde, durch Bildung von professionellen Syndikaten sich zum gemeinschaftlichen Wirken zusammenzuthun. Vielleicht dürfte das Gesetz es bald zum direkten Schutz dieser Genossenschaften bringen. Die Syndikate verwirk= lichen die Ausübung eines Rechtes, welches nicht beschränkt werden darf; Arbeitseinstellungen selbst sollen gestattet sein; brechen sie aus, so hat der Staat nichts weiter zu thun als die Freiheit der Arbeiter zu sichern und dem Privateigenthum Achtung zu verschaffen.

Was die Innehaltung der Kontrakte betrifft, so hat der Staat nicht oft Gelegenheit gehabt, sich damit zu beschäftigen. Thatsächlich hält bei einem Ausstand der Arbeiter die achttägige Kündigungsfrist nicht inne. Die Behörde könnte zwar auf Innehaltung dieser Klausel be= stehen, aber es widerstrebt unseren Sitten, Arbeit zu erzwingen; des= halb wirkt die französische Behörde in der Praxis nur durch Ueber= redung, ein Mittel, welches oft gute Erfolge zu Wege bringt.

Die Unterstützungs= und Altersversorgungskassen sind auch Kon= trakte, welche den Arbeitgeber mit dem Arbeiter verbinden. Es wurde in einem besonderen Falle festgestellt, daß die Interessen der Arbeiter gefährdet worden waren durch Verwendung der Bestände solcher Kassen bei einem Unternehmen, welches Bankerott gemacht hat. Ein demnächst zu erlassendes Gesetz wird nunmehr diese Kassen gegen jede Ver= untreuung sicher stellen.

Endlich wird das Schiedsgerichtswesen, welches bisher in Frank=
reich nur in vereinzelten Fällen angewendet wurde, nach bestimmten
Vorschriften geordnet werden, da ein diesbezügliches Gesetz in Vorberei=
tung ist. Es wird sicher nicht damit beabsichtigt, Schiedsgerichte
zwangsweise einzuführen, aber man wird die Anrufung derselben
durch Festsetzung einiger Kautelen nur empfehlen.

Alles zusammengenommen erhofft man in Frankreich eine Ver=
minderung der Ausstände durch dreierlei Mittel: durch die seitens
der Arbeitgeber zu ergreifenden Maßregeln, welche die Beziehungen
zwischen Arbeitgeber und Arbeiter freundlicher gestalten, durch die
Syndikate, welche den Arbeiter befähigen werden, die Arbeitsver=
hältnisse mit zunehmender Sachlichkeit zu erörtern, endlich durch
Schiedsgerichte, welche sich immer mehr einbürgern werden, je besser
der Arbeiter im Stande sein wird, sein Interesse wahrzunehmen.

Bei diesen Fragen braucht der Staat nur als Hüter der persön=
lichen Freiheit wie der loyalen Innehaltung der Kontrakte aufzu=
treten.

Der Herr Vorsitzende bespricht die in Deutschland bestehende Or=
ganisation für die Versicherung gegen Unfälle und Krankheiten; er
weist auf die in den königlichen Bergwerken von Saarbrücken kürzlich
erfolgte Einführung von Arbeiterdelegirten, welche als Vermittler
zwischen dem Direktor und den Bergleuten auftreten sollen, hin.

Deutschland beschäftigt sich gegenwärtig auch mit der Errichtung
von Oberschiedsgerichten (Gewerbegerichten), welche über Streitig=
keiten zwischen Arbeitgebern und Arbeitern entscheiden sollen.

Redner stellt fest, daß die Kommission nicht zu beabsichtigen
scheine, die letzte Frage ihres Programms durch eine internationale
Vereinbarung zu entscheiden. Die soeben gehörten Mittheilungen
haben einige allgemeine Gesichtspunkte aufgestellt, auf welche die
Aufmerksamkeit der einzelnen Länder hinzulenken es sich empfehlen
würde.

Die Frage einer internationalen Vereinbarung gehöre übrigens
mehr zu dem letzten Theil des Konferenzprogramms. Redner er=

kennt an, daß die Delegirten in keiner Hinsicht den Entschlüssen ihrer Regierungen vorgreifen dürfen.

Herr Dale beantragt folgende Resolution:

„Es wäre wünschenswerth, um eine ununterbrochene Kohlenförde=rung zu sichern, Ausständen vorzubeugen. Die Erfahrung scheint dar=auf hinzuweisen, daß das beste Verhütungsmittel darin besteht, daß die Arbeitgeber und die in Genossenschaften vereinten Bergarbeiter sich freiwillig und gegenseitig verpflichten, in allen Fällen, in welchen ihre Streitigkeiten nicht durch direkte Vereinbarung beigelegt werden können, die Vermittlung eines Schiedsgerichts anzurufen."

Der Vorsitzende stellt fest, daß der erste Satz keinem Einspruch begegnet, daß aber der zweite nur eines der zur Verhütung von Aus=ständen empfohlenen Mittel angiebt. Nach einer Unterbrechung der Sitzung bringt der Herr Vorsitzende folgende Resolution zur Ab=stimmung:

„Die Berathung der Kommission über die Frage Nr. 3 hat den Delegirten der kohlenproduzirenden Länder Veranlassung gegeben, die gegenwärtige Lage der Arbeit in den Kohlenbergwerken, sowie die zur Verhütung einer Unterbrechung derselben geeigneten Mittel darzu=stellen.

Aus dieser Berathung sind folgende Angaben hervorgegangen:

„1. daß die Sicherheit des Arbeiters und die Salubrität der Arbeiten durch alle Mittel, welche der Wissenschaft zu Gebote stehen, gesichert und unter die Ueberwachung des Staates ge=stellt werden sollen;

2. daß die mit der Leitung des Betriebes beauftragten Ingenieure ausschließlich Männer von Erfahrung und von einer gehörig beurkundeten technischen Befähigung sein sollen;

3. daß die Beziehungen zwischen den Bergarbeitern und den Betriebsingenieuren so direkt wie möglich sein sollen, um den Charakter des Vertrauens und gegenseitiger Achtung zu haben;

4. daß die Institutionen der Vorsorge, welche dazu bestimmt sind, den Bergarbeiter und seine Familie gegen die Folgen von Krank=

heit, Unfällen, vorzeitiger Arbeitsunfähigkeit, Alter und Tod
zu sichern, geeignet sind, den Bergarbeiter an seinen Be=
ruf anhänglich zu machen und immer mehr entwickelt wer=
den sollen;

5. daß es wünschenswerth wäre, zu dem Zwecke, eine ununter=
brochene Kohlenförderung zu sichern, Ausständen vorzubeugen;
die Erfahrung scheint darauf hinzuweisen, daß das beste Ver=
hütungsmittel darin besteht, daß die Arbeitgeber und die in Ge=
nossenschaften geeinten Bergarbeiter sich freiwillig und gegenseitig
verpflichten, in allen Fällen, in welchen ihre Streitigkeiten nicht
durch eine direkte Einigung beigelegt werden könnten, die Vermit=
telung eines Schiedsgerichts anzurufen.“

Diese Resolution wird einstimmig angenommen. Nach einer
Pause wird zu einer zweiten Verlesung geschritten, wonach die Reso=
lution in Beantwortung der letzten Frage des Programms der
Kommission in folgender Form einstimmig angenommen wird.

Es ist wünschenswerth:

a) daß die Sicherheit des Arbeiters und die Salubrität der Ar=
beiten durch alle Mittel, über welche die Wissenschaft ver=
fügt, gesichert und unter die Ueberwachung des Staates ge=
stellt werden;

b) daß die mit der Leitung des Betriebes beauftragten Ingenieure
ausschließlich Männer von Erfahrung und von einer gehörig
beurkundeten technischen Befähigung seien;

c) daß die Beziehungen zwischen den Bergarbeitern und den
Betriebsingenieuren so direkt wie möglich seien, um den
Charakter des Vertrauens und gegenseitiger Achtung zu
haben;

d) daß die Institutionen der Vorsorge, welche dazu bestimmt sind,
den Bergarbeiter und seine Familie gegen die Folgen von
Krankheit, Unfällen, vorzeitiger Arbeitsunfähigkeit, Alter und
Tod zu sichern, Institutionen, welche geeignet sind, die Lage

des Bergarbeiters zu verbessern und ihn an seinen Beruf an=
hänglich zu machen, mehr und mehr entwickelt werden;

e) daß zu dem Zwecke, eine ununterbrochene Kohlenförderung zu
sichern, man sich bemühen solle, Ausständen vorzubeugen. Die
Erfahrung scheint zu bestätigen, daß das beste Verhütungs=
mittel darin besteht, daß die Arbeitgeber und die in Genossen=
schaften geeinten Bergarbeiter sich freiwillig und gegenseitig
verpflichten, in allen Fällen, wo ihre Streitigkeiten nicht durch
direkte Einigung beigelegt werden können, die Vermittelung
eines Schiedsgerichts anzurufen.

Der Vorsitzende: Der Berichterstatter:

Hauchecorne.   E. Harzé.

Anlage No. 3 zu Protokoll No. 6.

Persönliche Erklärung des Herrn Santamaria,
Delegirten Spaniens,

in Betreff des Verbots der Frauenarbeit in den Bergwerken.

Ich behalte meine persönliche Meinung über diese Frage vor,
weil ich glaube, daß man hätte sagen sollen: „daß es wünschenswerth
sei, daß Personen weiblichen Geschlechts nicht unter Tage arbeiten."

Erklärung der Herren Delegirten Portugals,
nach der Sitzung abgegeben.

Excellenz!

Bevor die Berliner Konferenz, deren Initiative und Ergebnisse
eines der schönsten Blätter in der Geschichte dieses Jahrhunderts
bleiben werden, ihre Arbeiten beschließt, ist uns, den Delegirten

Portugals, daran gelegen, Herr Minister, Vorsitzender der Kon=
ferenz, derselben einige Mittheilungen zu machen, welche vielleicht als
interessant angesehen werden dürften.

Das Programm der Konferenzarbeiten enthielt keinen Abschnitt
hinsichtlich der Beziehungen zwischen Arbeitgebern und Arbeitern in
gewerblichen Anlagen, wo der Staat als Arbeitgeber Schutzvor=
schriften erlassen kann, ohne die Gewerbefreiheit und die individuellen
Rechte zu verletzen. Deshalb haben wir uns enthalten, den Kom=
missionen der Konferenz das portugiesische Gesetz vom 22. Mai 1888
vorzulegen und dessen Text zu erläutern.

Es scheint uns jedoch, daß die dem Staate gehörigen gewerb=
lichen Anlagen, deren Zahl und Bedeutung allerorten und täglich zu=
nimmt, Musteranstalten sein sollten, durch deren Wirkung und Bei=
spiel die Lage der Arbeiter des Privatgewerbes nach und nach eine
bessere werden würde.

Wir haben die Ehre, Ihnen, Herr Präsident, zwei Exemplare
des Gesetzes vom 22. Mai 1888, sowie der zu seiner Ausführung
erlassenen Verordnungen zu überreichen. Dieses Gesetz hat in Portugal
die Tabacksregie unter Aufhebung der früher bestandenen Freiheit dieses
Gewerbszweiges eingeführt.

Die Tabackarbeiter, fünf= bis sechstausend an der Zahl, zur
Hälfte aus weiblichen Personen bestehend, bildeten vielleicht unter den
portugiesischen Arbeitern die elendeste Klasse. Ihre Anzahl überstieg
um ein Viertel, vielleicht sogar um ein Drittel, die Bedürfnisse des
Konsums: daher trat, unter Einwirkung der Konkurrenz, häufig voll=
ständiger Stillstand sowie eine wiederholte Herabsetzung der auf Akkord
bezahlten Löhne ein.

Das konstitutionelle Gesetz der Tabacksregie in Portugal hat diese
Zustände vollkommen verändert, und wir können Ihnen versichern,
Herr Präsident, daß seit dem kaum zweijährigen Bestehen desselben
ein befriedigender Erfolg erzielt worden ist. Diese Arbeiter sind
ruhig geworden, während sie früher zu den unruhigsten gezählt
wurden.

Die Hauptbestimmungen der durch das Gesetz vom 22. Mai 1888 ins Leben gerufenen Organisation sind folgende:

1. Sicherung einer regelmäßigen achtstündigen Arbeit täglich für alle Arbeiter, sowie der vor dieser Zeit bestandenen Lohn= tarife;

2. Einrichtung des Unterstützungswesens für Krankheitsfälle, Arbeitsunfähigkeit, Gründung von Kinderbewahrstuben und Schulen in den Fabriken u. s. w. mittelst der von den Ar= beitern bezahlten Beiträge und durch Staatszuschüsse;

3. Gründung eines Altersversorgungs = Fonds für invalide Ar= beiter, welcher ihnen ein Minimum von wöchentlich 1500 Reis (Francs 8,30) mittelst einer jährlichen Dotation von 20 Centos de Reis, oder ungefähr 110 000 Francs zusichert;

4. Betheiligung der Arbeiter an dem Gewinn des Betriebs.

Dieß ist der Inhalt der Hauptbestimmungen des durch das Gesetz vom 22. Mai 1888 ins Leben gerufenen Systems, soweit sich dasselbe auf die Lage der Arbeiter bezieht.

Indem wir Sie, Herr Präsident, bitten, diese Mittheilung zur Kenntniß der Konferenz bringen zu wollen, geben wir uns der Hoff= nung hin, daß ihr wegen ihrer Wichtigkeit die Ehre zu Theil werden wird, dem amtlichen Protokoll als Anhang beigefügt zu werden.

Berlin, im Sitzungssaale der Arbeiterschutzkonferenz,
den 28. März 1890.

Die Delegirten Portugals:
J. P. Oliveira Martins.   E. Madeira Pinto.

Protokoll No. 7.

Sitzung vom 29. März 1890.

Es waren anwesend:

Für Deutschland:

Se. Excellenz Freiherr von Berlepsch, Minister für Handel und Gewerbe.

Magdeburg, Unterstaatssekretär im Ministerium für Handel und Gewerbe.

Se. Fürstliche Gnaden Dr. Kopp, Fürstbischof von Breslau.

Reichardt, Direktor im Auswärtigen Amt.

Lohmann, Geheimer Oberregierungsrath.

Dr. Hauchecorne, Erster Direktor der Bergakademie, Geheimer Bergrath.

Landmann, Oberregierungsrath im Königl. Bayer. Ministerium des Innern.

Freiherr Heyl von Herrnsheim, Geheimer Kommerzienrath.

Koechlin, Fabrikbesitzer und Staatsrath.

Für Oesterreich-Ungarn:

Baron Béla Weigelsperg, K. K. Ministerialrath im Handels-ministerium.

Dr. F. Migerka, K. K. Ministerialrath im Handelsministerium, Central-Gewerbeinspektor.

Baron August von Plappart, K. K. Ministerialrath im Ministerium des Innern.

Dr. Ludwig Haberer, Sekretär im K. K. Ackerbauministerium.

Dr. Julius von Schnierer, Ministerialrath im Königl. Ungarischen Handelsministerium.

Béla von Graenzenstein, Bergingenieur, Generaldirektor der Königl. Tabacksregie, Ministerialrath.

Josef Szterényi, Kgl. Ungarischer Gewerbeinspektor.

Dr. Schulz, Sekretär der Oesterreichisch-Ungarischen Delegation.

Für Belgien:

Baron Greindl, Außerordentlicher Gesandter und bevollmächtigter Minister.

Victor Jacobs, Staatsminister, Mitglied des Abgeordnetenhauses.

Emil Harzé, Direktor der Bergabtheilung im Ministerium für Ackerbau, Industrie und öffentliche Arbeiten.

Baron A. t'Kint de Roodenbeke, Vicepräsident des Provinzialraths von Ostflandern.

Für Dänemark:

C. F. Tietgen, Geh. Staatsrath.

H. Topsöe, Kgl. Gewerbeinspektor, Professor an der Militärakademie.

L. Bramsen, Versicherungsgesellschafts-Direktor.

Für Spanien:

Manuel Fernandez de Castro, Senator, Generalinspektor der Bergwerke.

Vicente Santamaria de Paredes, Abgeordneter und Generaldirektor des öffentlichen Unterrichts.

Für Frankreich:

Jules Simon, Senator.

Tolain, Senator.

Burdeau, Abgeordneter.

Linder, Vicepräsident des Oberbergraths.

Victor Delahaye, Maschinenbauer.

Jacquot, Generalkonsul in Leipzig.

Laporte, Kreisinspektor der Kinderarbeit in Fabriken.

Pellé, Bergingenieur.

A. Lebon, Sekretär der Französischen Delegation.

Für Großbritannien:

The Rt. Hon. Sir John Gorst, Mitglied des Parlaments, Unter=
staatssekretär für Indien.

Charles S. Scott, C. B., Außerordentlicher Gesandter und bevollmäch=
tigter Minister Ihrer Britischen Majestät in der Schweiz.

Sir William H. Houldsworth, Baronet, Mitglied des Englischen
Parlaments.

David Dale, Bergwerksbesitzer.

T. Burt, Mitglied des Parlaments, Schriftführer des Bergarbeiter=
verbandes.

T. Birtwistle, Schriftführer des Arbeiterverbandes der Textilindustrie.

J. Burnett, Abtheilungsvorstand im Arbeitsamte.

Für Italien:

Gerolamo Boccardo, Senator und Staatsrath.

Vittorio Ellena, Abgeordneter und Staatsrath.

Luigi Bodio, Generaldirektor der Statistik des Königreichs Italien.

Bonaldo Stringher, Abtheilungsvorstand im Finanzministerium.

Giuseppe Majorana Calatabiano, Professor an der Kgl. Universität
Messina, Rechtsanwalt bei dem Kgl. obersten Gerichtshof in Rom.

Mario Mancini, Redakteur der Protokolle des Abgeordnetenhauses
in Rom.

Für Luxemburg:

Dr. Alexis Brasseur, Abgeordneter und Bergwerksbesitzer.

Für die Niederlande:

Jonkheer F. P. van der Hoeven, Außerordentlicher Gesandter und be=
vollmächtigter Minister.

Dr. Snyder van Wissenkerke, Direktor im Justizministerium.

H. W. E. Struve, Arbeitsinspektor.

Für Portugal:

Marquis de Penafiel, Außerordentlicher Gesandter und bevollmäch=
tigter Minister.

Ernesto Madeira Pinto, Rath und Generaldirektor des Handelsamtes.

J. P. de Oliveira Martins, Erster Direktor der Tabacksregie, ehe=
maliger Abgeordneter.

Für Schweden und Norwegen:

W. von Tham, Mitglied der Ersten Kammer des Schwedischen Landtags.
E. Christie, Generalsekretär im Ministerium des Innern in Christiania.
Graf Wrangel, Sekretär der Schwedisch-Norwegischen Delegation.

Für die Schweiz:

E. Blumer, Landammann des Kantons Glarus.
Dr. F. Kaufmann, Erster Sekretär des Eidgenössischen Industrie-Departements.
Bonjour, Schriftführer der Eidgenössischen Delegation.

Die Sitzung wird um $2^{1/2}$ Uhr eröffnet.

Der Vorsitzende verliest das Schlußprotokoll, dessen Wortlaut in einer Versammlung von Vertretern aller Delegationen genehmigt worden ist. Dasselbe enthält, in endgültiger Fassung, die von der Konferenz ausgesprochenen Wünsche. Der Text wurde von den Herren Kayser und Dumaine, Mitgliedern des Sekretariats, geprüft und beglaubigt. Der Vorsitzende ersucht hierauf die Herren Delegirten, ihre Unterschrift unter diese Urkunde zu setzen.

Nachdem diese Formalität erfüllt war, hielt der Präsident folgende Ansprache:

„Meine Herren!

„Unsere Arbeit ist beendet. Heute noch trennen sich die Mitglieder der „Internationalen Konferenz zur Regelung der Arbeit in den industriellen Etablissements und in den Bergwerken". Da liegt wohl für jeden Einzelnen von uns die Frage nahe, ob die angestrengte, gewissenhafte Arbeit, der wir uns 14 Tage lang hingegeben haben, ob der Austausch der Meinungen, die freundschaftlichen Beziehungen, die wir zu einander gewonnen haben, verloren sein oder ob sie dauernde Früchte tragen werden.

„Wir sind nicht in der Lage, eine bestimmte Antwort auf diese Fragen zu geben, denn wir waren nicht berufen, internationale Ver= einbarungen über das uns vorgelegte Programm zu treffen, sondern nur Gutachten und Wünsche zu formuliren, die der Erwägung der hohen Regierungen, welche ihre Delegirten hierher sandten, unterliegen werden.

„Wohl aber sind wir in der Lage, die Frage zu beantworten, ob wir glauben, eine Grundlage gefunden zu haben, auf welcher der Ge= danke, der arbeitenden Klasse in den industriellen Staaten Europas eine größere Sicherung ihrer materiellen, physischen, moralischen und intellektuellen Kräfte zu gewähren, fortleben und weiter ausgestaltet werden kann.

„Ich scheue mich nicht, meine Herren, diese Frage in Ihrem Namen zu bejahen.

„So groß uns Allen zunächst die Schwierigkeiten erschienen, die Frage des Schutzes der Arbeit durch ihre Beschränkung nach Art, Zeit und Dauer auch nur von einem einheitlichen Gesichtspunkte aus zu betrachten, so sicher sind wir zu dem Resultat gelangt, daß es ein= heitliche internationale Gesichtspunkte giebt, nach denen die Lösung dieser Frage von den Regierungen der einzelnen Länder ins Auge ge= faßt werden kann, welche die eigenthümlichen Verhältnisse ihres Landes zu berücksichtigen haben.

„Diese gewonnenen Gesichtspunkte lassen sich meines Erachtens dahin zusammenfassen, daß es für dasjenige, was die Gesetzgebung oder die Sitten eines jeden Landes der arbeitenden Klasse gewähren sollten, nur eine Grenze giebt, nämlich die Sicherheit der Existenz und das Gedeihen der Industrie, von dem auch das Gedeihen der arbeiten= den Klasse abhängig ist.

„Ich meine, wenn wir uns in der Ueberzeugung trennen können, daß dieser Satz immer mehr zur Wahrheit werden wird, wir mit Befriedigung auf unsere gemeinsame Arbeit zurückblicken können. Wir werden sie mit gutem Gewissen den hohen Regierungen, die uns bele=

girten, vorlegen, deren Erwägungen es vorbehalten bleibt, welche Folgen sie derselben geben wollen.

„Zu meiner hohen Freude aber darf ich es Ihnen, meine Herren, schon heute aussprechen, daß Seine Majestät der Kaiser, mein aller= gnädigster Herr, dessen Einladung zur Konferenz Ihre hohen Re= gierungen in so entgegenkommender Weise gefolgt sind, mich beauf= tragt hat, Ihnen seinen wärmsten Dank auszusprechen für die sach= kundige, eingehende und erfolgreiche Arbeit, mit welcher Jeder von Ihnen an den Verhandlungen der Konferenz sich betheiligt hat.

„Möge Gottes Segen dazu helfen, daß die Saat, die wir mit unseren schwachen Kräften in unseren Verhandlungen gesäet haben, hundert= und tausendfältige Frucht trage.“

Sir John Gorst bittet ums Wort und hält in englischer Sprache nachstehend übersetzte Anrede:

„Unser Präsident sagte auf dem Banquet von gestern Abend, daß die Muttersprache sich stets am besten eignet, Allem, was aus dem Herzen kommt, den besten Ausdruck zu geben. Daher darf ich hoffen, daß die Konferenz mir den Gebrauch der englischen Sprache gestatten wird, damit ich Alles, dessen mein Herz, und wie ich auch glaube, dasjenige meiner Kollegen aller Nationalitäten, voll ist, besser wieder= geben kann. Vor allem wünschen wir, daß der Präsident Seiner Majestät dem deutschen Kaiser wissen lasse, wie sehr wir Seiner Majestät dankbar sind für die Initiative, welche Er durch Einberufung dieser Versammlung ergriffen hat, nicht minder für die gnädige Gast= freundschaft, mit welcher wir beehrt wurden und welche unsern Ber= liner Aufenthalt zu einer der schönsten Erinnerungen unseres Lebens machen wird. Wir wünschen auch dem Herrn Präsidenten, Herrn Magdeburg, und den Sekretären für die Unparteilichkeit, die Geduld und die Gewandtheit, mit welcher die Konferenz geleitet, sowie für die Klarheit, welche in die Redaktion unserer Resolutionen hinein= gebracht wurde, unseren lebhaftesten Dank zu bezeugen. Ein Jeder von uns dürfte sich stets mit großer Genugthuung an den Antheil erinnern, welchen er bei den ersten Anfängen dieses edlen Werkes zu

Gunsten der Arbeiter aller Länder genommen hat. Aber wir geben uns der Hoffnung hin, daß die Folgen unserer Arbeiten sich nicht auf die Anfertigung von Protokollen beschränken, sowie daß die Regierungen der hier vertretenen Nationen die von uns ausgesprochenen Wünsche in sehr ernste Erwägung ziehen werden. Wir rechnen zuversichtlich darauf, daß Millionen von Männern, Frauen und Kindern daraus den Vortheil eines besseren Looses, einer freundlicheren Existenz ziehen werden und daß die künftigen Geschlechter durch die Ausführung der Anordnungen, deren nächste Ziele die Konferenz angegeben hat, wohlhabender, kräftiger und sittenreiner sein werden. Ein solches Resultat wäre der schönste Lohn, der Seiner Majestät dem deutschen Kaiser sowie dem Präsidenten und den Schriftführern der Konferenz zu Theil werden könnte."

Herr Jacobs bemerkt zu den Ausführungen des großbritannischen Delegirten noch Folgendes:

„Es ist in englischen Versammlungen Sitte, daß der mover eines wichtigen Antrags von einem andern Mitglied der Versammlung unterstützt werde. Sir John Gorst wird mir es hoffentlich nicht übelnehmen, wenn ich als sein seconder auftrete.

„Meine Herren! Es ist keine Kleinigkeit, einer Konferenz vorzustehen, bei welcher fünfzehn Staaten vertreten sind und deren Gegenstand an allen Enden das ungeheure Problem berührt: die Bevormundung des Staates, in allem, wo sie berechtigt ist, mit der Achtung vor der individuellen Freiheit zu vereinigen, ohne welche der Mensch nichts weiter als das Räderwerk einer Maschine ist.

„Soll eine solche Konferenz gelingen, soll sie sich nicht ewig in die Länge ziehen, so muß ihr Präsident über alle Eigenschaften eines Oberfeldherrn gebieten. Er muß sein Heer in verschiedene Corps theilen und das Ganze der Operationen in gerechter Weise unter dieselben vertheilen. Der Oberbefehlshaber muß dafür Sorge tragen, an die Spitze eines jeden Armeecorps einen erfahrenen General zu stellen und, um Alles vorzusehen, auf den Ersatz der

eigenen Person Bedacht nehmen. Die Berufung der Generale Magde=
burg, Kopp, Simon und Hauchecorne zeigt, daß es der Oberfeldherr
Freiherr von Berlepsch mit Meisterhand versteht, seine Mitarbeiter
zu wählen.

„Der Generalstabsdienst ist im Felde von allergrößter Wichtig=
keit. Ich bin noch nie einem Sekretariat, ich will sagen, einem General=
stab, begegnet, welches besser organisirt gewesen wäre als das unsrige.

„Meine Herren! Ebenso wie die feinsten Gerichte, wenn sie nicht
wohlgewürzt sind, keinen Geschmack haben, würden alle diese in Rücksicht
auf die Manöver unseres friedlichen Heeres so wohlgetroffenen An=
ordnungen uns nicht die ausgezeichnete Erinnerung, welche wir von
hier mitnehmen, zurückzulassen vermocht haben, wären sie nicht mit
der Gefälligkeit und der Herzlichkeit gewürzt gewesen, welche den Werth
aller Dinge verdoppeln.

„Auch in dieser Hinsicht konnten wir keinen besseren Präsidenten
haben, und ich verleihe Ihrem einmüthigen Gefühle Ausdruck, meine
Herren, wenn ich unter den Danksagungen, welche Sir John Gorst
vorher an Seine Majestät den deutschen Kaiser richtete, eine betone:
wir danken Seiner Majestät, daß er die Leitung unserer Arbeiten
dem Herrn Freiherrn von Berlepsch übertragen hat.“

Der Vorsitzende drückt die Gefühle seines Dankes aus für die
liebenswürdigen Worte, welche an ihn gerichtet wurden, und will
die Glückwünsche, welche er vernommen hat, nur unter der Bedingung
annehmen, daß der größte Theil derselben auf seine Mitarbeiter
übertragen werde.

Herrn Boccardo ist daran gelegen, nicht nur für sich, sondern
auch im Namen der ganzen italienischen Delegation der Kaiserlichen
Regierung für die äußerst schmeichelhafte Aufnahme zu danken, welche
den Mitgliedern der Konferenz bereitet wurde; er schließt sich den
Vorrednern, um sowohl dem Präsidenten als den Mitgliedern der
deutschen Delegation seinen Dank zu erzeigen, an.

Herr de Castro schließt sich gleichfalls für die spanische Regie=
rung den Ausdrücken des Dankes an, welche in so glücklicher Weise
formulirt wurden.

Der Vorsitzende erklärt im Namen Seiner Majestät des deut=
schen Kaisers die Konferenz für geschlossen und hebt die Sitzung um
3½ Uhr auf.

Baron de Berlepsch. Magdeburg. Reichardt. Loh=
mann. Hauchecorne.

Greindl.

Manuel Fern. de Castro. Vte Santamaria de Paredes.

Jonkheer van der Hoeven.

Marquis de Penafiel [1]).

_____

[1]) S. in Betreff der fehlenden Unterschriften den Antrag des Herrn Rei =
chardt (Protokoll No. 6 — in fine).

Anlage zu Protokoll No. 7.

Schlußprotokoll der Internationalen Konferenz,

betreffend

die Regelung der Arbeit in den gewerblichen Anlagen und in den Bergwerken.

Die Unterzeichneten, Delegirte der Regierungen Seiner Majestät des Kaisers von Deutschland, Königs von Preußen, Seiner Majestät des Kaisers von Oesterreich, Königs von Ungarn, Seiner Majestät des Königs der Belgier, Seiner Majestät des Königs von Dänemark, Ihrer Majestät der Königin-Regentin von Spanien, der Französischen Republik, Ihrer Majestät der Königin von Großbritannien, Seiner Majestät des Königs von Italien, Seiner Majestät des Königs der Niederlande, in dieser Eigenschaft und in der als Großherzog von Luxemburg, Seiner Majestät des Königs von Portugal, Seiner Ma= jestät des Königs von Schweden und Norwegen und des Bundesraths der Schweizerischen Eidgenossenschaft, sind in Berlin zu einer Konferenz zusammengetreten, um sich über die den Schutz der Arbeiter be= treffenden Fragen zu berathen, welche in dem der Einladung der kaiserlich deutschen Regierung beigefügten Programm enthalten waren. Sie haben als Ergebniß ihrer Berathungen den Ausdruck folgender Wünsche verzeichnet, deren Mehrzahl einstimmig und die andern mit Stmmenmehrheit ausgesprochen wurden:

I. Regelung der Arbeit in Bergwerken.

Es ist wünschenswerth:

1. a) Daß die untere Altersgrenze, innerhalb welcher die Kinder zu den unterirdischen Arbeiten in Bergwerken zugelassen werden können, allmählich auf volle 14 Jahre erhöht werde, je nachdem die Möglichkeit der Erhöhung durch die Erfahrung erwiesen sein wird.

Für die südlichen Länder würde diese Altersgrenze die von 12 Jahren sein.

b) Daß die Arbeit unter Tage Personen weiblichen Geschlechts verboten werde.

2. Daß in Fällen, in welchen die Bergbaukunst nicht hinreichen würde, um alle Gefahren für die Gesundheit zu beseitigen, welche durch die natürlichen oder zufälligen Bedingungen des Betriebes gewisser Bergwerke oder Betriebspunkte entstehen, die Dauer der Arbeit eingeschränkt werde.

Es wird jedem Lande überlassen, dieses Resultat auf dem Wege der Gesetzgebung oder der Verwaltung oder durch Uebereinkommen zwischen den Bergwerksunternehmern und den Arbeitern, oder auf eine andere, den Grundsätzen und Gewohnheiten einer jeden Nation entsprechende Weise herbeizuführen.

3. a) Daß die Sicherheit des Arbeiters und die Salubrität der Arbeit durch alle Mittel, über welche die Wissenschaft verfügt, gesichert und unter Oberaufsicht des Staates gestellt werden;

b) daß die mit der Leitung des Betriebes beauftragten Ingenieure ausschließlich Männer von Erfahrung und von einer gehörig beurkundeten technischen Befähigung seien;

c) daß die Beziehungen zwischen den Bergarbeitern und den Betriebsingenieuren so unmittelbar wie möglich seien, um den Charakter des Vertrauens und gegenseitiger Achtung zu haben;

d) daß die Institutionen der Vorsorge und der Hülfe, welche im Einklang mit den Gewohnheiten eines jeden Landes organi= sirt und dazu bestimmt sind, den Bergarbeiter und seine Familie gegen die Folgen von Krankheiten, Unfällen, vor= zeitiger Arbeitsunfähigkeit, Alter und Tod zu sichern, Institutionen, welche geeignet sind, die Lage des Berg= arbeiters zu verbessern und ihn an seinen Beruf anhäng= lich zu machen, mehr und mehr ausgebaut werden sollen;

e) daß zu dem Zweck, eine ununterbrochene Kohlenförderung zu sichern, man sich bemühen solle, Ausständen vorzu= beugen. Die Erfahrung scheint zu bestätigen, daß das beste Verhütungsmittel darin besteht, daß Arbeitgeber und Bergarbeiter sich freiwillig verpflichten, in allen Fällen, wo ihre Streitigkeiten nicht durch direkte Einigung beigelegt werden können, die Vermittelung eines Schiedsgerichts anzurufen.

II. Regelung der Sonntagsarbeit.

1. Es ist wünschenswerth, vorbehaltlich der in jedem einzelnen Staate nothwendigen Ausnahmen und Fristen:

   a) daß den geschützten Personen wöchentlich ein Ruhetag ge= sichert werde;

   b) daß allen Industrie=Arbeitern ein Ruhetag gesichert werde;

   c) daß dieser Ruhetag für die geschützten Personen auf den Sonntag festgesetzt werde;

   d) daß dieser Ruhetag für alle Industrie=Arbeiter auf den Sonntag festgesetzt werde.

2. Ausnahmen sind zulässig:

   a) Hinsichtlich der Betriebe, welche aus technischen Rücksichten eine ununterbrochene Produktion erheischen, oder welche das Publikum mit unentbehrlichen Lebensbedürfnissen, deren Fabrikation eine tägliche sein muß, versorgen;

b) Hinsichtlich der Betriebe, welche ihrer Natur nach nur in bestimmten Jahreszeiten arbeiten können, oder von der unregelmäßigen Thätigkeit elementarer Betriebskräfte abhängig sind.

Es ist wünschenswerth, daß selbst in den Anlagen dieser Kategorie jeder Arbeiter auf zwei Sonntage einen frei habe.

3. zu dem Zwecke, die Ausnahmen nach gleichartigen Gesichts= punkten festzusetzen, ist es wünschenswerth, daß ihre Bestim= mung auf Grund einer Verständigung zwischen den verschiedenen Staaten erfolge.

III. Regelung der Kinderarbeit.

Es ist wünschenswerth:

1. daß Kinder beiderlei Geschlechts, welche ein bestimmtes Alter noch nicht erreicht haben, von der Arbeit in gewerblichen Be= trieben ausgeschlossen seien:.

2. daß diese Altersgrenze auf 12 Jahre festgesetzt werde mit Aus= nahme der südlichen Länder, wo sie auf 10 Jahre herab= gesetzt werden soll;

3. daß diese Altersgrenzen für alle gewerblichen Anlagen die näm= lichen seien und in dieser Beziehung keine Unterscheidung ge= macht werde;

4. daß die Kinder den Vorschriften über den Elementarunterricht vorher genügt haben;

5. daß die Kinder, welche das 14. Jahr noch nicht vollendet haben, weder Nachts noch Sonntags arbeiten dürfen;

6. daß ihre effektive Arbeit die Dauer von sechs Stunden nicht überschreite und durch eine Pause von mindestens einer halben Stunde unterbrochen werde;

7. daß diese Kinder von ungesunden oder gefährlichen Beschäf= tigungen ausgeschlossen bleiben oder nur unter gewissen schützen= den Bedingungen dabei zugelassen werden.

IV. Regelung der Arbeit jugendlicher Arbeiter.

Es ist wünschenswerth:

1. daß die jugendlichen Arbeiter beiderlei Geschlechts von 14 bis 16 Jahren weder Nachts noch Sonntags arbeiten;

2. daß ihre effektive Arbeit 10 Stunden täglich nicht überschreite und durch Ruhepausen in einer Gesammtdauer von mindestens anderthalb Stunden unterbrochen werde;

3. daß für einzelne Industrien Ausnahmen zugelassen werden;

4. daß für besonders ungesunde oder gefährliche Arbeiten Beschränkungen vorgesehen werden;

5. daß den jungen Männern von 16—18 Jahren Schutz gewährt werde in Betreff:

   a) eines Maximalarbeitstages,

   b) der Nachtarbeit,

   c) der Sonntagsarbeit,

   d) ihrer Verwendung bei besonders ungesunden oder gefährlichen Arbeiten.

V. Regelung der Frauenarbeit.

Es ist wünschenswerth:

1. a) daß Mädchen und Frauen von 16—21 Jahren Nachts nicht arbeiten;

   b) daß Mädchen und Frauen in einem Alter von über 21 Jahren Nachts nicht arbeiten;

2. daß ihre effektive Arbeit 11 Stunden täglich nicht überschreite und durch Ruhepausen in einer Gesammtdauer von mindestens anderthalb Stunden unterbrochen werde;

3. daß für gewisse Industrien Ausnahmen zugelassen werden;

4. daß für besonders ungesunde oder gefährliche Beschäftigungen Beschränkungen vorgesehen werden;

5. daß Wöchnerinnen erst vier Wochen nach ihrer Entbindung zur Arbeit zugelassen werden.

VI. Ausführung der Konferenzbeschlüsse.

I. „Für den Fall, daß die Regierungen den Arbeiten der Kon=
ferenz Folge leisten sollten, würden sich folgende Bestimmungen
empfehlen:

a) Die Ausführung der in jedem Staate getroffenen Maßregeln
wird überwacht durch eine genügende Anzahl von besonders
qualifizirten Beamten, welche von der Landesregierung ernannt
werden und sowohl von den Arbeitgebern als den Arbeitern
unabhängig sind.

b) Die Jahresberichte dieser Beamten, welche von den Regie=
rungen der verschiedenen Länder veröffentlicht werden, sind von
jeder derselben den andern Regierungen mitzutheilen.

c) Jeder dieser Staaten wird von Zeit zu Zeit, und in einer
möglichst ähnlichen Form, statistische Erhebungen hinsichtlich
der in den Beschlüssen der Konferenz vorgesehenen Fragen
aufstellen lassen.

d) Die betheiligten Staaten werden diese statistischen Erhebungen,
sowie den Text der auf dem Wege der Gesetzgebung oder Ver=
waltung erlassenen Vorschriften, welche sich auf die in den
Konferenzbeschlüssen behandelten Fragen beziehen, unter ein=
ander austauschen."

II. „Es ist wünschenswerth, daß die Berathungen der betheiligten
Staaten erneuert werden, um sich gegenseitig die Beobachtungen mit=
zutheilen, welche sich bei Ausführung der Konferenzbeschlüsse ergeben
haben, und um zu prüfen, ob es angemessen sei, jene Beschlüsse abzu=
ändern oder zu ergänzen."

Die Unterzeichneten werden ihren Regierungen diese Wünsche unter
den Vorbehalten und mit den Bemerkungen, welche in den Sitzungen
vom 27. und 28. März gemacht wurden und in den Protokollen
dieser Sitzungen verzeichnet stehen, unterbreiten.

Geschehen zu Berlin den neunundzwanzigsten März Eintausend=
achthundertneunzig in einem einzigen Exemplar, welches in den Archiven

der kaiserlich deutschen Regierung niedergelegt und von dem eine be=
glaubigte Abschrift auf dem diplomatischen Wege einer jeden bei der
Konferenz vertretenen Regierung zugestellt werden wird.

Freiherr von Berlepsch. Magdeburg. G. Kopp. Reichardt.
Lohmann. Hauchecorne. Landmann. Freiherr Heyl
von Herrnsheim. Ed. Koechlin.

Weigelsperg. Dr. Migerka. Plappart. Dr. Haberer.
Schnierer. Graenzenstein. Joseph Szterényi.

Greindl. V. Jacobs. Emil Harzé. Baron A. t'Kint
de Roodenbeke.

C. F. Tietgen. Haldor Topsöe. Ludwig Bramsen.

Manuel Fern. de Castro. Vte Santamaria de Paredes.

Jules Simon. H. Tolain. A. Burdeau. Linder.
V. Delahaye.

John E. Gorst. Charles S. Scott. W. H. Houldsworth.
David Dale.

G. Boccardo. V. Ellena. L. Bodio.

A. Brasseur.

Jonkheer F. P. van der Hoeven. Snyder van Wissenkerke.
H. W. E. Struve.

Marquis de Penafiel. Ernesto Madeira Pinto. J. P.
Oliveira Martins.

W. von Tham. E. Christie.

E. Blumer. Dr. Kaufmann.

Zur Beglaubigung:

Dr. Kayser.
Dr. Fürst.
Alfred Dumaine.
Graf von Arco-Valley.

Pierer'sche Hofbuchdruckerei. Stephan Geibel & Co. in Altenburg.

Verlag von Duncker & Humblot in Leipzig.

Die Arbeitergilden der Gegenwart.

Von

Lujo Brentano.

2 Bände. 13 M.

1. Zur Geschichte der englischen Gewerkvereine. 1871.
2. Zur Kritik der englischen Gewerkvereine. 1872.

Das Arbeitsverhältniß gemäß dem heutigen Recht.

Geschichtliche und ökonomische Studien.

Von

Lujo Brentano.

1877. 6 M.

Ueber die Ursachen der heutigen socialen Noth.

Ein Beitrag zur Morphologie der Volkswirthschaft.

Von

Lujo Brentano.

Erste und zweite Auflage. 1889. 1 M.

Ueber das Verhältniß

von

Arbeitslohn und Arbeitszeit zur Arbeitsleistung.

Von

Lujo Brentano.

Separatabdruck aus Jahrbuch für Gesetzgebung ꝛc.

1876. 80 Pf.

Die Arbeiterversicherung

gemäß der heutigen Wirthschaftsordnung.

Geschichtliche und ökonomische Studien.

Von

Lujo Brentano.

1879. 5 M. 20 Pf.

Die christlich-sociale Bewegung in England.

Von

Lujo Brentano.

Zweite, verbesserte, durch einen Anhang vermehrte Ausgabe.

1883. 2 M. 40 Pf.

Zwei Bücher zur socialen Geschichte Englands.

Von

Adolf Held.

Aus dem Nachlaß herausgegeben von G. F. Knapp.

Mit dem Bildniß A. Held's.

1881. 16 M.

Verlag von Duncker & Humblot in Leipzig.

Ueber Bestrafung des Arbeitsvertragsbruches.

Gutachten auf Veranlassung des Vereins für Socialpolitik
abgegeben von

Knauer, E. Roscher, Schmoller, Brandes, Brentano, M. Hirsch.
1874. 4 M. 80 Pf.

Ueber Alters- und Invalidenkassen für Arbeiter.

Gutachten auf Veranlassung des Vereins für Socialpolitik
abgegeben von

Kalle, Zillmer, Ludwig-Wolf, Hiltrop, Behm.
Im Anhang der Entwurf zu einem Gesetz, betr. die gegenseitigen
Hilfskassen, von M. Hirsch.
1874. 4 M.

Die Unfall-Gesetzgebung der europäischen Staaten.

Von
T. Bödiker.
1884. 4 M.

Allgemeine Staatsversicherung und Versicherungssteuer.

Ein Beitrag zur Frage der Arbeiterversicherung.

Von
Otto Arendt.
1881. 2 M.

Die Reichsunfallversicherung.

Eine Kritik des Gesetzentwurfes, betr. die Versicherung der Arbeiter gegen Unfälle.

Von
Otto Arendt.
1881. 2 M.

Die Arbeiterversicherung in Frankreich.

Von
M. von der Osten.
1884. 4 M.

Das englische Arbeiterversicherungswesen.

Geschichte seiner Entwickelung und Gesetzgebung.

Von
Wilhelm Hasbach.
1883. 10 M.

Die socialpolitische Gesetzgebung des Deutschen Reichs,

insbesondere das Gesetz,
betr. Krankenversicherung der Arbeiter vom 15. Juni 1884.

Von
Gustav Otto Beutler.
1884. 80 Pf.

Verlag von Duncker & Humblot in Leipzig.

Das Verfahren bei Enquêten über sociale Verhältnisse.

Drei Gutachten von Embden, Cohn, Stieda, nebst einem Anhang
nach dem Englischen von J. M. Ludlow.
1877. 1 M. 60 Pf.

Nordamerikanische Arbeiterverhältnisse.

Von
Arthur von Studnitz.
1879. 14 M.

Ueber Betheiligung der Arbeiter am Unternehmergewinn.

Gutachten auf Veranlassung des Vereins für Socialpolitik
abgegeben von
v. Plener, Weigert, Neumann, Wertheim.
1874. 1 M. 20 Pf.

Zur Geschichte der englischen Arbeiterbewegung i. J. 1871.

1872. 1 M. 60 Pf.

Gewerkvereine und Unternehmerverbände in Frankreich.

Ein Beitrag zur Kenntniß der socialen Bewegung.
Von
W. Lexis.
1879. 6 M.

Ueber Fabrikgesetzgebung, Schiedsgerichte und Einigungsämter.

Gutachten auf Veranlassung der Eisenacher Versammlung
zur Besprechung der socialen Frage
abgegeben von
Jacobi, Bitzer, Gensel, Ludwig-Wolff, Tiedemann, v. Helldorf,
R. Härtel, Websky, J. Schulze, Dannenberg, Neumann.
4 M.

Die amerikanischen Gewerkvereine.

Von
Henry W. Farnam.
1 M. 20 Pf.

Die tägliche Arbeitszeit in Industrie und Landwirthschaft

mit besonderer Bezugnahme auf deutsche Verhältnisse.
Von
Heinrich Fränkel.
1882. 1 M. 60 Pf.

Die Haftpflichtfrage.

Gutachten und Berichte, veröffentlicht vom Verein für Socialpolitik.
1880. 4 M. 20 Pf.

Die deutsche Arbeiterpresse der Gegenwart.

Von
Adolf Held.
1873. 3 M. 60 Pf.

Verlag von Duncker & Humblot in Leipzig.

Zur Reform deutscher Fabrikgesetzgebung.

Vortrag, gehalten zu Eisenach im Verein für Socialpolitik am 12. Oktober 1873.

Von

Fr. J. Neumann.

80 Pf.

Die Industrie des sächsischen Voigtlandes.

Wirthschaftsgeschichtliche Studie.

Von

Louis Bein.

Zwei Theile. 1884. 14 M.

Erster Theil: Die Musikinstrumenten-Industrie. 3 M.

Zweiter Theil: Die Textilindustrie. 11 M.

Die Industrie am Niederrhein.

Von

Alphons Thun.

2 Theile. 1879. 12 M.

Erster Theil: Die linksrheinische Textilindustrie und die Lage ihrer Arbeiter. 6 M.

Zweiter Theil: Die Industrie im bergischen Lande. 6 M.

Untersuchungen über die socialen Zustände

in den Fabrikbezirken des nordöstlichen Böhmens.

Ein Beitrag zur Methodik socialstatistischer Beobachtung.

Von

J. Singer.

1885. 6 M.

Fünf Dorfgemeinden auf dem hohen Taunus.

Eine socialstatistische Untersuchung über Kleinbauernthum, Hausindustrie und Volksleben.

Von

Gottlieb Schnapper-Arndt.

1883. 8 M.

Die Wohnungsnoth der ärmeren Klassen

in deutschen Großstädten und Vorschläge zu deren Abhilfe.

Zwei Bände. 1886. 14 M. 60 Pf.

Die Entwickelung der deutschen Arbeiterkolonieen.

Von

G. Berthold.

1887. 3 M. 60 Pf.

Die Lage der Arbeiterinnen in den deutschen Großstädten.

Von

Kuno Frankenstein.

1888. 1 M.

Verlag von Duncker & Humblot in Leipzig.

Schriften des deutschen Vereins

für

Armenpflege und Wohlthätigkeit.

Erstes bis zehntes Heft.

Preis 37 M. 40 Pf.

Agrarpolitische Zeit- und Streitfragen.

Vorträge, Referate und Gutachten

von

August von Miaskowski.

1889. Preis 6 M. 40 Pf.

Zur Litteraturgeschichte

der

Staats- und Socialwissenschaften.

Von

Gustav Schmoller.

8. 1888. Preis 6 M.

Inhalt: Friedrich von Schillers ethischer und kulturgeschichtlicher Standpunkt (1863). — Johann Gottlieb Fichte. Eine Studie aus dem Gebiete der Ethik und der Nationalökonomie (1864—65). — Friedrich List (1884). — Henry C. Carey (1886). — Lorenz von Stein (1866). — Wilhelm Roscher (1888). — Die neueren Ansichten über Bevölkerungs- und Moralstatistik (1869). — Karl Knies (1883). — Albert E. Fr. Schäffle (1879—88). — Th. Fund-Brentano (1876). — Henry George (1882). — Theodor Hertzka. Freihändlerischer Socialismus (1886). — Die Schriften von K. Menger und W. Dilthey zur Methodologie der Staats- und Socialwissenschaften (1883).

Die Aufgaben der öffentlichen Erziehung

gegenüber der socialen Frage.

Von

Girardet-Breling.

1890. Preis 1 M.

Volkswohl.

Organ des Centralvereins für das Wohl der arbeitenden Klassen.

Herausgegeben von

V. Böhmert und W. Bode.

Jährlich 52 Nummern. Preis vierteljährlich 1 M. 60 Pf.

Demnächst erscheinen:

Zur deutschen Social- und Gewerbepolitik

der Jahre 1872 bis 1890.

Reden und Aufsätze

von

Gustav Schmoller.

Preis etwa 10 M.

Zum socialen Frieden.

Eine Darstellung der socialpolitischen Erziehung des englischen Volks im 19. Jahrhundert.

Von

Gerhart von Schulze-Gävernitz.

2 Bände. Preis etwa 20 M.